KB157085

부의 알고리즘

copyright ⓒ 2021, 이주영(상승효과)
이 책은 한국경제신문 한경BP가 발행한 것으로
본사의 허락 없이 이 책의 일부 또는 전체를 복사하거나
전재하는 행위를 금합니다.

평범한 사람이 부자 되는 4단계 투자공식

부의 알고리즘

이주영(상승효과) 지음

한국경제신문

부의 알고리즘, 당신의 미래를 바꿀 수 있는 이유

돈에 대한 온갖 정보가 넘치는 시대이다. 어떤 주식이 좋다, 주가가 더 오를 것이니 주식을 더 사라, 어느 지역이 유망하니 집을 사라 등. TV, 유튜브, 책, 강의 등 어디를 가나 돈에 대한 이야기가 넘친다. 하지만 거기엔 가장 중요한 것이 빠져 있다. 바로 맨바닥에서 시작해 종잣돈을 모으고 대출을 갚고, 종잣돈을 굴려 부의 시스템을 만드는 순서와 과정, 즉 가장 중요한 '부의 알고리즘'이다.

　그러나 돈 공부를 하지 않은 사람들에게는 모든 것이 의문투성이다. 맨바닥에서 어떻게 시작해야 하는데? 대출부터 갚아야 돼, 주식부터 사야 돼? 종잣돈은 언제까지 얼마를 모으지? 대출은 언제, 얼마나 받아야 해? 집값은 떨어질 것 같은데 사야 하나? 경제위기는 기회라던데 도대체 어떻게 기회를 잡아야 하지? 물론 최근 유튜브, 책, 강의 등 돈에 대해 배울 수 있는 좋은 창구들이 많이 생겼지만 '0'부터, 혹은 '－'에서, 밑바닥부터 시작하는 사람들이 어떻게 나아가야 할지에 대해 배울 수 있는 곳은 흔치 않다. 돈에 대한 온갖 정보를 수없이 보고 듣지만 오히려 머릿속을 복잡하게 만들 뿐이다. 단계와 과정, 기본이 없는 상태에서 쌓아올린 모래성이기 때문이다. 돈과 재테크, 금융은 배우는 것이다. 하지만 그 단계와 과정을 알려주는 곳이 없어 우리는 평생을 방황하고 시행착오만 겪게 된다.

돈에는 관성이 있다. 차근차근 작은 눈덩이부터 시작해 높은 곳에서 복리의 힘으로 굴리면, 기하급수적인 속도로 스스로 커지는 스노볼 효과를 가져다준다. 나는 십수 년간 금융권에서 근무하면서, 그리고 유튜브 운영과 강의를 통해 수많은 사람이 돈을 대하는 방식, 돈에 대해 가진 의문, 그리고 시행착오를 봐왔다. 그 결과 90% 이상의 사람들이 돈의 관성을 거스르며 재테크를 한다는 사실을 발견했다. 남들이 좋다는 곳에 투기성으로 투자하고, 변동성 높은 자산에 전 재산을 넣어 파산하고, 무리한 대출을 받아 투기적으로 그리고 다른 사람에게 의존하는 방법으로 돈을 굴린다. 종잣돈이라는 개념은 안중에도 없다. 어찌 보면 당연한 일이다. 누구도 부자가 되는 알고리즘을 가르쳐주지 않기 때문이다. 학교에서도, 가정에서도, 사회에서도 돈에 대해 알려주는 사람이 없다. 뭘 어찌해야 할지 모르는 상황에서 정보만 넘쳐나니, 잘못된 방향으로 나아가 시간을 허비하거나 오히려 퇴보할 수밖에 없다.

평범한 사람의 재테크는 달라야 한다

금수저나 원래 돈이 많았던 사람은 단계와 과정이 필요 없다. 이미 가진 자산이 돈을 불려줄 테니까. 하지만 평범한 사람의 재테크는 달라야 한다. 반드시 단계를 거쳐 소비통제를 통해 종잣돈을 모으고, 나쁜 대출을 정리하고 돈을 굴려야 한다. 그리고 큰 부가가치를 낼 수 있는 대출과 레버리지를 사용해 돈을 급격히 불려나가야 한다. 그리고 최종적으로는 나 스스로 고부가가치의 생산자가 되는 방향으로 나아가야 한다.

이 책은 그런 평범한 사람들을 위해 쓰였다. 어떻게 돈을 모으고 불려야 할지 막막한 사회 초년생, 직장생활을 한 지 시간이 꽤 흘렀지만 모인 돈이 없는 분, 결혼 후 아이를 낳고 열심히 생활하고 있지만 여전히 대출과 생활비에 허덕이는 분, 남들은 다 돈을 잘 버는데 나만 소외되는 것 같아 불안하고 막막한 분, 돈에 대해 부정적이고 자산 투자의 필요성을 느끼지 못하는 분 등. 어떻게 돈을 모으고 굴려야 할지 막막한 분이라면 반드시 돈 공부부터 시작해 방향을 설정해야 한다. 실제 이 방법을 따라 종잣돈을 모으고 재테크를 공부하고 돈을 굴려 단기간에 대출을 갚고 성과를 내는 사례를 많이 보아왔다. 재테크는 한두 가지의 자잘한 기술이 아니라 인생 전체를 아우르는 큰 흐름이자 과정이다. 이 과정을 이해하고 올바른 방향으로 나아가는 사람은 시행착오 없이 부자가 되는 길로 들어설 수 있다.

맨바닥에서 시작해 부자가 되는 과정, A부터 Z까지 전 과정을 다루고자 했다. 어떻게 종잣돈을 모으고 대출을 갚으며, 재테크 공부는 어떻게 하며 돈은 언제부터 어떻게 굴려야 하는지, 각 금융 상품의 특성은 무엇인지, 왜 직장에서 벗어나 내가 생산자가 되어야 하는지, 돈과 인생을 퀀텀 점프 시켜주는 레버리지를 어떻게 활용해야 하는지와 같은 인생과 돈 전반을 아우르는 통찰을 담았다. 또한 자극적이지 않은 재테크의 정석을 담았다. 그래서 주식투자의 기술과 같이 흥미롭거나 재미있지 않을 수 있다. 하지만 부자가 되는 길은 복잡한 기술이 아닌 그 원리를 깨닫는 데 있다. 다소 지루하고 매력이 없을지라도, 그 과정을 차근차근 거쳐 원리를 깨닫고 실천하는 사람에게 보장된 미래가 나타날 것으로 확신한다. 이 책을 통해 공부 없이 정보로 투자하고 기회비용을 잃는 것이 아니라, 스스로 물고기를 잡아 평생 써먹을 수 있고 스스로의 힘으로 부자가 될 수 있는 힘을 기르기 바란다. 또한 이 책의 모든 독자가 부의 알고리즘을 통해 대대로 풍요로운 부의 가문을 만드는 시초가 될 수 있기를 간절히 소망한다.

누구나 반드시 부자 되는 4단계 투자공식

이 책은 총 3부로 구성되어 있다. 1부에서는 돈과 부의 개념, 마인드세팅과 가져야 할 목표, 부자가 되는 단계 등 본격적으로 재테크의 과정을 배우기 전에 알아야 할 기본 개념들을 담았다. 부자란 무엇인지, 재테크를 왜 배워야 하는지, 부자가 되는 단계는 어떤 것인지 재테크의 방향성을 설명하는 파트이다. 2부에서는 재테크를 하며 밟아야 할 네 가지 단계를 소개한다. 1단계 종잣돈 모으기 프로젝트, 2단계 재테크를 공부하는 방법, 3단계 본격적으로 굴리기, 마지막 4단계 부의 시스템 만들기까지 재테크 시작 전 해야 할 일과 실행하는 방법, 종잣돈을 모으는 방법, 투자 포트폴리오를 만들어 본격적으로 굴리며 최종적으로 생산자가 되어 부의 시스템을 만드는 과정까지 재테크의 전 과정을 담았다. 3부에서는 급격하게 부를 늘리고 성과를 확장할 수 있는 대출을 받고 상환하고 이용하는 방법과 레버리지 사용법, 미래에 다가올 양극화의 시대에서 살아남기 위한 대응 전략을 담았다. 또 재테크에서 가장 중요한 안전자산인 달러와 금, 현금을 통해 위기를 기회로 바꿀 수 있는 방법을 담았다. 이 성공 재테크 4단계는 재테크 초보자라도 누구나 따라 할 수 있는 과정으로 직관적이고 쉽다. 문제는 현재 자신의 생활 패턴과 고정된 사고의 틀을 깨고 절실히 나아갈 수 있느냐 하는 것이다. 재테크가 막막하다면, 대출에 시달리고 어디부터 어떤 투자를 해야 할지 모르겠다면 반드시 이 책에서 소개하는 성공 재테크 4단계를 밟아나가기 바란다.

부는 자신의 그릇만큼 들어온다

돈의 흐름을 아는 사람에게 재테크는 굉장히 간단한 일이다. 하지만 모르는 사람에게는 너무나 힘들고 어렵다. 이 돈 공부는 우리가 해왔던 대학 입시 준비보다 쉽고, 취직을 위해 했던 절실한 노력보다 쉽다. 그런데 그 방법을 몰라서, 또는 잘못된 방법으로 시작했기 때문에 재테크가 어려운 것이다.

돈은 딱 내가 아는 만큼, 내가 가진 그릇의 크기만큼 들어온다. 부자가 되는 과정이란 곧 부의 그릇을 만들고 키워가는 과정인데, 그 부의 그릇은 공부와 경험을 통해서만 커진다. 행여 운이 좋아 그 그릇을 벗어난 돈이 들어왔다 하더라도 그 돈은 신기하게도 금세 빠져나간다. 우리는 몇백만 원의 월급을 벌기 위해 주 5일을 새벽부터 밤늦게까지 죽을힘을 다해 일한다. 하지만 그렇게 힘들게 모은 몇백만 원, 몇천만 원의 돈을 아무런 공부 없이 투기적으로, 또는 남의 이야기만 듣고 시장에 던져버린다. 이 얼마나 안타까운 일인가. 직장에서 일하는 그 시간과 노력의 10만 분의 1이라도 재테크 공부에 투자한다면 우리의 인생은 반드시 달라질 수 있다.

인생은 틀을 깨고 하나에 집중할 때 변화한다. 지금의 삶과 인생을 바꾸고 싶다면 지금까지 살아왔던 방식으로 살아서는 절대 불가능하다. 내가 다소 출발이 늦고 남들보다 뒤처지더라도 절대 포기할 필요가 없다. 조급함을 버리고 단계를 밟아 내 부의 그릇을 키우겠다고 결심하기 바란다. 그 결심이 당신의 인생을 바꿀 수 있다. 재테크, 돈 공부가 막막한 분들에게 이 책이 훌륭한 지도이자 나침반이 되어줄 거라 확신하며, 다시 한번 당부의 말씀을 드린다. 조급함을 버리고 장기적인 목표와 안목을 갖는 것, 올바른 방향으로 나아가는 것, 서서히 부의 그릇을 키워가는 것이 평범한 사람이 부의 길로 들어서는 방법이라는 사실을 잊지 말자. 이 책의 내용만이 정답은 아니지만, 훌륭한 하나의 해답은 될 수 있다는 사실을 기억하고 오픈 마인드로 책을 읽어주시길 바란다.

부의 알고리즘
차례

달라질 세상 속 부의 흐름
레버리지 사용법

시작하는 지금 이 순간의 결심이
나의 인생을 바꿀 수 있다.

RICH
RICH
RICH
RICH

1부

벼락부자도
벼락거지도
될 수 있는 세상

부자가 되고 싶은
사람들

'나는 왜 부자가 아닐까?'

누구나 한 번쯤은 생각해봤을 것이다. 그러곤 어쩌면 '나는 금수저가 아니니까', '명문대 못 나오고, 좋은 직장에 못 다녀서', '딱히 잘하는 것이 없으니까' 같은 결론을 내리며 한숨을 쉬었을 것이다.

하지만 과연 그것이 부자가 되지 못한 진짜 이유일까? 요새 언론에 자주 오르내리고 말 한마디로 세상을 들었다 놨다 하는 부자들을 한번 보라. 예전의 부자들은 전통적인 전문직, 고소득 직종, 성공한 사업가가 대부분이었다. 하지만 지금은 전혀 뜻밖의 곳에서, 누구도 예상치 못했던 방식으로 부자들이 탄생한다. 정보가 놀라운 속도로 확산돼 누구나 평등하게 접할 수 있게 되면서 자본주의 사회는 학력이나 좋은 직장보다 돈을 이해하고 부자가 되는 방법을 알고 있느냐 아니냐가 부를 결정하는 사회로 자리를 잡아가고 있다. 즉, 내가 돈과 부를 얼마나 잘 알고 이해하느냐가 내 미래의 부를 결정한다는 뜻이다.

부자가 되기 위해 가장 먼저 알아야 할 것들이 있다. 바로 부란 무엇인지, 부자가 되는 방법에는 어떤 것이 있는지, 어떤 단계를 거쳐 부자가 되는지 방향성을 아는 것이다. 당신은 이제 이 책과 함께 부자의 길로 들어서는 여정을 떠날 것이다. 당연한 얘기지만, 사전에 준비물을 착실히 챙기고 목적지로 향하는 지도를 제대로 볼 줄 아는 사람일수록 좀더 쉽고 수월하게 여정을 마칠 수 있다.

이 책의 첫 번째 계단인 1부에서는 부에 대한 기본적인 개념을 알려주고, 부자가 되려면 어떤 자세를 가져야 하며 어떤 방향으로 나아가야 하는지를 제시할 것이다. 기술적인 재테크 방법론을 익히기 전에 반드시 알아야 할 중요한 내용이다. 한마디로, 전체적인 큰 그림을 그리는 파트다. 자 그럼, 부를 향한 첫 번째 여정을 시작해보자!

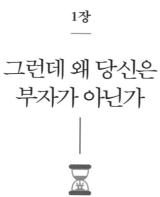

1장

그런데 왜 당신은
부자가 아닌가

💎 경제적 자유를 이룬다는 것

경제적 자유란 무엇일까?

부자가 되려면 그 목표인 경제적 자유의 진정한 의미부터 알 필요가 있다. 이 말에는 많은 의미가 담겨 있고, 따라서 사람마다 달리 생각할 여지가 있기 때문이다.

경제적 자유라고 하면 보통 이런 것들을 떠올린다. 좋은 집에 살면서 좋은 차를 타는 것, 사고 싶은 것을 가격표를 보지 않고 살 수 있는 것, 좋은 옷을 입고 비싸고 맛있는 음식을 먹는 것 등. 하지만 더 중요한 것은 시간을 지배할 수 있는 자유다. 바로 주말 이틀을 쉬기 위해 5일 동안 회사에서 죽도록 일하지 않는 것, 야근 없이 사랑하는 가족과 함께 시간을 보낼 수 있는 것, 내 시간을 내가 하고 싶은 일에 사용할 수 있는 것이다.

이뿐만이 아니다. 경제적 자유는 내가 하고 싶은 일에 대한 선택권도 준다. 하기 싫은데도 돈을 벌기 위해 꾹 참고 해야 했던 일을 그만해도 되므로, 그 시간을 내가 정말 하고 싶은 일을 하는 데 쓸 수 있다. 물론 돈이 행복의 전부는 아니다. 하지만 돈은 분명 불행한 사건을 줄여주며, 여유를 주고, 쓸데없는 일이 아닌 가치 있는 일을 할 수 있게 해준다.

당신은 무엇을 선택할 것인가? 다른 사람에게 종속되어 일정한 급여에 만족하며 돈과 시간, 꿈을 억누르며 살 것인가, 아니면 주도적인 인생을 살면서 돈과 시간을 스스로 통제하고 하고 싶은 일을 하며 살 것인가. 어디까지나 당신의 선택에 달렸다.

아무것도 가진 것 없는 이른바 흙수저가 부자가 된다는 게 쉬운 일은 아니지만, 불가능한 것도 아니다. 반드시 부자가 되는 방법과 단계가 존재하기 때문이다. 그 방법을 알고 절실히 실행하는 것, 욕심을 부리며 조급해하지 않는 것, 이 두 가지면 족하다.

부자의 그릇을 키워가며 한 계단씩 올라가다 보면 속도가 점점 빨라질 것이고, 어느새 목표에 도달해 있을 것이다. 특히 우리가 살아가는 자본주의 사회에서는 그 방법을 알고 실행하는 사람과 그렇지 않은 사람의 격차는 갈수록 벌어질 수밖에 없다. 지금까지도 그랬지만, 앞으로는 부자는 더욱 부자가 되고 가난한 사람은 더욱 가난해지는 부의 양극화가 본격적으로 진행될 것이다.

한 번 사는 인생, 풍족하게 즐기고 자신이 선택한 일을 하며 소중한 사람들과 시간을 보내야 하지 않겠는가. 이 책을 읽을 시간과 오픈 마인드, 두 가지만 준비하기 바란다. 이 책을 읽고 난 뒤 당신은 부자가 되는 방법을 이해하게 될 것이고, 그 방향으로 나아갈 준비가 되어 있을 것으로 확신한다.

💎 부자가 되는 두 가지 방법

그들은 어떻게 부자가 됐을까?

부자가 되려면, 먼저 부자들을 알아야 한다. 우리나라 부자들은 어떻게 부를 일궜을까? 〈그림 1-1〉이 그 힌트를 준다. 하나금융그룹 100년행복연구센터에서 금융자산 10억 원 이상을 보유한 부자들을 대상으로

그림 1-1 **그들은 어떻게, 언제 부자가 됐나**

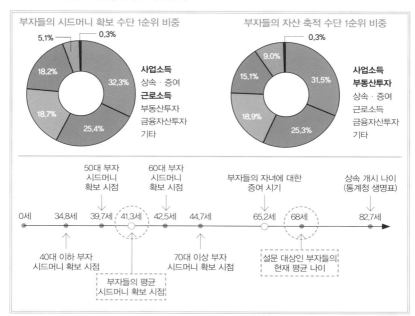

출처: 하나금융그룹 100년행복연구센터, "2020 Korean Wealth Report(한국 부자 보고서)", 2020.4

조사한 내용이다.

조사 결과에 따르면, 부자들이 종잣돈을 확보한 시기는 평균 41.3세이고 2020년 기준 평균 나이는 68세였다. 종잣돈 확보 수단은 (상속·증여를 제외하고) 사업소득 → 근로소득 순이며, 자산 축적 수단은 사업소득 → 부동산투자 → 근로소득 순이었다.

정리하면 우리나라의 많은 부자(상속·증여를 제외한 후천적 부자)가 사업소득과 근로소득으로 종잣돈을 모으고, 사업이나 부동산투자를 통해 부자가 됐다는 얘기다. 즉, 부자가 되는 가장 현실적인 방법은 재테크와 사업이라는 것을 알 수 있다.

우리는 어떻게 부자가 되어야 할까?

그렇다면 우리는 어떤 방법을 택해야 가장 빠르고 확실하게 부자가 될 수 있을까? 부자를 크게 세 부류로 나눌 수 있다(상속·증여, 로또, 도박은 제외한다).

① 의사, 판검사, 대기업 임원, 연예인 같은 고소득 전문직 종사자
② 부동산, 주식 등 재테크에 성공한 사람
③ 사업으로 자수성가한 사람

당신은 이 셋 중에 무엇을 고르겠는가? 자신이 어떤 방법을 택할 때 부자가 될 가능성이 가장 크다고 생각하는가?

혹시 ①번을 골랐는가? 이 방법은 우리의 선택지가 아니다. 타고난

지능이나 재능이 뒷받침해줘야 한다. 게다가 요새는 경제적인 뒷받침도 필수다.

그렇다면 ③번은 어떨까? 사실 정말 큰돈을 벌 수 있는 것은 ③번이다. 실제로 사업에 성공해 부자가 된 사람의 비중이 가장 높지만, 사업은 실패 위험도 크다(앞서의 통계에는 사업에 실패한 사람의 비율이 빠져 있다). 물론 최근에는 무자본 사업을 하는 방법도 많이 생겨나고 있으며, 무자본 창업은 재테크를 보완하는 개념으로 병행하면 좋다(뒤에서 자세히 다룬다). 하지만 자산 증식에서 복리 효과를 조금이라도 일찍부터 누리려면, 재테크를 먼저 시작하는 것이 좋다. 누구나 무자본 창업으로 성공하는 것은 아니며 실패할 경우 시간과 노력의 기회비용을 치러야 할 수도 있기 때문이다. 더구나 자본이 들어가는 사업이라면? 최악의 경우 모든 자산을 잃을 수도 있는 큰 리스크를 안고 시작해야 한다. 사업은 가장 고난도의 레버리지를 이용하는 작업이다. 무자본 사업이 아니라면 실패했을 때의 위험 부담과 그로 인한 기회비용이 너무 크다.

그렇다면 안전하면서도 확실하게 부자 되는 방법은 없는 걸까? 아니다, 한 가지가 남아 있다. 바로 ②번이다. 재테크를 통해 어느 정도 안정된 자산을 만든 후, 재테크로 계속 돈을 불려나가거나 재테크와 사업을 병행하는 것이다. 저마다 가진 성향과 능력에 따라 가장 잘 맞는 방법이 고소득 전문직일 수도 있고, 사업일 수도 있고, 재테크일 수도 있다. 하지만 평범한 사람, 특히 일반 직장인이라면 '재테크' 또는 '재테크 → 사업' 또는 '재테크+사업'이 가장 안전하면서도 확실한 방법이다. 이 방법에서 공통점은, 재테크를 통해 안정된 자산과 현금흐름을 만드는 게 우선이라는 것이다.

사업을 하더라도 재테크를 통해 안정적인 현금흐름을 준비해뒀다면, 조급하지 않고 오래 버텨내며 안정적으로 꾸려나갈 수 있다. 또 재테크를 먼저 하면서 경제·금융 지식을 쌓으면 사업을 하게 되더라도 그 사업을 운영하고 확장하는 데 큰 시너지를 낼 수 있다.

투자 활동은 소유 자산을 증식시키는 과정이다. 시간이 지날수록 복리 효과가 작용해 자산의 가치가 급격히 증가한다. 어떤 일을 하든지 먼저 돈에게 일을 시켜놓고 내가 할 일을 하는 것이 돈과 내가 함께 일하는 것, 효율성을 높이는 방법이다. 그리고 재테크, 투자에는 보편타당성이라는 것이 있다. 지위, 학력, 출신, 재능과 관계없이 누구나 노력하기만 하면 일정 수준의 성과를 낼 수 있는 것이 바로 재테크다. 노력과 시간을 많이 들일수록 실패 가능성이 현저히 줄어든다.

우리 같은 보통 사람이 부자로 갈 수 있는 첫 번째 단계는 재테크를 통해 자산을 불리는 것이다. 지금부터 이야기할 평범한 사람이 가장 빨리 부자가 되는 단계와 방법을 반드시 머릿속에 넣고 실행하여, 가장 안전하고 빠르게 경제적 자유의 길로 나아갈 수 있기를 바란다.

○ **꿀팁 1** ○

복리를 누리는 투자

여기서 잠깐 복리에 대해 짚고 넘어가려 한다. 아인슈타인이 말한 '세계 8대 불가사의이자 인류 최고의 발명품'인 복리, 우리는 어떻게 이용해야 할까?

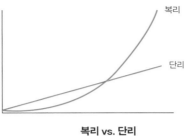

복리 vs. 단리

그림에서 볼 수 있듯이 복리와 단리는 시간이 갈수록 엄청난 차이가 난다. 대표적인 차이점은 바로 수익을 재투자한다는 것이다. 수익이 원금에 보태지고 그 금액에서 또다시 수익이 발생하는 과정이 반복될 때, 그림에서와 같이 자산의 기하급수적인 성장이 나타난다.

복리 효과를 제대로 누리기 위해서는 어떻게 투자해야 할까?

첫째, 원금을 잃지 않아야 한다.
둘째, 수익금을 반드시 재투자해야 한다.
셋째, 장기간 투자해야 한다.

이 세 가지는 복리를 누리기 위해 반드시 지켜야 하는 요소다. 그런데 대부분 사람은 반대로 한다. 투자 원금을 빼서 차를 사고, 수익금을 빼서 옷·시계·가방 등을 사는 데 써버린다. 무리한 투자로 원금을 잃고, 마음만 급해서 장기 투자가 아닌 단타를 한다. 투자한 상품을 중간에 팔아 비용과 세금을 내느라 원금을 깎아 먹는다. 이 모두가 복리 효과를 사라지게 하는 투자 습관이다.

아무리 수익률이 높아도 한 번 크게 손실이 나서 원금을 잃어버리면,

그 순간 복리 효과는 사라진다. 반드시 원금을 지키는 투자를 해야 하는 이유다. 작은 성공을 지속하면서 시간의 경과에 따라 성공의 크기를 늘려가자. 그리고 우량 투자처와 오랜 시간을 함께하자. 그러면 자산이 어느새 스스로 불어나 있을 것이다. 복리의 힘에 역행하지 말고, 복리와 함께하는 투자를 하기 바란다.

💎 당신이 부자가 되지 못하는 이유

재테크를 모른다

대부분 사람은 월 몇백만 원의 수입으로 생활하고 저축하고 아이 키우고 집도 사고 차도 산다. 금수저가 아닌 보통 사람은 취직을 해서 들어오는 수입이 결정되면 그때부터 미래 역시 어느 정도 예상할 수 있는 수준으로 결정된다. 쉽게 말해 살 수 있는 집, 탈 수 있는 차가 정해진다는 뜻이다. 그럼 이렇게 결정돼버린 내 미래를 바꿀 수는 없을까?

많은 사람이 저축을 하고 성실하게 살아간다. 하지만 굴리는 방법을 모르는 채 성실히 모으기만 한다면? 실제로, 생각보다 많은 사람이 언제까지 종잣돈을 모으고 언제부터 굴려야 할지를 잘 모른다. 몇 년간 열심히 모아 '아, 이제 대출 끼고 작은 집 정도는 살 수 있겠다!' 생각하지만, 공인중개사 사무실 한 군데만 가봐도 이미 집값은 몇억이 올라버렸음을 알게 된다. 또다시 집을 사기 위해 열심히 돈을 모으지만, 집값은 따라잡을 수 없는 속도로 올라버리고 내 집 마련의 꿈은 멀어져 간다.

우리가 실제 겪고 있는 현실이다. 그냥 우직하게 돈을 모으기만 해서는 절대 부자가 될 수 없다. 우리가 살고 있는 자본주의 사회에서는 돈의 흐름과 돈을 버는 방법이 이미 결정되어 있다. 이 방법을 모르고서는 평생 집 하나만 바라보고 집-회사-집-회사를 오가며 저축만 하다가 불행한 노후를 보내게 될 수도 있다.

이런 현실을 벗어나려면 재테크를 알아야 한다. 돈을 불리는 가장 효율적인 방법, 그리고 돈이 돈을 벌게 하는 시스템, 이것을 알고 실행해야만 돈의 굴레에서 벗어나 돈이 아닌 진정한 자아와 행복을 찾을 수 있다.

대부분 사람은 방법을 알지 못하고, 여기저기 뿔뿔이 흩어져 있는 지식과 정보의 조각들을 주워 순서도 없이 시도해본다. 하지만 당연히 실패하고, 그나마 모은 돈마저도 잃고 만다. 평생 저축만 하며 돈을 불릴 기회를 날리는 사람들, 모은 돈을 갉아먹을 뿐 정작 굴리지는 못하는 사람들, 돈을 모아 굴리긴 하지만 방법을 몰라 실패하는 사람들이 너무나도 많다.

투자의 핵심이 뭘까? 주식이든 부동산이든, 좋은 투자처를 발견해 적정 가치보다 싸게 사서 비싸게 파는 것이다. 그럼 어떻게 해야 좋은 투자처를 발견할 수 있을까? 어떻게 적정 가치를 알아보고 더 싸게 살 수 있을까? 그리고 어떻게 더 비싸게 팔 수 있을까? 정답은 재테크 공부와 경험에서 찾을 수 있다. 아무것도 모르는 사람이 어떻게 좋은 투자처를 찾아 싸게 사서 비싸게 팔 수 있겠는가.

사람들은 수천, 수억의 이익을 바라면서도 정작 공부하기는 싫어하고 책값 몇만 원조차 아까워한다. 공부와 학습은 부자가 되는 데 가장 중요한 레버리지 중 하나다. 하지만 애석하게도 많은 사람이 이 과정을 귀찮아하면서 피 같은 돈을 남의 손에 맡긴다. 자칭 전문가라는 사람이 찍어준 주식에 투자하고, 전문가인지 투기꾼인지 모를 사람이 찍어주는 부동산에 아무런 지식 없이 '몰빵'한다. 그 결과는? 물론 한두 번은 수익을 낼 수 있을지도 모른다. 하지만 단언하건대, 그 끝은 좋지 않다.

재테크로 부자가 되는 단계는 정해져 있다. 그 과정을 익히는 것은 수능보다 쉽고, 취업보다 쉽다. 그 어려운 것들을 다 해낸 우리가 아닌가. 그런데도 시간이 없다는 핑계로 재테크 공부를 외면한다. 그러면서 술 마시고, TV 드라마를 보고, SNS를 하고 친구들과 카톡으로 의미 없는 대화를 나누며 시간을 보낸다. 공부하지 않고 쉽게 부자가 되는 방법은 이 세상에 없다. 그 방법이 알고 싶어 이 책을 골랐다면 지금 당장 책을 덮기 바란다.

잘못된 방법을 반복하면서 피 같은 돈을 잃고 시간도 버린 후 처음부터 다시 시작하기에는, 당신의 돈과 시간은 너무나도 소중하다. 재테크를 공부해서 판단하고 선택하는 능력을 길러라. 이것이 가장 확실하게 부자가 되는 방법이자 유일한 방법이다.

사고가 유연하지 않다

부의 측면에서 사람은 두 부류로 나뉜다. 부자가 되는 사람과 되지 못하는 사람이다. 대부분은 후자에 속한다. 그렇다면 전자와 후자의 차이는 무엇일까? 자수성가한 부자들은 어떻게 그렇게 됐을까? 도대체 가난한 사람과 부자의 차이는 무엇일까? 부자들은 대체로 흔히 알려진 좋은 자질들, 즉 상대방에 대한 배려, 자신감, 약속 지키기, 자기 관리 능력 등을 갖추고 있다. 하지만 모두가 그런 것은 아니다. 그렇다면 그들이 후천적으로 부자가 될 수 있었던 진짜 이유는 무엇일까? 거기엔 비밀이 있는데, 바로 '오픈 마인드'와 '실행력'이다. 이 두 가지야말로 후천적 부자들이 가진 공통점이다.

후천적 부자들은 부자가 되는 정보와 새로운 트렌드, 다른 사람의 생각을 받아들이는 데 유연하다. 그것을 받아들여 스스로 검증하고 주저 없이 삶에 적용한다. 하지만 부자가 되지 못하는 사람들은 대체로 반감을 가지고 있다. 돈에 대한 생각 자체가 부정적이고, 자신의 가치관과 다르다면 남의 생각을 쉽게 받아들이지 않는다. 또 자기보다 더 나은 사람을 만나고 그들의 생각과 노하우를 듣는 것에 대해서도 열등감을 느끼고 불편해한다. 마인드가 닫혀 있기 때문에 당연히 실행할 수도 없다. 당신이 이런 사람에 해당한다면, 부자가 되지 못할 확률이 높다.

부자가 되는 길은 정해져 있고 생각보다 간단하다. 하지만 관심이 없거나, 몰라서 실행하지 못하거나, 설령 알더라도 마인드가 닫혀 있기 때문에 실행하지 못한다. 뒤에서 재테크의 세부적인 단계와 방향을 제시할 것이다. 당신이 할 일은 마음을 열고 이 책이 하는 말에 귀를 기울이는 것 그리고 그것을 당신 삶에 적용하는 것, 이 두 가지뿐이다.

부자가 되는 단계와 마인드는 분명 존재하고, 일반인이 부자가 되는 방법 또한 분명 존재한다. 누구에게나 적용되는, 공식과도 같은 길이다. 핵심은 부자가 되는 방법을 알고 있느냐와 그것을 실행할 수 있느냐다. 방법만 알고 실천한다면 평범한 직장인도 누구나 부자가 될 수 있다. 이 책이 말하는 바를 오픈 마인드로 실행할 수 있다면, 당신의 인생은 반드시 바뀔 수 있다. 이 책이 부자가 되는 데 유일한 정답은 아닐 수 있지만, 부자가 될 수 있는 하나의 분명한 해답은 될 수 있다고 자신한다.

💎 부자 되는 방법, 따로 있다

부의 그릇을 만들어라

많은 사람이 빠르게 부자가 될 방법을 찾는다. 그래서 결국 빠르게 돈을 벌기 위해 투기를 하거나, 몇 배로 불려준다는 사람에게 돈을 맡기거나, 한탕을 노리고 도박과 복권에 뛰어든다. 행여 운이 좋아 한 번 크게 수익을 냈다고 한들, 그 사람이 수익을 차곡차곡 쌓아 마침내 부자가 될 수 있을까?

로또 1등에 당첨된 사람, 도박으로 큰돈을 딴 사람이 단기간에 탕진하고 패가망신했다는 얘기를 많이 들어봤을 것이다. 왜일까? 부의 그릇을 키우지 못한 상태에서 너무 많은 돈을 갖게 됐기 때문이다. 부의 그릇이 담지 못하는 돈은 그곳에 머물지 못하고 반드시 다시 빠져나간다. 이것이 돈의 원리다. 따라서 부자가 되는 가장 확실한 방법은 돈을 좇는 것이 아니라 부의 그릇을 키우는 것이다.

부의 그릇은 단시간에 커지지 않는다. 단계를 밟아 지식과 경험, 노하우를 쌓으면서 충실히 키워가야 한다. 많은 사람이 시작이 늦었다는 이유로, 물려받은 빚이 있다는 이유로, 소득이 적다는 이유로 포기하거나 조급해한다. 이 조급함 때문에 자신의 그릇이 감당할 수 없는 규모의 돈으로 투자하거나 대출을 받아 하이리스크를 좇는 주식에 투자하는 식으로 돈을 굴리려고 한다. 이것은 실패를 낳고, 그 실패는 또다시 더 큰 조급함을 부른다. 조급함과 실패의 악순환에 빠지는 것이다.

내 주위엔 월급이 적은데도 부모님께 용돈까지 드리면서 큰돈을 모은 사람이 있고, 월급이 많은데도 돈을 모으기는커녕 빚에서 헤어나오지 못하고 힘겹게 살아가는 사람도 있다. 이들의 차이는 무엇일까? 바로 방향성이다.

가야 할 방향만 확실히 서 있다면 느린 것은 상관이 없다. 방향만 맞는다면, 반드시 도달하게 되어 있으니까. 소득이 아무리 많아도, 흥청망청 써버리고 도박하듯 주식에 투자하고 목표가 없는 사람은 절대 멀리 갈 수 없다. 방향이 잘못되면 다른 방향으로 가거나 심지어 뒤로 가게 될 수도 있다. 하지만 느리더라도 정확한 목적지를 정하고 단계를 밟아 꾸준히 나아가는 사람은, 언젠가는 목적지에 도착한다. 남들보다 느리고 출발이 늦어 조급한가? 계속 뒤처질 것 같다는 생각에 좌절감이 드는가? 그렇다면 그만큼 더 절실하게 실행해라.

차근차근 키워간 부의 그릇은 절대 배신하지 않는다. 절실히 공부하고 경험을 쌓아간다면, 지금 이 순간 당신을 앞서가고 있는 사람들을 반드시 따라잡을 수 있다. 마라톤을 생각해보라. 시작은 중요치 않다. 42.195 킬로미터를 달려 목적지에 먼저 도착한 사람이 이기는 것이다.

남들보다 적게 벌고, 부모님 용돈이나 생활비 등으로 지출이 많더라도 포기하거나 조급해하지 말자. 당신이 지금 당장 해야 할 것은 적은 소득이나 많은 대출, 늦은 시작이나 좋지 않은 상황으로 추락하고 있는 자존감부터 회복하는 일이다. 절대 자신을 다른 사람과 비교하지 마라. 자신에 대한 확신을 가지고 자신의 상황에 맞는 재테크 목표를 세워라. 그 목표는 남들이 얼마나 잘나가느냐가 아니라 오로지 자신의 상황을 기준으로 세워야 한다. 그래야만 조급함의 늪에서 빠져나올 수 있다. 부의 그릇을 차근차근 늘려가라. 돈은 내가 키운 그릇의 크기만큼 들어오게 되어 있다. 자신의 상황을 스스로 정확히 알고, 그에 맞는 계획을 세우고 절실히 실행한다면 당신의 인생은 반드시 바뀐다. 당신이 그 과정을 밟아나가는 데 이 책이 길잡이가 되어줄 것이다.

세 가지를 갖춰라

당신은 부자가 되고 싶은가? 그렇다면 부자가 되는 방법을 알고 있는가? 그리고 그 방법대로 실행하고 있는가? 이 세 가지 질문에 대답할 수 없다면, 안타깝지만 당신은 부자가 될 수 없다. 이 질문을 바꿔보자. 당신은 부산에 가고 싶은가? 그렇다면 부산에 가는 방법을 알고 있는가? 그리고 지금 부산으로 가고 있는가?

　부자가 되는 단계는 정해져 있다. 너무나 간단하고 쉬운 과정인데도 알려주는 사람이 없다. 가정에서도 학교에서도 친구들도, 누구도 우리에게 부자가 되는 방법을 알려주지 않았다. 부자가 되지 못하는 가장 큰 이유는 '부자가 되는 단계'를 모르기 때문이다. 일확천금을 노리는 것이 아니라, 부자가 되는 단계가 있다는 사실을 받아들이고 차근차근 밟아나가자. 이것이 부자가 되는 가장 빠른 길이다.

부자가 되고자 하는 절실한 마음

부자가 되고자 할 때 가장 먼저 필요한 것은, 부자가 되고 싶다는 절실한 마음이다. 혹시 이런 생각을 하고 있지는 않은가? '부자가 되고 싶긴 한데…. 잘 모르겠네. 다른 사람들처럼 주식 좀 해볼까? 주식이랑 펀드도 좀 하면서 직장에 다니다 보면 언젠가 부자가 되어 있지 않을까?' 절대 부자가 될 수 없는 마인드다.

수능을 치르는 고3 학생, 취업을 고대하는 취업 준비생, 고시를 준비하는 고시생 등 어떤 분야든 무언가를 이루려고 마음먹은 사람이 있다면 그 목표에 대한 절실함이 필요하다. 절실함 없이는 목표를 위해 절대 독하게 노력하지 못할 것이며, 당연히 목표를 이룰 수도 없다.

돈도 마찬가지다. 돈을 가지고 싶고, 부자가 되고 싶다는 절실한 마음을 가지는 것이 첫 번째다. 이런 절실한 마음과 태도가 돈을 끌어당기는 것이다. 끌어당김의 법칙을 아는가? 나와 비슷한 것들, 내가 믿고 이루어지리라 상상하는 것들이 결국엔 내게로 오고 현실로 이뤄진다는 이론이다. 이 법칙은 돈에도 똑같이 적용된다. 돈에 대한 올바른 생각을 갖고, 돈을 사랑하고, 투기가 아닌 순리대로 돈을 굴리는 사람에게 돈은 모인다.

우리나라 사람들은 돈에 대해 쉬쉬하고, 부자 이야기가 나오면 배 아파하고, 돈 이야기 하는 것을 불편해한다. 또 부자가 되는 방법에 대해 이야기하는 사람을 사기꾼 취급하기도 한다. 전통적으로 내려온 유교 문화, 선비 문화의 영향이 크다. 돈을 밝혀선 안 되고 학문과 도의를 따라야 한다는 문화적 특성이 아직 남아 있기 때문이다.

주위를 둘러보면 참 많은 부자가 있다. 당신은 큰 부자를 보면 '저 사람은 어떻게 저 많은 재산을 모았을까? 내가 배울 점은 없을까?'라고 생각하는가? 아니, 보통 이렇게 생각할 것이다. '저 사람은 없는 사람들 등골 빼먹는 투기꾼들이야!', '부자들은 사기꾼이고, 분명 나쁜 방법으로 돈을 모았을 거야'라고 말이다. 또는 "저렇게 빨리 부자가 됐다고? 저 사람 꼭 실패했으면 좋겠다!" 같은 악담을 퍼부었을 수도 있다.

하지만 부자가 되려면 이 틀부터 깨야 한다. '돈은 좋은 것이다! 나는 좋은 마인드를 가진 멋진 부자가 될 것이다! 내 노하우를 남들과 나눌 수 있는 부자가 될 것이다! 나는 반드시 부자가 되어야 한다!'라는 생각부터 머릿속에 넣어야 한다.

사람의 미래는 그 사람이 원하고, 닮고자 하고, 배우고자 하는 방향으로 흘러간다. 돈과 부자를 욕하고 배척하는데 부자가 될 수 있을까? 어불성설이다.

부자가 되고 싶은가? 부자들을 만나는 용기와 그들의 이야기에 관심을 기울이는 태도, 그들이 어떻게 돈을 모았고 돈을 굴렸는지 배우고 따라 하고자 하는 마인드부터 가지기 바란다. 물론 도박, 로또, 금수저 등과 같이 자신의 의지와는 상관없이 저절로 부자가 된 사람들도 없진 않다. 그러나 대부분의 부자는 그 부를 쌓기 위해 당신이 상상할 수 없는 노력과 틀을 깨는 시도를 지속해온 사람들이다. 그들이 쌓은 부와 그들의 노력을 존중하고, 그들의 노하우와 방법을 배우고자 하는 마인드와 자세가 없다면 당신은 부자가 되기 어렵다.

자본주의 세상의 모든 인간관계와 사회생활, 기본적인 의식주, 취미

생활 등이 돈에서 시작되고 돈에서 끝난다. 돈을 위해 사람을 만나고 돈 때문에 울고 웃는 것이 우리의 삶이다. 돈을 외면하고 배척하지 말자. 솔직하게 부자가 되고 싶고, 부자가 될 것이라고 말할 수 있는 마인드와 용기부터 가지기 바란다. 돈에 대한 오픈 마인드와 솔직함 그리고 부자가 되겠다는 절실함, 이것이 바로 부자로 향하는 첫걸음이다.

부자가 되는 방법을 아는 것

부자가 되고자 하는 절실한 마음이 갖춰졌다면, 이제 부자가 되는 방법을 알아야 한다. 아무리 절실히 부자가 되고 싶더라도 방법을 모른다면 이룰 수 없다. 내가 부산에 가고 싶다면 어떻게 가야 하는지, 차편부터 알아야 한다. 버스를 탈지 아니면 KTX를 탈지, 자동차를 운전해 가는 것이 좋을지 말이다. 어떻게 가는 것이 목적지에 가장 빠르고 안전하게 도착할 수 있는지를 계속 알아보고 공부하는 과정이 필요하다.

많은 사람의 이야기를 듣다 보면 공통점이 발견된다. 정말 절실히 부자가 되고 싶어 하는 사람은 공부하는 것을 주저하지 않고 학습에 투자를 아끼지 않는다. 시간이 없더라도 잠을 줄이고 쉬는 시간을 아껴가며 부자가 되는 과정에 자신을 갈아 넣는다. 반면 부자가 되고자 하는 절실함이 없는 사람들은 공부를 귀찮아하고, 시간이나 상황 등 핑계만 댄다. 부자가 되고 싶긴 한데 지금 생활도 즐기고 싶고, 공부는 귀찮고, 주말에는 쉬고 싶고…. 부자가 되지 못하는 사람들의 모습이다. 이처럼 부자가 되고자 하는 절실한 태도는 그다음 단계인 돈 공부와도 연결된다.

부자가 되는 수많은 방법 중에서 어떤 것이 내 성향과 상황에 가장 잘 맞는지를 알아야 하는데, 이것은 가만히 앉아 있어서는 절대로 알수 없다. 누구도 알려주지 않을뿐더러 그럴 수도 없기 때문이다. 부자와의 대화, 많은 독서, 학습과 경험을 통해 스스로 찾아야 한다. 만약 당신이 공부와 노력 없이 부자가 되겠다고 생각한다면, 가장 먼저 그 생각부터 바꿔야 한다.

구체적인 목표

"나는 부산에 절실히 가고 싶다. 부산에 가는 방법은 걸어서 가는 방법, 자전거를 타는 방법, 버스를 타는 방법, 무궁화호를 타는 방법, KTX를 타는 방법, 비행기를 타는 방법 등이 있다. 나는 각각의 교통편을 이용했을 때의 소요 시간과 비용, 장단점을 정확히 분석했다. 그리고 비용과 내가 출발할 수 있는 시간 등을 고려해 현실적으로 이용할 수 있는 교통수단을 결정했다. 얼마를 들고, 어떤 짐을 챙겨, 어디에서, 어떤 교통수단을 타고, 언제 출발할 것이다."

이렇게 정확한 목표와 과정을 결정할 수 있다면, 당신은 이미 절반은 부자가 된 것이나 다름없다. 많은 사람이 부자가 되지 못하는 가장 큰 이유는, 자신이 지금 어디로 가고 있는지 모른다는 것이다. 그 때문에 때론 돌아가기도 하고, 때론 주저앉기도 하고, 심지어는 뒤로 가기도 한다.

정확한 목표를 세웠고 내가 지금 어디쯤 가고 있는지만 안다면, 중간에 포기하지 않을 수 있고 더디더라도 매일 조금씩 부자에 다가갈 수 있다. 그만큼 구체적인 목표와 방향 설정이 중요하다. 그 목표가 100% 정확할 필요는 없다. 달성해가는 과정에서 좀더 현실적이고 세련되게 수정될 테니까. 조금 투박하더라도 부자가 되기 위한 구체적인 목표를 세우자! 눈에 보이는 목표가 반드시 필요하다.

이제부터 본격적으로 부자가 되기 위한 성공 재테크 4단계로 넘어가 보자.

1부를 오픈 마인드로 읽었다면 자신이 왜 부자가 되어야 하는지에 대한 동기를 부여받고, 어떤 방식으로 부자가 되어야 하는지 어느 정도 방향성을 알게 됐을 것이다.

재테크를 해야 하는 이유는 현재 많은 부자를 통해 검증된, 가장 안전하고 높은 확률로 부자가 되는 방법이기 때문이다. 사업은 각자의 능력에 따라 부침이 있고, 실패했을 때의 위험 부담과 기회비용이 크다.

반면 재테크는 일정 수준의 지식과 관심만 있다면 크게 실패하지 않는다. 또 화폐 자체의 인플레이션 효과로 자산의 가격은 물가와 함께 자연스럽게 올라가기 때문에 우량자산에 투자한다면 돈을 잃을 가능성도 크지 않다. 또 일찍 시작할수록 복리 효과를 누릴 수 있기 때문에 최대한 이른 시기에 재테크를 시작하는 것이 좋다. 평범한 직장인, 일반인이라면 가장 쉽게 접근할 수 있고 성공 가능성이 큰 재테크를 통해 먼저 기반을 다지고, 이후 무자본 사업 등으로 현금흐름을 확장하는 방법이 현명하다는 뜻이다.

그럼 재테크를 어떻게 시작해야 할까? 2부에서 소개할 성공 재테크 4단계를 따라가면 된다. 재테크는 이렇게 정해진 단계를 밟아 차근차근 해나가는 것이다. 욕심과 조급함 때문에 기껏 모은 종잣돈을 날리고 오히려 거꾸로 가는 잘못된 재테크를 조심해야 한다.

또한 자수성가한 부자들의 공통점이 '오픈 마인드'와 '실행력'에 있다는 것을 항상 기억하자. 열린 마음으로 나보다 나은 사람의 이야기를 듣는 것을 주저하지 말고, 방법을 배우기 위해 노력하자. 그리고 방법을 찾았다면, 단지 그것을 실행하면 된다.

부자가 되기 위한 구체적인 목표를 세우고, 차근차근 단계를 밟아 부자가 되는 그릇을 키워라. 이렇게 천천히 부의 그릇을 키워가지 않는다면, 투자나 다른 방법을 통해 운 좋게 큰돈이 들어오더라도 그 돈은 절대 오래 머물지 않는다. 재테크는 평생에 걸쳐 하는 것이다. 먼저 부의 그릇을 키우지 않는다면 그 안에 담을 수 있는 부의 크기 또한 절대 커지지 않는다는 사실을 기억하자.

부자가 되고자 하는 명확한 목표와 절실함이 있다면, 그리고 욕심과 조급함을 버리고 천천히 부의 그릇을 키워갈 준비가 됐다면 나머지는 시간문제다. 이제 부자가 되고자 하는 절실한 마음을 가지고 성공 재테크 4단계를 통해 본격적으로 부자가 되는 방법을 익혀보자.

RICH
RICH
RICH
RICH

2부

평범한 사람이
부자 되는 방법

성공 재테크
4단계

이제 본격적인 재테크 방법론의 시작이다. 성공 재테크 4단계는 '종잣돈 모으기- 재테크 공부(내게 맞는 재테크 찾기) - 본격적으로 굴리기 - 부의 시스템 만들기'로 이뤄진다. 각각의 단계는 이미 많은 사람이 알고 있을 것이다. 하지만 실제로 이 4단계를 차근차근 밟아가는 사람은 많지 않다. 그냥 여기저기서 보고 들은, 흩어져 있는 정보를 하나씩 시도해보며 되는대로 재테크를 해나가는 이들이 대다수다. 종잣돈 없이 대출을 받아 주식에 무리하게 투자하는 사람, 가진 지식 없이 남의 말만 듣고 투자하는 사람, 돈을 굴리지 않고 평생 예금·적금만 하는 사람, 레버리지의 개념을 몰라 재테크는 열심히 하지만 성과가 나지 않는 사람, 포트폴리오의 개념을 몰라 잘나가다가 한순간에 무너지는 사람, 재테크는 하지만 돈이 돈을 버는 현금흐름을 만들지 못해 노년까지 일해야 하는 사람 등 모두가 다른 모습이지만 결국 이들은 부자의 길로 들어서지 못한다. 금수저가 아니라면, 그리고 엄청난 고소득 직종 종사자여서 근로소득만으로도 큰 부자가 될 수 있는 사람이 아니라면 이 4단계를 충실히 밟아야 한다. 평범한 사람이 가장 확실하게 부자의 길로 가는 방법이기 때문이다. 이 4단계를 확실히 실행해나간다면, 훗날 내가 올바른 길을 걸어왔고 결국 부자가 됐노라고 미소 짓게 될 것이다.

이번 파트에서는 성공 재테크 각각의 단계를 세부적으로 다룬다. 종잣돈을 만들고 소비를 통제하는 방법, 종잣돈을 모으며 재테크를 공부하는 방법, 재테크 상품별 특성과 각 자산에 투자하는 방법, 포트폴리오를 짜는 방법과 투자 마인드를 다지는 방법 등 단계별로 실행해야 할 핵심 사항을 설명할 것이다. 그리고 성공 재테크의 마지막 단계인 부의 시스템이라는 개념을 설명한다. 투자와 사업 중 어떤 방법으로 돈을 모아야 할지, 그리고 부의 시스템을 만들기 위해 시간을 통제하는 방법과 왜 재테크를 통해 부의 시스템을 만들어야 하는지도 설명할 것이다. 이 파트를 통해 재테크와 인생의 방향을 어떻게 설정해야 할지 정확한 목표를 갖게 될 것으로 믿는다. 고정관념을 버리고 오픈 마인드로 읽어나간다면, 자신이 어떤 목적지를 향해 나아가야 할지 방향과 계획이 설 것이다.

2장

성공 확률 높이려면
단계를 밟아라

◆ 성공 재테크 4단계란

지금부터 부자가 되는, 간단하지만 인생을 바꿀 수 있는 '성공 재테크 4단계'를 제시하겠다. 결론부터 말하면 1단계 종잣돈 모으기, 2단계 내게 맞는 재테크를 찾고 공부하기, 3단계 돈 굴리기, 4단계 돈 버는 시스템 만들기다. 누구나 알고 있는 개념이지만 각 단계를 어떻게 밟아야 하는지, 어떤 순서로 해야 가장 효율적인지, 세부적으로 어떻게 실행해야 하는지는 대부분 잘 모른다.

우리는 방송, 책, 전문가 등을 통해 재테크와 관련된 수많은 정보를 접한다. 하지만 총괄적인 큰 그림을 그려줄 뿐만 아니라 세부적인 단계까지 모두 제시해주는 정보는 찾기 힘들다. 그래서 대부분이 가장 핵심적인 원칙을 잊은 채로 각각의 단계를 넘나들며, 기본적인 개념이나 기초도 없이 중구난방으로 재테크를 한다. 자산배분이나 레버리지 사용

등 돈의 원리를 모르는 상태에서 남들이 좋다고 하는 주식 종목에 투자하거나, 투자 기법 하나만 배워 잠깐 잘나가는 듯하다가 한순간에 무너지는 사람도 굉장히 많다.

이 책에서 제시하는 성공 재테크 4단계는 나를 포함한 여러 사람의 직·간접적 경험을 바탕으로 실제 생활에 적용하며 검증한 재테크 원칙이다. 너무나 쉽고 간단하지만, 가장 빠르고 확실하게 돈을 모으는 방법이다. 지금까지 중구난방으로 알고 있던 정보들과 일확천금의 욕심, 거창한 계획들은 머리에서 지우고 오픈 마인드로 이 책을 읽어나가길 바란다. 이 책을 읽고 실행한다면 남이 잡아주는 물고기를 먹는 사람이 아니라 스스로 물고기를 잡는 사람이 될 수 있다.

성공 재테크 4단계를 간단히 소개하겠다. 먼저 〈그림 2-1〉을 보자.

먼저 1단계는 종잣돈 모으기 단계다. 3년간 소비를 통제하고 다른 재테크 없이 예금·적금으로만 3,000만 원에서 1억 원 정도의 종잣돈을 모은다.

그림 2-1 **성공 재테크 4단계**

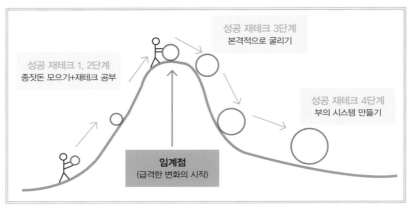

그리고 2단계는 재테크를 공부하면서 자신에게 맞는 재테크 방법을 찾는 단계다. 책과 경제신문, 리포트, 스터디, 모의투자 등을 통해 재테크에 대한 지식을 갖추는 단계로 1단계 종잣돈 모으기와 병행한다.

3단계는 본격적으로 굴리는 단계다. 2단계에서 쌓은 지식과 간접 경험을 바탕으로 본격적으로 굴린다. 이미 재테크에 대한 지식을 갖추고 자신에게 맞는 재테크 분야를 찾았기 때문에 굴리는 것은 어렵지 않다. 큰 눈덩이를 가파른 경사면에서 굴린다고 할 때 어렵지 않게 스스로 굴러가는 것과 같은 이치다.

마지막 4단계는 시스템을 만드는 단계다. 자신은 적게 일하고 돈을 버는, 자본소득과 현금흐름을 만드는 단계다. 자기만의 시간을 확보해 온전히 자신에게 투자해 현금흐름을 늘려간다. 다른 사람에게 고용되는 것이 아니라 내가 생산자가 되어 내 돈과 콘텐츠, 사업에 일을 시키고 결국 경제활동에서 은퇴할 수 있는 경제적 자유를 이루는 시점이다.

이 중에서 가장 중요한 것은 1, 2단계다. 이 단계를 거쳐 눈덩이를 굴릴 정상에 서는 것! 여기가 바로 임계점, 돈이 빠른 속도로 불어날 수 있는 시작점이자 인생의 방향을 바꿀 수 있는 변곡점이다. 이 임계점까지 가는 3년간의 여정은 힘들지만 임계점, 즉 눈덩이를 경사면에 굴릴 수 있는 지점까지만 가면 그다음부터는 힘도 많이 들지 않고 자산의 증가 속도가 급격히 빨라진다.

이 책에서 이야기할 재테크 방법과 포트폴리오, 안전자산, 레버리지를 알고 재테크를 하는 사람은 10년 뒤, 그렇지 않은 사람과 전혀 다른 삶을 살게 될 것이다. 그만큼 재테크에서 기본을 알고 단계를 밟는 것이 중요하다. 그 기본을 다지는 1, 2단계를 얼마나 절실히 보냈느냐가 인생의 부를 결정한다고 해도 과언이 아니다. 하지만 대부분이 1, 2단계를 거치지 않고 바로 정상으로 올라간다. 눈덩이 자체도 작을 뿐 아니라 어느 방향으로 어떤 속도로 굴려야 하는지, 앞에 어떤 장애물이 있는지조차 모르는 상태에서 말이다. 이런 재테크가 과연 성공할 수 있을까? 짐작하다시피, 성공하기 어렵다. 반드시 단계를 밟아 재테크를 시작해야 하는 이유다.

💎 부자가 되는 지름길

흙수저가 부자가 되는 방법은 크게 두 가지다. 바로 '사업의 성공'과 '재테크의 성공'이다. 사업도 최근 무자본 사업과 같이 위험 부담 없이 시도할 만한 방법이 많다. 하지만 사업을 하더라도 재테크는 해야 하고, 사업을 안 하더라도 재테크는 해야 한다. 재테크 공부를 통해 경제와 자산에 대해 이해하고, 돈이 흐르고 모이는 곳을 알게 되면 나중에 사업을 하게 되더라도 좀더 유리한 고지에 설 수 있다.

'나는 흙수저다', '나는 원래 가난하다', '우리 집은 원래 가난했으니까. 난 이렇게 태어났으니까…' 하며 자책할 시간에 종잣돈을 모으고 재테크 공부를 하기 바란다. 4단계를 차근차근 밟아나가야 하며, 욕심과 조급함 때문에 정해진 단계를 건너뛰어선 안 된다.

지금까지 이룬 것이 전혀 없다면, 재테크를 하고 싶은데 무엇부터 해야 할지 모르겠다면, 계속 재테크와 사업에 실패하고 있다면, 가진 것이 아무것도 없다면 답은 하나다. 그냥 지금 이 순간부터 성공 재테크 1단계, 종잣돈 모으기부터 시작하면 된다.

나이가 20이든, 40이든, 50이 넘었든 상관없다. 나이가 많다고 부자로 가는 단계가 줄거나 사라지는 건 아니다. 주위를 보면 늦은 나이 때문에 조급해하는 사람들이 많다. 하지만 시작이 늦고 나이가 많을수록 정공법으로, 안정적으로 단계를 밟아나가야 한다. 늦은 나이에 투자에 실패하면 복구하기가 더욱 어렵고, 따라서 노후가 더욱 힘들어질 것이기 때문이다.

돈과 부의 원칙은 간단하다. 복잡하게 생각할 필요도, 복잡하게 돈을 모을 필요도 없다. 우직하게 단계만 밟아나가면 된다. 종잣돈을 모으고, 재테크를 공부하고, 종잣돈에 레버리지(대출)를 더해 좋은 상품에 투자한다. 포트폴리오를 가져 원금을 잃지 않는 투자, 장기간 꾸준한 수익을 내는 투자를 함으로써 복리 효과를 누린다. 그러면 자산이 급격히 불어나고, 그 자산으로 현금흐름을 만들어 경제적 자유를 이룬다.

부자가 되는 지름길은 없다. 재테크의 단계를 자신의 상황에 맞게 적용해 절실히 실행하는 것이 전부다. 각각의 단계를 제대로 이해하고 오픈 마인드를 통해 내 것으로 만들고 실행한다면, 당신은 분명 부자가 될 수 있다.

💎 성공 재테크를 시작하기 전 당신이 해야 할 일

현실을 자각해라

성공 재테크를 위해 가장 먼저 해야 할 일은 지금 자신이 처한 상황을 정확히 아는 것이다. 소득과 지출이 얼마인지, 돈이 고정적으로 들어가는 곳은 어디인지, 줄일 수 있는 돈은 어느 정도인지, 지금 종잣돈을 모을 수 있는 상황인지 등을 객관적으로 진단하는 것이다. 그리고 종잣돈을 모으고 성공 재테크로 나아가는 과정에서 방해가 되는 부분은 과감히 가지치기를 해야 한다.

남들보다 소득이 적고 들어가는 고정비용이 많은데, 남들과 똑같이 모으고 똑같이 소비하고 똑같이 산다면 과연 부자가 될 수 있을까? 절대 불가능하다.

"저는 월급도 적은 편이 아닌데 돈이 모이질 않습니다. 도대체 이유가 뭘까요?"라고 묻는 독자와 이야기를 나눈 적이 있다. 아마 돈이 모이지 않는다는 사람들은 비슷한 모습일 것으로 생각된다. '매달 자동차 할부금으로 70만 원씩 나간다', '3개월 전 구입한 명품 가방의 할부가 아직 안 끝났다', '친구 생일에 클럽에서 긁은 카드 대금을 아직 못 메꿨다' 등 반드시 바꿔야 할 상황을 객관적으로 보지 못하는 것이다. 자신의 상황이 잘못됐는지를 모르기 때문에 당연히 바꿀 수도 없다.

또는 자취를 해서 남들보다 고정비가 높다든가, 장거리 출퇴근으로 자동차 유지비가 많이 든다든가 등 남들보다 불리한 상황에 처해 있는 독자도 있다. 하지만 그런 상황의 원인 자체를 해결할 생각을 하는 사람은 드물다.

또 기존에 가지고 있던 나쁜 대출(소비성 신용대출 등)이 수천만 원 있는 사람이라면, 그 대출부터 갚고 종잣돈을 모아야 한다. 그런데 언제 수천만 원을 갚고 종잣돈까지 모을 수 있을까? 지금 하던 대로 해서 과연 늪과 같은 이 상황을 벗어날 수 있을까?

이런 경우 반드시 틀을 깨야 한다. 나쁜 자산(나쁜 입지의 오르지 않는 부동산, 대출받아 투자한 주식, 고가의 자동차, 명품 가방, 고가의 시계 등)을 정리해 부채를 줄이고 성공 재테크 4단계 안으로 들어와 하루빨리 1단계를 시작해야 한다.

남들보다 소득이 적고 지출이 많다면, 물려받은 빚이 있다면, 나쁜 대출을 가지고 있다면 그 틀부터 깨야 한다. 나쁜 자산의 틀, 좋지 않은 소비 패턴의 틀, 게으름과 나태함의 틀을 깨라는 얘기다. 먼저 자신의 상황과 위치를 정확히 파악하고, 문제가 있다면 곧바로 틀을 깨고 그 문제부터 해결해야 한다.

월급이 200만 원인 사회 초년생 독자가 있었다. 자취 비용, 차량 유지 비용, 데이트 비용 등으로 170만 원이 나가고 30만 원이 남았다. 나는 당장 부모님 집으로 들어가고, 차를 팔고, 여자 친구에게 지금 상황에 대해 진솔하게 털어놓고 데이트 통장을 쓰라고 조언해주었다. 어떻게 바뀌었을까? 처방을 성실히 이행한 그 독자는 지금 매월 130만 원씩 저축하고 있다. 문제를 인식하고 틀을 깬 것만으로 100만 원의 추가 현금흐름이 생긴 것이다.

지출을 더는 줄일 수 없는데 소득이 적다면 어떻게 해야 할까? 소득을 늘려야 한다. 적어도 종잣돈을 모을 때까지는 퇴근 후와 주말에 TV

보고 술 마시며 노는 것이 아니라, 재테크를 공부하고 추가 소득을 발생시킬 수 있는 부수입을 찾아야 한다. 남들보다 뒤처져 있다면 더더욱 절실히 말이다.

현재 상황을 진단해라

변화를 위해서는 먼저 자신의 자산 현황, 대출 현황, 수입·지출 현황, 보유한 보험 내역 등을 파악해야 한다. 이 작업이 선행되어야만 어떻게 나쁜 자산을 없애고 어떤 대출을 먼저 갚을지, 월 얼마씩 모아 얼마의 종잣돈을 만들지, 얼마의 대출을 받아 자산에 투자할 수 있을지, 몇 년 안에 얼마를 모을지 등 재테크 목표를 정할 수 있다.

부록으로 소개하는 재무관리표를 꼭 작성해보기 바란다. 수입 지출표, 자산 현황표, 대출 현황표, 보험 현황표, 가계부 등 총 5개로 구성돼 있다. 반드시 작성해 현재 상황을 진단해보기 바란다. 자신에 대한 진단이 선행되어야만 현재를 바꿀 수 있고 부자의 길로 나아갈 수 있다.

의외로 많은 이들이 재무관리표를 작성하는 데 애를 먹는다. 그만큼 평소 자신의 수입과 지출, 자산과 부채, 보험 내역에 무관심하다는 뜻이다. 경영학의 아버지 피터 드러커는 이렇게 말했다. "측정할 수 없다면 관리할 수 없다."

재테크는 자신의 재무 상황을 관리하고 더 좋은 방향으로 나아가게 하는 끝없는 과정이다. 자신의 상황을 모른다면 변화는 없다. 현재 재무 상황을 파악해 무엇을 바꿔야 할지 알아내고 절실히 틀을 깨고 변화하는 것, 이것이 부자로 가는 첫 번째 단계.

구체적인 목표를 정해라

현실의 문제를 알았다면, 다음 할 일은 구체적인 목표를 정하는 것이다. 당신은 종잣돈 얼마를 어떻게 모아서 어디에 어떻게 굴릴 것인가? 그래서 몇 살까지 얼마를 만들고 은퇴할 것인가? 그리고 그 돈을 어디에 어떻게 쓸 것인가?

이 질문에 대답할 수 없다면 아직 재테크를 시작도 하지 않은 것이다. 나이가 20이든 30이든 40이든 마찬가지다. 목표를 정확히 정하고 그 목표를 종이에 적을 수 있어야 한다. 목표가 눈에 보여야만 목표를 이룰 가능성이 커진다. 목적지가 결정돼야 몇 시에 어디에서 몇 번 버스를 탈 것인지가 결정되듯이, 목표가 정확히 서야 그에 따른 재테크 계획이 결정된다.

주식 시세차익과 배당소득이 목표가 될 수도 있고, 레버리지가 가능한 부동산을 통해 현금흐름을 얻는 것이 목표가 될 수도 있다. 또는 자본소득과 더불어 무자본 창업을 통해 매달 일정한 현금흐름을 얻는다는 계획을 세울 수도 있을 것이다. 그러려면 자신의 상황과 돈을 벌 방법을 알아야 한다.

사람마다 상황은 모두 다르다. 자연히 각자의 인생에서 결혼 자금, 결혼 후 자녀 학비, 집, 자동차 등 상황에 맞는 지출 계획과 더불어 얼마를 모아야 하는지도 달라진다. 나이가 몇인지, 인생의 목표가 무엇인지, 얼마를 목표로 하는지, 아이는 몇 명을 낳을 것인지 등에 따라 말이다.

상황이 다를지라도 누구나 목표를 정해야 한다는 사실은 변하지 않는다. '나는 내 인생을 100년으로 보고, 45세에 은퇴하여 그때부터 일하지 않고 매월 300만 원씩 쓰고 싶다. 그래서 그때까지 연 4%의 수익을 내는 10억짜리 자산을 만들 것이다', '20억을 만들기 위해서 어디에 있는 몇 평짜리 아파트를 얼마의 대출을 끼고 구입하고, 주식을 어떤 식으로 운용하여 매년 얼마의 수익을 만들겠다'라는 식의 구체적인 계획이 서 있어야 한다.

이 계획을 세우려면, 내가 몇 년 동안 예상 소득이 얼마이고 소비통제를 통해 얼마의 종잣돈을 모을 수 있는지 등 현재 상태부터 알아야 한다. 또 어떤 투자로 예상 수익이 얼마나 될지도 알아야 한다. 1단계 종잣돈 모으기 기간에 2단계 재테크 공부를 병행하는 이유가 바로 그것이다.

이 목표는 1개월, 6개월, 1년, 3년, 5년, 10년, 20년 등 최대한 쪼개서 구체적으로 정하는 것이 좋다. 물론 정확하지 않아도 상관없다. 목적지에 가까워질수록 목표가 현실적으로 수정되고 정확해질 테니까. 중요한 것은 지금 시점에 나름의 계획을 세워본다는 것 자체다. 이 계획이 있으면 어떤 재테크 공부를 어떻게 해야 하고 매년 얼마를 벌어야 하는지가 눈에 보인다. 목표와 계획이 있느냐 없느냐에 따라 결과는 비교할 수 없을 정도로 큰 차이를 보이게 된다. 지금은 가진 것이 없더라도 목표는 크게 갖자. 목표와 꿈에는 한계가 없고, 우리를 앞으로 나아가게 하는 원동력이 된다.

영화 〈마스크〉로 유명한 할리우드 배우 짐 캐리는 무명 시절 1,000만 달러(우리 돈 약 110억 원)를 적은 장난감 수표를 지니고 다녔다. 힘들 때마다 그 수표를 보며 마음을 다잡았고, 마침내 1,000만 달러의 출연료를 받는 대배우가 됐다.

단순히 '부자가 되고 싶다', '돈이 많았으면 좋겠다' 같은 생각은 목표가 아니다. 벌고자 하는 돈의 액수와 그 방법을 정확히 써서 자신은 물론 가족까지 수시로 볼 수 있도록 시각화해라. 글로 써서 벽에 붙이고, 일기장과 블로그에 쓰고, 다른 사람들에게 선포해라.

인생은 저마다의 꿈을 향해 달려가는 마라톤이다. 목적지도 모르고 출발선에조차 서지 못한 사람이 과연 목표를 이룰 수 있을까? 이렇게 목표를 구체화하고 시각화하는 것만으로도 당신의 부자 인생은 이미 시작된 것이다. 목표를 시각화했다면, 이제 목표를 이루기 위해 그 일을 시작하기만 하면 된다.

목표를 이룬 나를 상상해라

가장 중요한 것이 남았다. 최종적으로 내가 목표를 이룬 시점에 어떤 모습을 하고 있을지 그려보는 것이다. 미래에 나는 어떤 일을 하면서, 어디에 있는 어떤 집에 살고, 어떤 차를 타고, 어디에 돈을 쓰며 살지 인생과 돈에 대한 가치관을 정하고 그 모습을 매일 상상하는 것이다.

돈은 좋은 사람, 좋은 곳, 좋은 방향으로 흘러가는 특성이 있다. 돈을 허투루 쓰거나 도박처럼 투자하지 않고, 좋은 곳에 사용하는 사람에게 흘러간다. 심리학 용어 중 '미러링 효과'라는 것이 있다. 인간이 무의식적으로 자신이 호감을 보이는 사람의 언어, 동작 등을 거울처럼 따라 하는 행위를 말한다. 그렇게 하면 상대 또한 나에게 호감을 보일 가능성이 커지고, 결국 서로 동질감을 느끼고 신뢰하게 된다는 것이다.

미래의 나, 목표를 이룬 나를 미러링해라. 목표를 이룬 내 모습을 계속 상상하고 목표를 이룬 나와 대화함으로써, 나는 점점 목표를 이룬 내 모습과 닮아가고 미래에 부자가 된 나에게 동화된다. 또한 이 행위는 자신을 객관화하는 효과도 있다.

많은 청중 앞에서 강연을 하게 됐다고 가정해보자. 강연 준비를 하는데 너무나 떨리고 긴장이 된다. 이럴 때 사람들은 보통 1인칭 관점에서 청중을 바라보며 강연하는 이미지 트레이닝을 한다. 하지만 자기 모습을 3인칭 관점으로 바라보는 이미지 트레이닝을 하면 훨씬 큰 효과가 있다. 즉 객석에 앉아 있는 청중의 입장에서 강연을 하고 있는 나를 바라보는 것이다.

목표를 이룬 미래의 내 모습을 상상하는 것도 마찬가지다. 목표를 이룬 내 모습을 자주 보고, 그 사람과 대화하고, 그 사람과 닮아가기 위해 미러링하는 과정에서 이미 성공한 내 미래의 모습에 동화되어가는 것이다. 목표를 이룬 자신의 모습을 상상하는 행위만으로도 당신의 자존감은 올라갈 것이고, 목표 달성은 더욱 앞당겨질 것으로 확신한다.

💎 어떻게 실행해야 할까?

이루고 싶은 목표와 모으고 싶은 액수가 결정됐다면, 이제 실행하면 된다. 그럼 어떻게 실행해야 할까? 이 세상에는 잘나고 똑똑한 사람들이 너무나도 많다. 게다가 타고난 부자, 금수저들도 많다. 그 사람들을 제치고 더 큰 부자가 되려면 어떻게 해야 할까?

이 과정은 마라톤이다. 내 출발선은 시작부터 이미 그들보다 훨씬 뒤에 있다. 나는 그들보다 더 안 좋은 신발을 신고, 두꺼운 땀복을 입고, 무거운 추를 매달고, 더 적은 물을 가지고 경기를 시작해야 한다. 그렇다면?

출발선에 서기 전부터 그들보다 훨씬 더 강도 높은 훈련을 해야 한다. 경기를 시작한 후에는 그들이 물을 마시려고 멈추었을 때도 달려야 하고, 그들이 잠시 쉴 때도 달려야 하며, 그들이 걸을 때도 달려야 한다. 그들과 똑같이 해서는 절대 내 삶이 달라지지 않는다.

잠을 줄여가며 새벽에 일어나 재테크 책을 읽고 경제신문을 보며 출근한다. 퇴근 후 동료들이 술을 마시거나 TV 보며 쉴 때 일찍 귀가해 재테크를 공부하고, 주말에 친구들이 데이트하고 영화 보며 즐길 때 재테크 스터디에 참여한다. 남들이 재미있는 만화와 소설, 예능 유튜브를 볼 때 재테크 책을 읽고 강의를 듣는다.

이렇게 하기가 절대 쉬운 일이 아니다. 인간은 관성의 동물이기 때문이다. 대부분 사람은 지금까지 살아왔던 대로 살아간다. 지금까지 그래 왔듯이 앞으로도 그러길 기대한다. 누워 있다가 운동하는 것, TV를 보다가 책을 읽는 것, 술 마시고 놀다가 공부하는 것과 같이 쉽고 편한 일상을 깨고 불편함을 선택하는 것은 너무나 어렵고 아무나 할 수 없는 일이다. 하지만 틀을 깨고 변화할 수 있는 사람이 그렇지 못한 사람보다 부자가 될 가능성이 크다는 것은 명백한 사실이다.

종잣돈을 모으는 3년 동안 절실한 마음으로 보낸 사람과 그냥 쉬면서 3년을 보낸 사람의 모습은 어떻게 달라져 있을까? 이 3년이란 시간을 어떻게 보내느냐가 당신의 남은 인생, 평생의 모습을 결정할 것이다. 오늘을 그저 편하게 사는 사람들은 노후에도 그저 그런 삶, 일해야 먹고살 수 있는 삶을 살게 될 것이다. 반면 절실히 3년을 보낸 사람은 가장 빠른 시간 안에 경제적 자유의 기반이 되는 현금흐름을 만들고 젊은 나이에 은퇴할 수 있게 될 것이다.

아끼며 궁상맞게 종잣돈을 모으는 시간, 절실히 공부하고 노력하는 시간이 평생일 필요는 없다. 성공 재테크 1, 2단계를 진행하는 딱 3년만 집중하자. 그 뒤부터는 눈덩이가 스스로 굴러갈 것이다. 당신은 남은 평생을 그저 그런 인생으로 별 볼 일 없이 살고 싶은가? 아니면 모든 것을 걸고 절실한 3년을 산 뒤, 풍요롭고 즐거운 인생을 살고 싶은가? 이 결심에 따라 당신의 미래가 바뀐다. 그리고 결심했다면, 지금 당장 시작하는 것이다!

곁가지를 쳐내라

부자가 된 사람들의 공통점이 또 하나 있다. 목표를 위해 방해가 되는 곁가지를 과감히 쳐내고 목표 하나에만 집중한다는 것이다. 사업이 됐든 재테크가 됐든, 목표를 정했다면 객관적으로 자신의 상황을 바라보자. 현실적으로 그 목표를 이룰 수 있는 상황인지? 그것이 아니라면 어떻게 해야 그 목표를 이룰 수 있을지?

많은 사람이 흔히 하는 실수 중 하나가 한꺼번에 여러 가지를 한다는 것이다. 그나마 목표를 향해 가는 데 필요한 도구들이라면 시간이 지나면서 시너지를 낼 수도 있다. 하지만 전혀 시너지가 날 수 없는 것들만 이것저것 하다 보니, 진도도 나가지 않고 결과도 좋지 않다.

영어 공부나 해볼까? 영어학원에 등록하고 한두 달 나가다가 시들해진다. '역시 영어는 나랑 잘 안 맞아. 요새 회사 분위기가 뒤숭숭한데 공인중개사 자격증이나 따볼까?' 하지만 역시 책 몇 장 펄럭거리다가 결국 그만둔다. '스마트스토어가 유행이던데 나도 한번 해볼까?' 이렇게 이리 기웃 저리 기웃 하는 동안 시간만 흘러가 버리고 만다. 보통 이런 사람들은 목표도 명확하지 않고 절실함도 없으며, 그 목표를 어떻게 이루어야 하는지 방법도 모른다.

목표가 명확히 섰다면, 그 목표를 이루기 위해 어떤 과정이 필요한지 구체적으로 단계적 계획을 세워야 한다. 그 계획이 섰다면 단계별로 하나씩 성취해가야 한다. 이 과정에서 목표와 관계없는 곁가지들은 모두 끊어버려려야 한다. 예를 들어 종잣돈을 모으는 것이 목표라면, 술·담배, 지나친 외식 등을 줄이고 그 기간에는 종잣돈 모으기에만 올인하는 것이다. 또 재테크 공부를 하기로 했다면, 영어 공부고 자격증 공부고 다 끊는다. 오로지 재테크 책을 보고, 경제신문을 읽고, 유튜브에서도 예능이나 개그 영상이 아니라 재테크 영상을 본다. 오로지 재테크 공부에만 집중하는 것이다. 주식투자가 목표라면, 관련된 책을 읽고 증권사 리포트를 참고해 좋은 기업을 찾고 기업 분석을 하는 데 시간을 쏟는다.

이렇게 하나의 목표를 정하고 그 목표를 달성하는 데 필요한 한 가지에만 집중하며 곁가지는 모두 쳐내는 것, 이것이 단기간에 목표를 이루고 성과를 내는 가장 확실한 방법이다. 물론 쉽지 않다. 이것이 쉽다면 세상 사람 누구나 다 성공하고 부자가 됐을 것이다. 하지만 그것이 다른 사람들과 달라지는 길, 부자가 되는 길이라면 우리는 그렇게 해야 한다.

이렇게 나를 갈아 넣고 곁가지를 쳐내 하나의 목표를 향해 몰입하는 일이 반복되면, 성취감과 자존감이 체화되고 목표 지점에 최대한 빠르게 도달할 수 있다. 돈뿐만 아니라 이 세상에서 성공이라는 타이틀을 거머쥘 수 있는 자격이 당신에게 주어지는 것이다. 곁가지를 쳐내라. 그리고 하나에 몰입해라. 이것이 가장 빠르게 성공과 경제적 자유로 향하는 비결이다.

나는 욜로족인가?

욜로(YOLO). 요즘 많은 사람, 특히 젊은 세대에게 하나의 문화로 자리 잡은 단어다. 욜로는 'You Only Live Once'의 약자로, 인생은 한 번뿐이니 지금을 즐기라는 의미다. 미래가 아닌 현재를 위해 소비하며 즐기는 문화인 것이다. 한 래퍼가 쓴 가사에 등장한 이 단어는 우리에게 많은 것을 생각하게 한다.

왜 젊은 사람들은 "인생은 한 번뿐이다! 즐겨라"를 외치며 소비하고, 지금 이 순간에만 집중하려 할까? 그만큼 사회가 불안하다는 반증이다. 커져 가는 빈부격차, 하늘 높은 줄 모르고 치솟는 집값, 무서운 물가 상승률…. 흙수저와 박봉으로 이 세상을 살아가기엔 너무나 버겁다. 그래서 내 집 마련이나 결혼은커녕 연애 한 번 하는 것조차 부담을 느끼고 모든 것을 포기해버리는 젊은이들이 늘어나고 있다. "어차피 집도 못 사고 결혼도 못 할 거라면, 차라리 지금의 나를 위해 소비하고 지금을 즐기자!" 이렇게 외치며 저축과 노후 준비가 아닌, 지금 당장 삶의 질을 높여주는 취미생활에 아낌없이 돈을 쓴다. 이런 마인드가 유행처럼 퍼지면서 많은 사람이 미래를 위한 투자가 아닌, 현재의 즐거움에 집중하고 있다.

물론 삶의 방식과 가치관은 사람마다 다르니 틀렸다고 할 수는 없다.

하지만 인생을 길게 봤을 때 어떤 삶의 방식이 더 현명한 것인지는 인생을 길게 살아오신 어르신들의 후회를 보면 알 수 있다. "젊을 때 좀더 팡팡 쓰고 놀았으면 좋았을걸"이라는 후회보다, 노후의 고되고 초라한 삶에서 밀려오는 "젊을 때 더 열심히 모으고 공부할걸"이라는 후회가 많다.

다행히 최근에는 파이어(FIRE)족도 늘어나고 있다. 'Financial Independence+Retire Early'의 약자로, '경제적 독립과 조기 은퇴'를 뜻한다. 이들은 소비를 극단적으로 줄이고 저축과 투자를 늘려 일찍 은퇴하는 것을 목표로 한다.

지금의 풍요로움을 위해 즐기는 것과 미래의 풍요로움을 위해 사는 것은, 둘 다 가질 수 없는 반대의 개념이다. 지금 이 순간만을 위해 소비하고 즐기는 사람의 미래는 분명히 정해져 있다. 우리는 현실을 정확히 인지해야 한다. 계속해서 그렇게 산다면 나이 70이 넘어서도 생활비를 벌기 위해 일을 해야만 할 것이다.

돈과 행복은 복리의 개념, 즉 최대한 일찍부터 최대한 많이 굴려야 나중에 큰 열매가 되어 돌아오는 개념이기 때문에 사회가 불안하고 자신의 상황이 어려울수록 그 반대로 가야 한다. 미래가 불안할수록 현재가 아닌 미래를 위해 투자하고, 미래를 위해 현재를 갈아 넣어야 한다.

젊은 시절의 궁색함, 근검과 절약은 절대 어리석은 행동이 아니며 창피해할 일도 아니다. 훗날 나이가 들어서 궁색하게 살 것인가, 아니면 젊은 시절 절약하고 공부해서 점점 더 나은 삶으로 발전해갈 것인가? 이는 순전히 당신의 선택에 달렸다. 한 번 사는 인생이라면, 즐기고 노는 것이 아니라 나를 위해 더 뜨겁게 노력하며 절실히 사는 것이 정답 아닐까?

○ 꿀팁 2 ○

카푸어 vs. 건물주, 당신의 선택은?

차를 살 때의 기회비용을 생각해본 적이 있는가? 여기서 기회비용이란, 차를 삼으로써 포기해야 했던 다른 무언가의 가치를 말한다.

보통 우리는 첫 직장에 입사하면 평생 만져본 적이 없는 큰돈을 월급으로 받게 된다. 이때부터 들뜨기 시작하면서 그간 취업을 위해 고생했던 날들이 주마등처럼 스쳐 지나간다. 지난날의 노력을 보상받기라도 하겠다는 듯 차를 사고 명품 가방을 사기 시작한다. 주변에서 흔히볼 수 있는 일이다. 그런데 당연해 보이는 이 행위의 기회비용은 얼마나 될까? 다음 두 가지 경우를 자신의 상황이라고 생각하며 읽어보자.

첫 번째, 크게 마음먹고 5,000만 원짜리 외제차를 산다

외제차를 타고 친구들을 태우고 폼 나게 드라이브할 생각에 벌써부터 설렌다. 직장생활을 몇 년간 열심히 해서 모은 내 돈 2,500만 원에 나머지 2,500만 원은 3년짜리 할부로 끊었다. 다들 나를 대단하게 생각하며 부러워하는 것 같다. 멋진 외제차가 생겨 기뻤다. 하지만 차는 구입하자마자 감가상각이 시작됐고, 할부가 끝나는 3년 뒤 시세는 2,500만 원으로 반 토막이 났다. 할부이자, 기름값, 세금, 사고 처리 비용, 보험료는 논외로 하더라도 3년 동안 2,500만 원이 날아간 것이다.

두 번째, 상가에 투자한다

경매를 공부하여 시세 1억 원짜리 상가를 8,500만 원에 낙찰받았다. 대출 6,500만 원이 나와 내 돈은 2,000만 원이 들었다. 세금 등 관련 비용 500만 원이 추가로 들었지만, 내 돈 2,500만 원으로 모두 충당할 수 있었다. 그리고 얼마 후, 임차인을 들여 보증금 500만 원을 받았다. 대출이자는 월 20만 원 정도 나갔지만, 들어오는 월세 45만 원으로 대출이자를 내고도 매월 25만 원이 남았다. 내 돈 2,500만 원으로 시세 1억 원짜리 상가의 주인이 된 것이다. 게다가 경매를 통해 시세보다 싸게 샀기 때문에 사자마자 1,500만 원의 시세차익(1억 원 - 8,500만 원)을 봤고, 추가로 임대보증금까지 들어와 오히려 500만 원의 돈이 생겼다.

자, 그럼 위의 두 경우를 비교해보자.

- 차를 삼으로써 발생한 손실(감가상각): 2,500만 원
- 상가를 삼으로써 발생한 이익: 2,400만 원
  - 시세차익 1,500만 원
  - 3년간 월세수입(월세-대출이자) 900만 원

2,500만 원으로 외제차가 아니라 상가에 투자한다는 결정을 내렸다면 2,400만 원의 이익을 거둘 수 있었으니, 이것이 외제차 구입에 대한 기회비용이다. 게다가 외제차에서는 감가상각 2,500만 원이 발생했으니, 통틀어 4,900만 원을 잃은 셈이다. 물론 경매를 통해 싸게 낙

찰받은 경우를 가정했고, 대출이 나오는 비율도 달라질 수 있다. 또 상가라는 투자상품 자체의 리스크도 있다. 하지만 여기서 중요한 것은 두 가지 경우 중에서 어떤 것을 선택하는 것이 현명한지를 깨닫는 것이다.

시간이 지날수록 외제차의 가치는 점점 감소할 것이고, 관련 비용은 더욱 늘어날 것이다. 반면 부동산에서는 월세가 지속적으로 나올 것이고 시세도 상승할 가능성이 크다.

더 중요한 사실은 처음 외제차를 사는 선택을 한 사람은 앞으로도 계속 비슷한 선택을 할 가능성이 크고, 돈을 모아 부동산에 투자하는 선택을 한 사람은 앞으로도 같은 선택을 할 가능성이 크다는 것이다. 이 두 사람의 미래가 어떨지 눈에 보이지 않는가?

사회 초년생 때부터 기회비용이라는 것을 항상 염두에 두고 선택을 하기 바란다. 특히 소비냐 저축이냐, 소비냐 투자냐의 갈림길에서 고민하게 될 일이 많을 것이다. 소비의 유혹은 생각보다 달콤하다. 반면 돈을 모으고 재테크를 하는 과정은 귀찮고 어렵다.

이런 선택의 문제는 살아가는 동안 수없이 생겨날 것이고, 그 선택이 모여 결국 우리의 부와 인생의 방향을 결정하게 된다. 물론 필요할 때는 써야 한다. 하지만 항상 기회비용을 생각해야 한다. 그 선택으로 인해 달라질 내 인생과 그 선택이 불러올 나비 효과를 생각한다면, 분명 더 나은 판단을 할 수 있으리라 믿는다. 현명한 선택과 판단이 많아지고 그것이 쌓일수록 인생이 점점 더 풍요로워진다는 사실을 기억하자.

3장

성공 재테크 1단계
종잣돈 1억 모으기 프로젝트

💎 종잣돈을 모아야 하는 이유: 스노볼 효과

이제 본격적으로 재테크를 시작한다. 가장 먼저 할 일은 종잣돈을 모으는 것이다. 종잣돈이란 영어로 시드머니(seed money), 즉 씨앗이 되는 돈을 말한다. 땅에 씨앗을 뿌리면 그 씨앗이 자라 나무가 되고 열매가 열리는 것처럼, 10억이니 100억이니 하는 큰돈도 작디작은 종잣돈에서 시작된다.

종잣돈을 흔히 눈덩이에 비유하곤 한다. 어린 시절 눈사람을 만들기 위해 눈덩이를 굴려본 적이 있을 것이다. 이때 처음 굴리는 눈덩이가 단단하고 클수록, 그리고 굴리는 언덕의 경사가 가파를수록 눈덩이는 더 빨리 구르고 더 커진다.

종잣돈도 마찬가지다. 처음 굴리는 눈덩이가 바로 종잣돈이다. 이 종잣돈을 최대한 일찍, 그리고 많이 모을수록 돈이 불어나는 속도가 기하급수적으로 빨라진다. 최초 종잣돈이 스물다섯 살에 만들어졌느냐 서른 살에 만들어졌느냐, 5,000만 원이냐 1억 원이냐에 따라 결과가 크게 달라진다. 일찍 시작할수록 시간의 복리 효과를 더 크게 누리게 되므로, 지금의 1,000원이 10년 뒤의 100만 원이 되는 경험을 하게 될 수도 있다. 그러니 종잣돈 만들기에 사활을 걸어야만 한다. 최대한 일찍, 최대한 많이! 적당히 쓸 것 쓰고 놀 것 놀면서 모아서는 절대 그렇게 할 수 없다.

종잣돈, 얼마를 모아야 할까?

종잣돈은 몇 년 동안 얼마를 모아야 할까? 소득과 지출 수준이 사람마다 천차만별이기 때문에 일반화하긴 어렵지만, 평범한 직장인의 경우 3년 정도면 어느 정도 의미 있는 규모의 종잣돈을 모을 수 있다.

월급 200만 원 중 소득의 50%를 저축한다면, 매월 100만 원씩 36개월간 3,600만 원을 모을 수 있다. 월급이 300만 원이라면 150만 원씩 36개월간 5,400만 원을 모을 수 있다. 상황이 여의치 않다면 3,000만 원

그림 3-1 **종잣돈, 얼마를 모아야 할까?**

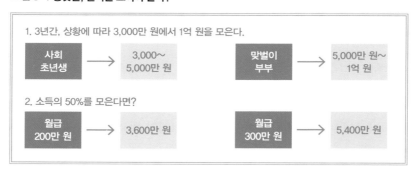

이라도 좋다. 일단 의미 있는 한 덩어리의 돈을 만드는 것이 중요하다.

재테크에서 중요한 것은 규모의 경제를 만드는 것이다. 눈사람을 만들 때, 작은 덩어리보다 큰 덩어리가 훨씬 더 빠르게 커지는 경험을 누구나 해봤을 것이다. 돈도 마찬가지다. 몇십만 원, 몇백만 원으로는 아무리 굴려도 속도가 잘 나지 않는다. 하지만 몇천만 원 단위가 되면 돈이 모이는 속도가 급격히 빨라진다.

종잣돈이 중요한 또 다른 이유는 모인 종잣돈이 커질수록 투자의 범위가 늘어난다는 것이다. 몇백만 원으로 부동산을 살 순 없다. 주식투자 외에는 대안이 없다. 하지만 몇천만 원이 있다면 청약도 할 수 있고, 분양권(아파트 준공 후 입주할 수 있는 권리)에 투자할 수도 있으며, 갭투자(최대한 많은 임대보증금을 끼고 건물을 매입하는 것)도 할 수 있고, 대출을 끼고 빌라나 오피스텔, 상가를 살 수도 있다. 포트폴리오를 다양하게 구성할 수 있다는 얘기다. 또 의미 있는 덩어리의 종잣돈을 모은 경험은 성취감과 자존감을 높여주고, 앞으로의 인생에서 훌륭한 마중물이 되어준다.

무식하게 예금·적금으로만 모아라

종잣돈을 모을 때 주의해야 할 것이 있다. 그 기간에는 되도록 주식이나 펀드 같은 투자를 병행하지 말라는 것이다. 종종 이렇게 말하는 사람을 볼 수 있다. "누가 무식하게 종잣돈을 예금·적금으로 모아? 주식도 하고 펀드도 넣고 하면서 굴려야 빨리 모을 수 있지." 하지만 종잣돈은 무식하게 예금·적금으로만 모아야 한다. 왜일까?

여기에는 세 가지 이유가 있다. 준비되지 않은 상태에서 주식과 같은 투자를 병행했을 때는 손해 볼 가능성이 크다는 것, 종잣돈에 집중할 수 없다는 것, 계획에 차질이 생길 수 있다는 것이다. 종잣돈을 모으는 3년의 기간이 끝나면 목표했던 금액을 반드시 모아야만 한다. 그래야 그 돈을 가지고 계획된 재테크를 시작할 수 있다. 만약 이 시기가 늦어지거나 돈이 덜 모이면 모든 계획이 틀어지고 돈을 불릴 기회마저 놓치게 된다.

주식, ETF, 부동산? 본격적으로 굴리는 3단계에서는 당연히 해야 한다. 하지만 종잣돈을 모으는 우리는 아직 그런 공부가 되어 있지 않다. 더구나 주식투자는 경기를 보는 눈, 기업의 가치를 보는 눈이 필요하고 변동성이 큰 투자다. 준비가 없는 상태에서 종잣돈을 모으며 손실을 보는 날에는 모든 계획이 틀어지고 만다.

운 좋게 수익이 났다면? 지금 당신은 절실하게 소비통제를 하며 1,000~2,000원, 1~2만 원 아끼며 힘들게 종잣돈을 모으고 있다. 그런데 주식으로 어느 순간 20~30만 원 또는 그 이상 수익이 났다면? 과연 적은 돈을 아끼면서 종잣돈을 모을 수 있을까? 그 순간 평온했던 마인드가 흔들리게 되고, 주식에 더 매몰될 수밖에 없다.

이런 투자로 한두 번은 수익을 낼지 모르지만, 결국 실패할 가능성이 90% 이상이다. 10%가 안 되는 확률로 수익을 봤다고 하자. 지식이 없는 상태에서 투기적인 투자로 수익을 본 사람은 그 달콤함에 빠져 자극적인 투자를 계속하게 된다. 결국 한 번 크게 무너지고 종잣돈은 물 건너가며, 평생의 재테크 마인드는 망가질 가능성이 커진다. 지식과 투자 마인드가 정립되지 않은 상태에서 들어버린 잘못된 투자 습관은 고치기도 어렵다.

보통 재테크를 병행하며 종잣돈을 모으라는 사람들은 그 방법으로 이미 성공한 사람들이다. 반면, 실패한 사람들은 말이 없다. 주식으로 돈을 굴려 종잣돈을 잘 모아 성공한 사람이 과연 얼마나 될까? 오히려 자산만 까먹고 몇 년이 지나도 종잣돈조차 모으지 못한 사람들이 훨씬 많지 않을까? 통계상으로 보면 실패한 사람의 비중이 훨씬 높다. 우리는 3년이란 기간의 목표를 두고 종잣돈을 모으고 있다. 얼마 되지 않는 돈과 지식으로 소액의 수익을 보는 것보다, 주식으로 돈을 잃어 그 계획이 모두 틀어지고 모은 돈마저 까먹는 상황을 피하는 것이 백배 낫다. 이런 최악의 상황이 발생한다면 재테크 인생의 시작에 엄청난 타격을 미치게 된다.

종잣돈을 모으는 시기에는 경제 지식, 재테크 지식, 경험이 없는 경우가 많다. 실력도 있어야 하고 운도 따라주어야 하는 상황에서 아무런 경험과 지식이 없는 사회 초년생이 종잣돈을 모으며 투자해 성공할 가능성은 크지 않으며, 오히려 잘못된 투자 습관만 들 수 있다.

혹자는 이렇게 말할 것이다. "3년 동안 종잣돈만 모은다면 돈 굴릴 시간을 낭비하는 것 아닌가?" 하지만 기억해라. 시장은 매일 열리고 앞으로도 좋은 투자 기회는 수없이 다가온다. 종잣돈이 모이고, 지식 측면에서도 준비가 됐다면 더 좋은 기회를 더 많이 찾아낼 수 있다. 좋은 투자 기회는 아는 만큼 보인다. 준비된 상태라면 3년간이라는 기회 비용쯤은 아무것도 아니며, 이후 충분히 만회하고도 남는다.

준비된 상태에서 효율적 투자를 한다면 종잣돈 모으는 기간에 발이 묶이는 것쯤은 아무것도 아니다. 오히려 설익은 실력으로 섣불리 투자하여 시행착오를 겪다가 앞으로 다가올 무수한 기회를 잃게 되는 것이 백배 더 무서운 일이다. 작은 욕심과 조급함에 황금알 낳는 거위의 배를 가를 것인가, 아니면 꾸준히 그 거위를 보살피며 키워갈 것인가? 소중한 종잣돈을 모으고 실력을 기르는 시간을 절대 의미 없다고 생각하지 마라.

단, 예외는 있다. 재테크 지식을 어느 정도 갖춘 상태라면, 종잣돈을 모으면서 자산의 일부분으로 우량주식이나 우량 ETF 등에 적립식 장기 투자를 병행하는 것은 괜찮다. 그 투자로 인해 종잣돈 모으기와 소비통제에 영향을 받지 않을 수 있다면 말이다.

종잣돈과 투자를 병행하고 싶다면, 되도록 우량주 위주의 장기 적립식 투자를 선택하는 것이 좋다. 만약 준비가 되지 않았고, 경험이 없는 초보라면? 준비가 될 때까지만이라도 종잣돈은 무식하게 예금·적금으로 모으자!

종잣돈이 중요한 이유

사회 초년생 시절, 중소기업에 다니던 친구 A가 있었다. A는 급여 200만 원이 조금 넘었고, 주위엔 대기업에 입사해 훨씬 많은 급여를 받는 친구들이 있었다. 이들의 재테크 방식은 서로 달랐다. A는 주식이나 펀드 등은 관심도 갖지 않고 오직 적금에 매달 200만 원씩 넣으며 돈을 모았다. A의 재테크 목표는 4년 동안 1억 만들기였다. 반면 대기업에 다니던 친구들은 좋은 차도 뽑고, 시계도 샀으며, 여자 친구와 연애도 했다. 그리고 재테크는 적금이 아니라 주식과 펀드로 했다.

대기업에 다니는 친구들은 A에게 "재테크는 그렇게 하는 게 아니야", "젊을 땐 주식하고 펀드도 하면서 공격적으로 투자해야지 그런 식으로 하면 돈 못 모아"라고 훈수를 두며 고지식하다고 비웃었다.

A는 적은 급여를 커버하기 위해 정말 독하게 돈을 모았다. 출퇴근 비용을 아끼기 위해 자전거를 이용했고, 점심도 사 먹지 않았다. 다이어트를 핑계로 도시락을 싸 가지고 다니거나 선식·두유 등을 먹었고, 휴대전화는 알뜰폰을 썼으며, 연애는 물론 술·담배도 일절 하지 않았다. A의 돈은 점점 쌓여갔다. 반면 대기업에 다니는 친구들은 투자로 돈을 벌 때도 있었지만 잃을 때도 있었고, 늘어가는 소비 때문에 통장 잔고가 점점 줄어갔다. 결국 마이너스 통장까지 만들어 주식투자를 했지만 빚만 늘어갔다.

A는 3년 반 만에 마침내 목표로 했던 1억을 모았고, 그 종잣돈은 10년이 흘러 10억이 넘는 자산으로 바뀌었다. 대기업에 다니던 친구들은 어떻게 됐을까? 엄청난 대출에서 헤어나오지 못하는 친구부터 주식으로 크게 실패하고 처음부터 종잣돈을 다시 모으는 친구까지, 격차는 더욱 벌어졌다.

이 이야기가 시사하는 바는 매우 의미심장하다.

- 첫 번째, 수입의 크기보다 재테크 방법과 마인드가 중요하다는 것
- 두 번째, 종잣돈만 모은다면 금수저든 흙수저든 출발선이 동일해진다는 것
- 세 번째, 재테크는 속도가 아닌 방향이라는 것

물론 대기업에 다니고 수입이 많다면 유리할 것이다. 하지만 딱 거기까지다. 앞의 사례에서 봤듯이, 소득이 많아도 방법이 잘못되면 의미가 없

다. 어떻게 종잣돈을 만들고 어떻게 굴리느냐 하는, 시스템과 방향이 중요하다. 소득이 적어도 부자가 될 수 있는 이유는 바로 종잣돈이라는 엄청난 무기가 있기 때문이다. 마치 마법처럼, 종잣돈이라는 존재가 내 소득·능력·학력을 모두 뛰어넘어 나보다 나은 사람들과 동일한 선상에서 경쟁할 수 있게 해주는 것이다.

일단 한 뭉치의 종잣돈이 생겼다면, 언덕에 올라 눈덩이를 굴릴 준비를 하면 된다. 수입이 많고 성실히 모았다면 좀더 이른 시기에 언덕 위에 설 것이고, 소득이 적고 어쩔 수 없이 고정비가 많이 나갔다면 좀더 늦은 시기에 언덕 위에 설 것이다. 하지만 일단 언덕 위에 눈덩이를 가지고 섰다면, 이제부터는 모두 평등하다. 이제부터 중요한 것은 수입의 크기가 아니라 눈덩이를 굴리는 능력이다. 좀더 가파른 경사면을 찾아 눈덩이를 굴리고, 눈덩이가 나무에 부딪히지 않게 컨트롤하는 능력을 갖춘 사람이 좀더 빨리, 좀더 큰 눈덩이를 만들 수 있다.

소득의 크기와 학력, 직업 등 모든 것을 내려놓고 모두가 평등하게 경기할 수 있다니 정말 멋지지 않은가? 수입이 많다면 유리하지만, 소득이 적더라도 절대 좌절하거나 포기하지 말고 종잣돈의 위력을 직접 체험하기 바란다.

종잣돈은 인생의 마중물이다

종잣돈의 위력은 재테크뿐 아니라 다른 곳에서도 나타난다. 바로 인생의 마중물 역할이다. 어린 시절 외할머니댁에는 물을 긷는 펌프가 있었다. 내가 수십 번 펌프질을 하고도 물이 나오지 않아 성이 나 있을 때,

외할머니가 펌프 안에 물을 한 바가지 넣어주셨다. 그런 다음에 펌프질을 하자, 몇 번 만에 물이 콸콸 쏟아져 나왔다. 그 한 바가지의 물이 바로 마중물이다. 마중물을 넣어야 그 압력으로 물이 나오게 되는 것이다.

마중물 한 바가지가 없으면 아무리 수백 번 펌프질을 하더라도 팔만 아플 뿐이다. 작디작은 한 바가지의 물, 남들 눈에 하찮아 보일지 모르는 작디작은 종잣돈이 내 미래를 바꿔줄 마법과 같은 도구가 될 수 있다. 종잣돈은 인생의 마중물이다. 재테크든 사업이든, 어떤 목표를 가지고 어떤 삶을 시작하더라도 이 작은 종잣돈이 인생을 성공적으로 바꿔줄 수 있는 훌륭한 디딤돌이 된다. 더욱이 종잣돈의 크기가 클수록 할 수 있는 일들의 경우의 수는 기하급수적으로 늘어난다. 이것이 종잣돈의 무서움이다.

또 종잣돈은 무언가 성취했다는 자신감을 심어준다. 내 주변 지인들을 보면 사회 초년생 시절, 종잣돈을 모았던 사람과 그러지 않았던 사람 간에는 재테크의 방향과 인생 방향에 큰 차이가 있었다. 종잣돈을 만드는 과정의 노력과 성취의 경험이 부의 크기는 물론 삶에 대한 태도까지 바꿔놓은 것이다. 종잣돈을 만든 시기가 이르든 늦든 상관없다. 종잣돈을 모았다는 작은 사실 하나가 평생을 살아가고 무언가를 성취하는 데 당신을 지탱해주는 자신감과 힘의 원천이 되어줄 것이다.

💎 종잣돈, 3년의 암흑기

앞서 말했듯이, 종잣돈 만드는 기간은 3년이 가장 좋다. 더 빨리 5,000만 원이나 1억 원을 모을 수 있다면 더욱 좋겠지만 일반적인 급여 기준으로는 최소 3년은 모아야 제대로 굴릴 수 있는 규모의 종잣돈이 만들어진다. 하지만 그 기간이 너무 길어지는 것은 좋지 않다. 정작 굴려야 할 타이밍을 놓칠 수 있기 때문이다. 종잣돈을 모으는 동안 다른 투자를 하지 않는 대신, 종잣돈 모으는 기간을 최대한 단축해야 한다.

종잣돈을 모으는 시기에는 급여의 상당 부분을 저축해야 하고, 사고 싶은 것과 하고 싶은 것을 줄여야 한다. 즉, 고통스럽다는 이야기다. 그래서 기간을 최대한 단축하라는 것이다. 시간이 길어질수록 집중력은 떨어지고, 목표는 흐지부지될 가능성이 크다.

기간을 최대한 단축하고 집중할수록, 나중에 돈이 불어나는 속도는 폭발적으로 증가한다. 인생 전체를 힘들게 사느냐, 3년간 집중하고 부자의 삶으로 들어서느냐는 당신의 선택에 달렸다. 더도 말고 딱 3년, 이 3년에 당신의 모든 노력을 쏟기 바란다.

그러면서 성공 재테크 2단계인 '재테크를 공부하며 내게 맞는 재테크 방법을 찾는 단계'를 병행한다. 즉, 종잣돈을 모으며 재테크 공부를 하는 것이다.

"뭐? 종잣돈 모으는 것도 죽겠는데 공부까지 하라고?" 그래도 할 수 없다. 딱 3년이다. 이 기간에 얼마나 힘들고 고통스러웠는지가 미래의 부를 결정한다. 〈그림 3-2〉를 보면, 처음 3년이 결정하는 부의 크기를 짐작할 수 있다. 이 그래프는 미래 과학기술 예측에 사용하는 '수확 가속의 법칙'을 보여준다. 복리의 움직임과도 비슷한 이 그래프는 A4 크기의 종이를 두세 번 접으면 아무것도 아닌 길이지만 마흔두 번만 접으면 달까지 갈 수 있는 길이가 된다는, 시간이 지날수록 발전 속도가 폭

그림 3-2 산술급수적 성장 vs. 기하급수적 성장

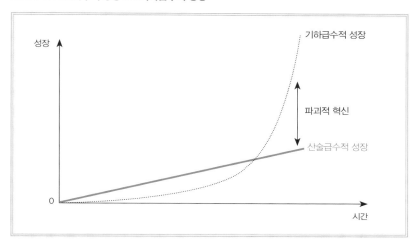

발적으로 늘어난다는 개념을 나타낸다. 첫 3년간 종잣돈을 모으는 데 들어간 고통의 크기가 클수록 미래에 모을 돈의 크기에 엄청난 가속도를 붙여 기하급수적 성장을 한다는 것이다.

이 시기에는 '나는 왜 이렇게 궁상맞게 쓸 것 못 쓰고 살아야 하지?', '누구는 차도 있고, 좋은 시계도 차고, 좋은 옷도 사는데 난 이게 뭘까?'와 같이 다른 사람들과의 비교로 힘들 수 있다. 하지만 절대 남들과 비교하지 마라. 오히려 지금 쓸 것 쓰며 풍족하게 사는 그들은 지금 써버리는 돈만큼 미래의 기회를 잃는 것이다. 그래서 미래의 행복한 나, 경제적 자유를 이룬 풍요로운 나를 상상하고 그려보는 것이 매우 중요하다.

또한 이렇게 3년간의 고통을 버텨내고 목표한 종잣돈을 모은 사람은 다가올 인생에서도 무엇이든 해낼 수 있는 능력과 자신감을 갖추게 된다. 3년의 암흑기가 남은 평생의 밝은 빛을 보장한다면, 당신은 어떻게 하겠는가. 예전 사법고시 시절, 3년간 고시 공부를 하고 판검사가 된 사람들을 보면 무슨 생각이 드는가? 그들이 보낸 암흑기 같은 3년이 쓸데없는 시간이라고 느껴지는가? 우리는 고시 공부를 하는 것도 아니다. 종잣돈을 모으며 재테크 공부를 하는 것은 그보다 훨씬 쉽다. 3년만 실행하자! 이 3년이 당신의 남은 인생을 바꿀 것이다.

💎 이제 본격적인 종잣돈 모으기다

왜 종잣돈을 모아야 하는지 잘 알게 됐으리라 믿는다. 그렇다면 이제는 결심을 하고 본격적으로 실행하는 일만 남았다.

목표를 세워라

가장 중요한 것은 목표를 세우는 일이다. 가끔 보면 기간이나 금액 목표 없이 5년이고, 10년이고 무작정 모으기만 하는 사람이 있다. 종잣돈을 모으기 전 가장 먼저 해야 할 일은 언제까지, 얼마를 모으겠다고 정확한 목표를 정하는 것이다.

모을 수 있는 금액은 사람마다 다르다. 소득과 지출이 다르기 때문이다. 먼저 현실적으로 자신이 모을 수 있는 금액을 정한다. 되도록 소득의 50%를 저축하는 것을 추천한다. 어쩔 수 없이 나가는 비용(부모님 생활비, 학자금대출 상환, 자취 비용 등) 때문에 불가능하다면 일단 가능한 범위 내에서 저축 금액을 최대한 높이고 남는 돈으로 생활한다. 그리고 부모님 용돈이나 자취 비용, 연애 등과 관련된 비용은 되도록 줄이는 것이 좋다. 도저히 모을 수 없는 상황이라고 해도, 그 상황을 바꾸고 틀을 깨서라도 종잣돈을 모아야 한다. 절대 불가능한 상황이란 없으며, 절실함과 의지의 문제다.

자신이 모을 수 있는 금액을 먼저 정하고, 그에 맞춰 남는 돈으로 생활하는 것이 첫 번째 단계다. 예를 들어 급여가 250만 원이고 130만 원을 저축하기로 정했다면, 4,680만 원(130만 원×36개월)이 3년 뒤 모일 종잣돈이 된다. 하지만 이 금액에서 목표는 좀더 높여 잡아라. 중간중간 나오는 보너스나 소비통제를 통해 추가로 모을 여지를 남겨두는 것이다. 목표가 높을수록 좀더 많은 종잣돈을 모을 가능성은 더 커진다.

3년을 기간으로 잡고 사회 초년생이라면 3,000~5,000만 원, 아이가 없는 맞벌이 신혼부부라면 1억 원을 목표로 시작하기 바란다. 아이가 있는 외벌이 또는 맞벌이 부부라도 상관없다. 목표 금액만 다를 뿐, 종잣돈을 모으는 과정은 같다. 만약 수입이 많아 좀더 빠르게 종잣돈을 모을 수 있다면 꼭 3년이 아니어도 된다. 그 기간은 짧을수록 좋기 때문에 각자 상황에 맞게 정하면 된다.

부록으로 제공하는 재무관리표의 수입·지출표와 가계부를 작성하고 찬찬히 훑어보자. 마음만 먹으면 줄일 수 있는 돈이 얼마나 많은지를 알게 돼 깜짝 놀랄 것이다. 아이가 있더라도 소비를 최대한 줄이면 1,000~2,000만 원의 종잣돈은 만들 수 있다.

만약 나쁜 대출(소비성 신용대출)이 있는 상태라면 대출부터 갚고 종잣돈을 모아야 한다. 조급함과 욕심 때문에 나쁜 대출로 투자하는 사람은 대출과 투자 실패, 조급함의 악순환을 벗어나지 못할 것이다.

당신의 상황이 좋지 않다면 더더욱 남들과 똑같이 해서는 안 된다. 반드시 틀을 깨야 한다. 내 돈을 극대화하는 방법과 자산 재조정(비효율적인 자산 매각, 대출받아 한 투자 없애기 등), 소비통제, 부수입 늘리기 등 완전히 새로운 패턴으로 부채를 줄이고 종잣돈을 모아야 한다.

'우리 집은 외벌이라 안 돼', '아이 교육비 때문에 안 돼', '아이가 셋이라 안 돼' 식으로 미리 포기하는 사람에겐 미래가 없다. 그런 상황에서도 소비를 최대한 통제하고 부수입을 얻기 위해 노력한다면, 그리고 절실히 틀을 깬다면 누구나 종잣돈을 모으고 부자의 길로 나아갈 수 있다.

소비 패턴과 생활 규모가 맞는지 그렇지 않은지는 본인 스스로는 잘 모르는 경우가 많다. 해결책이 보이지 않는다면, 주변 지인이나 전문가에게 조언을 듣는 것도 좋다. 큰 깨달음과 결심이 있지 않다면 스스로 결심하고 실행하기가 힘들 것이다. 하지만 누군가가 지침을 주고, 가족 전체가 한마음으로 그 조언에 따라 생활 패턴을 바꾸는 것은 좀더 쉽다. 중요한 것은 스스로 결심하고 시작할 수 있는 계기를 만드는 것이다.

시스템으로 모아라

종잣돈은 무식하게 예금·적금으로만 모은다. 앞서 말했듯 정해진 재테크 스케줄을 맞추고, 유혹에 흔들리지 않고 가장 안정되고 준비된 상태에서 재테크를 시작하기 위함이다. 종잣돈을 모으는 데 필요한 방법이 바로 통장 쪼개기다. 필요한 준비물은 다음과 같다.

- 입출금 통장 3개(급여·생활비 통장, 예비비 통장, 여행 통장), 적금 통장 1개, 자유적립예금 통장(또는 CMA 계좌) 1개
- 종잣돈을 모으겠다는 절실한 마음

최근에는 자금세탁을 방지하기 위해 은행에서 입출금 통장을 한 번에 많이 만들어주지 않는다. 보통 한 달에 한 계좌씩 추가할 수 있으므로 기간을 두고 보통예금 계좌를 만들면 된다. 그게 여의치 않다면 여행 통장 대신 현금으로 모으는 방법, 예비비와 여행비 통장을 함께 쓰는 등의 방법도 상관없다.

통장 쪼개기는 모두 자동이체를 걸어놓되, 저축액을 먼저 떼는 것이 핵심이다. 급여가 들어오는 순간 적금·예비비·여행 통장으로 정해둔 금액이 빠져나가게 하는 것이다. 그러고 나서 남는 돈, 즉 생활비 통장

그림 3-3 **종잣돈 모으기 구조도**

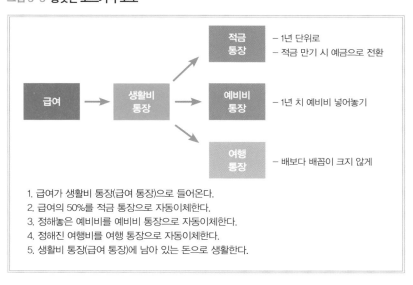

1. 급여가 생활비 통장(급여 통장)으로 들어온다.
2. 급여의 50%를 적금 통장으로 자동이체한다.
3. 정해놓은 예비비를 예비비 통장으로 자동이체한다.
4. 정해진 여행비를 여행 통장으로 자동이체한다.
5. 생활비 통장(급여 통장)에 남아 있는 돈으로 생활한다.

에 남아 있는 돈으로 생활한다. 이렇게 시스템화해서 관리하면 급여가 들어오는 순간 알아서 돈이 모이기 때문에 따로 신경 쓸 것이 없어 매우 편리하다.

시스템화하지 않고 일일이 직접 이체하는 경우에는 유혹에 빠질 수도 있다. 예컨대 사고 싶은 물건이 생겼을 때 계획과 다르게 돈을 써버리고 저축액을 슬쩍 줄이는 것 말이다. 따라서 모든 돈이 유혹으로 가득 찬 내 손을 거치지 않고 자동으로 빠져나가게 해둬야 한다.

그럼 각 통장의 용도를 알아보자.

적금 통장

매달 모으고자 하는 액수(되도록 수입의 50% 이상)를 적금 통장으로 자동이체한다. 크게 상관은 없지만 되도록 금리가 가장 높은 저축은행을 이용하는 것이 좋다. 참고로, 저축은행중앙회 홈페이지(www.fsb.or.kr)에서 저축은행별 금리를 비교할 수 있다.

적금은 금리가 높다고 해도 만기 때 받을 수 있는 이자가 생각보다 많지 않기 때문에 소수점 단위의 적금금리에 목숨 걸지 말고 관리하기 편한 은행을 찾는 것이 좋다. 적금을 납입할 때 계좌는 하나만 만들어도 좋다. 다만, 예상치 못하게 급전이 필요해질 경우를 대비해 대책을 세워놓는 것이 좋다. 갑자기 급전이 필요해졌을 때는 다음과 같이 한다.

① 비교적 단기간 필요한 돈이라면 납입된 적금 금액의 90% 수준에서 예금·적금담보대출이 가능하다(대출금리는 적금금리+1.0~1.5% 수

준). 대출금을 쓰는 기간이 길어질 경우 적금을 해지하는 것이 유리할 수 있으므로, 이때는 은행원과 상담해 예금·적금담보대출과 중도해지 둘 중 유리한 방법을 고르면 된다.

② 장기간 써야 할 큰돈이라면 적금 통장을 해지해야 하는데, 이때를 대비해 처음부터 2개 이상으로 쪼개서 적금을 납입하는 것도 좋다(예를 들어 매월 150만 원씩 납입한다면 50만 원짜리 통장 3개로 나누어 납입). 이 경우 급전이 필요할 때 1개 또는 2개의 계좌만 중도해지하면 되기 때문에 손해를 줄일 수 있다.

한편, 예금·적금 풍차 돌리기를 하려는 사람도 있다. 효과가 없는 것은 아니지만, 유의미한 수준으로 효과를 보려면 장기간 예금·적금으로만 재테크를 해야 한다. 그리고 관리하는 데 시간과 노력이 든다. 종잣돈을 모으는 3년 동안에는 그리 효율적인 방법이 아니다. 차라리 그 시간에 재테크 공부를 더 하기 바란다.

뒤에서 다시 이야기하겠지만, 예금을 하는 것은 재테크가 아니다. 예금이 절대 재테크의 주요 수단이 되어선 안 되며, 종잣돈 모으는 기간에만 예금·적금을 이용한다.

〈그림 3-4〉에서와 같이 월 100만 원씩 적금을 든다면 적금은 1년 단위로 가입하고 1년 뒤 만기가 되어 받은 금액을 1년짜리 복리 정기예금에 넣어놓는다. 그리고 1년 단위로 3년간 굴린다. 적금을 1년 단위로 하는 이유는, 혹시라도 중간에 해지해야 할 경우 타격이 크기 때문이고, 3년 동안이라도 예금의 연 단위 복리 효과를 누리기 위해서다.

그림 3-4 **1년 단위 적금과 복리 정기예금 활용하기**

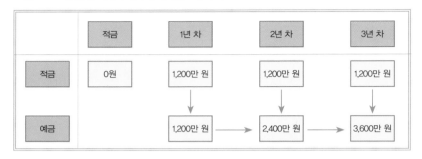

예비비 통장

예비비란 급전이 필요할 때나 정기적인 지출을 위해 따로 빼놓는 돈을 말한다. 매달 소득의 50%를 적금 통장으로 이체하기로 했으니 생활비 수준은 이미 정해져 있다. 이 상황에서 가족의 병원비나 경조사비 등 갑작스러운 지출이 생긴다면 생활이 흔들리고 적금 납입에도 차질이 생길 수 있다. 따라서 예비비는 반드시 필요하다. 예비비는 〈표 3-1〉처럼 크게 두 종류로 나눌 수 있다.

일반 생활비가 아닌 이런 비정기적 지출들에 대해 1년 치 예비비를 먼저 책정한다. 〈표 3-1〉은 예시일 뿐이며, 각자 예상되는 비용을 적는다.

표 3-1 **예비비의 종류**

구분	정기적 지출	일회성 지출	합계
예비비	자동차 보험료, 명절 비용, 부모님 용돈과 생신 등	병원비, 경조사비, 정장이나 패딩 등 고가의류 구입비 등	–
1년 치 금액	140만 원	100만 원	240만 원

① **정기적 지출** 자동차 보험료 50만 원, 명절 비용 30만 원, 부모님 생신 20만 원, 부모님 용돈 40만 원 → 총 140만 원
  : 종잣돈 모을 때 차를 굴리는 건 사치라고 할 수 있지만, 저마다 사정이 있기 마련이므로 일단 차가 있다고 가정했다.

② **일회성 지출** 병원비 20만 원, 경조사비 30만 원, 의류비 30만 원, 여분 20만 원 → 총 100만 원
  : 일회성 지출은 정해져 있지 않은 비용이기 때문에 경험을 바탕으로 넉넉히 책정한다.

이렇게 총 240만 원의 예비비가 책정됐다면 예비비 통장에 넣는다. 이 예비비는 조금 넉넉한 것이 좋다. 1년이 지나 240만 원의 예비비 중 180만 원을 쓰고 60만 원이 남았다면 그 금액을 다음 연도의 예비비로 넘긴다. 그럼 다음 해에는 180만 원만 예비비로 모으면 된다.

이제 예비비를 모으는 방법을 알아보자. 다음과 같이 두 가지 방법이 있다.

① 적금을 넣기 전 예비비 금액인 240만 원을 먼저 다 모으고 그다음 달부터 적금을 넣는 방법

② 매달 일정 금액을 예비비 통장에 모아가는 방법
  예를 들어 매월 30만 원씩 예비비 통장에 넣을 경우 8개월이면 240만 원을 다 모을 수 있다. 그럼 나머지 4개월은 그 30만 원을 자유적립예금 통장이나 CMA 통장 등에 납입하면 된다.

여행비 통장

앞서 말했듯이, 종잣돈 모으는 시기는 암흑기다. 사고 싶은 것 못 사고, 먹고 싶은 것 못 먹고, 하고 싶은 것 못 하는 우울한 시기다. 따라서 그 시기를 잘 보낸 다음에는 자신에게 반드시 보상을 해줘야 한다. 그 보상은 해외여행이 될 수도 있고, 평소 사고 싶었던 물건이 될 수도 있다.

어쨌든 보상 명목의 비용을 따로 모아서 3년 뒤 고생한 자신에게 선물을 주는 개념이다. 돈을 모으는 게 힘들게 느껴지더라도 이 통장을 보며 힘을 낼 수 있다(이 돈은 3년 뒤 꼭 자신을 위해 쓰길 바란다).

예를 들어 3년 뒤 200만 원을 여행비 명목으로 책정했다고 치자. 3년, 즉 36개월간 200만 원을 모으려면 한 달에 5만 6,000원씩 이체되게 해놓으면 된다. 만약 보통예금 통장을 다수 만들지 못하는 상황이라면 그만큼 현금으로 보유하거나 예비비 통장과 함께 써도 좋다(단, 금액이 섞이지 않도록 신경 써야 한다).

그리고 중요한 것은 보상 명목의 금액이 너무 크면 안 된다는 것이다. 우리의 목적은 종잣돈을 모으는 것이지 여행을 가는 것이 아니기 때문이다.

기타 통장

이렇게 돈을 모으는 동안 생활비를 아껴 추가로 남는 돈이나 용돈 등 일회성 수입이 발생할 때도 있다. 예비비를 다 모으고 남는 돈도 추가 수입으로 볼 수 있다. 이런 돈은 은행의 자유적립예금 통장을 만들어 그때그때 입금하면 된다. 은행마다 명칭은 다를 수 있는데, 자유적립예금 통장은 정해지지 않은 금액을 아무 때나 입금할 수 있는 통장을 말한다. 비정기적 입금이기 때문에 정기예금보다 금리는 낮다. 또는 증권사의 CMA 통장 같은 곳에 넣어도 된다. 이렇게 추가로 모은 돈은 1년짜리 적금 만기에 맞춰 함께 인출한 후 1년짜리 복리 정기예금에 넣어놓는다.

이상과 같이 종잣돈 모으기 시스템이 갖춰졌다면, 이제 열심히 생활하기만 하면 된다. 시간이 지나면 돈은 저절로 모이게 되니 신경 쓸 게 없다. 그렇다면 다음에 할 일은? 그렇다, 바로 소비통제다!

💎 소비통제

소비통제가 왜 중요할까? 소비통제에는 단순히 돈을 아끼는 것 이상의 의미가 숨어 있다. 소비의 특성과 소비통제 원칙, 왜 소비를 줄여야 하는지를 이야기하고 소비를 줄이는 마흔일곱 가지 노하우를 소개하겠다.

소비의 특성

바다에서 뗏목을 타고 표류하는 사람들이 있다. 인간은 음식과 물을 안 먹어도 3일은 살 수 있는데 하루나 이틀 만에 죽는 사람들이 있다. 왜일까? 목이 마르다고 바닷물을 마셨다가 탈수로 죽는 것이다. 바닷물은 소금물이기 때문에 삼투압 현상에 의해 마시면 마실수록 몸에서 수분이 배출된다. 목이 말라 바닷물을 마시지만, 마신 것보다 훨씬 더 많은 물이 몸에서 빠져나가 결국 탈수로 죽는 것이다. 목마름을 참고 바닷물을 마시지 않은 사람이 더 오래 살 수 있다.

소비는 바닷물 마시기와 같다. 소비를 하면 할수록 바닷물을 마시듯 더욱 소비 갈증에 시달리면서 더 많은 돈을 쓰게 된다. 소비에 내성이 생겨서 더 큰 자극이 생기지 않으면 우리 뇌가 만족하지 못하는 것이다. 특히 사회 초년생과 같이 처음으로 정기적인 소득을 손에 쥐는 사회생활 초기에 소비를 통제하지 못하면, 점점 더 큰 소비를 하게 되고 결국 걷잡을 수 없는 소비생활에 빠질 수 있다.

큰 소비를 하던 사람이 소비를 줄이면 욕구 불만이 생긴다. 반면, 소비통제가 습관이 되고 이를 통해 돈을 모아본 사람은 절대 과소비를 하지 못한다. 소비를 줄이는 고통보다 돈이 모이는 기쁨이 훨씬 크다는 사실을 알기 때문이다.

소비통제 원칙 세 가지

다음의 세 가지 원칙을 꼭 기억하기 바란다.

- 첫째, 생존에 필요한 것만 산다.
- 둘째, 감가상각이 되는 것은 사지 않는다.
- 셋째, 자산이 아닌 부채는 사지 않는다.

소비를 줄여야 하는 이유

소비통제를 평생 할 필요는 없다. 하지만 종잣돈을 모으는 동안에는 필수다. 특히 자신의 상황이 좋지 않고 남들보다 시작이 늦었다면 더욱 절실하게 임해야 한다. 2~3년의 시간 동안 소비통제의 유혹조차 이기지 못한다면 남은 인생에서 더 어렵고 힘든 일들을 해낼 수 있을까? 종잣돈을 모으며 소비를 줄여야 하는 이유를 알아보자.

버는 것보다 아끼는 것이 쉽다

자신도 모르는 사이, 지금 이 순간에도 당신의 주머니에서는 돈이 새 나가고 있다. 당신은 그 돈을 대수롭지 않게 생각할지도 모르지만, 그 돈이 모여 얼마나 큰 자산으로 바뀔 수 있는지 알게 된다면 깜짝 놀랄 것이다. 실제로 얼마나 많은 돈이 새 나가고 있는지 예를 들어보겠다.

① **일주일에 두 번 스타벅스 커피를 마신다.**
   스타벅스 아메리카노 톨 사이즈는 4,100원이다. 일주일에 세 번씩 1년을 마신다면, 얼마가 될까? 639,600원이다. 10년이면 6,396,000원이다.

② **일주일에 두 번 술을 마신다.**
   한 번에 3만 원만 잡더라도 1년에 3,120,000원, 10년이면 31,200,000원이다.

③ **일주일에 담배 세 갑을 피운다.**
   한 갑에 4,500원씩 1년이면 702,000원, 10년이면 7,020,000원이다.

이 세 가지를 합하면 1년에 4,461,600원, 10년이면 44,616,000원이다. 정신이 번쩍 들지 않는가? 이 세 가지 비용만 줄여도 종잣돈은 빠르게 모인다.

요즘 같은 저금리 시대에 자본소득으로 이 돈을 벌려면 얼마가 있어야 할까? 2021년 기준 가장 높은 저축은행 금리 1.9%를 기준으로 1년 복리 상품에 예금할 때, 1년에 4,461,600원의 이자를 받기 위해서는 약 275,000,000원을 맡겨야 한다. 자그마치 2억 7천만 원이다. 이만큼을 버는 것이 쉬울까, 아니면 커피와 술과 담배를 끊는 것이 쉬울까? 반드시 기억하자. 종잣돈을 마련할 때 소비통제는 필수다!

소비통제 없는 수입은 무용지물이다

복싱 하면 누가 떠오르는가? 복싱을 모르는 사람도 마이크 타이슨이라는 이름은 들어봤을 것이다. 복싱 헤비급 세계 통합 챔피언을 지낸, 총 58전 50승 6패 2무효(44KO) 기록을 가진 전설의 복서다. 타이슨은 전성기 시절 한 경기 대전료가 우리 돈 300억 원에 달했으며, 홀리필드와의 경기에서는 500억 원까지도 받았다. 이렇게 복싱으로 번 돈만 우리 돈 3,000억 원이 넘는다. 그 외에도 영화, TV, 광고 등의 수입까지 합한다면 상상할 수도 없는 돈을 벌어들인 사람이다.

그런데 그에게 어떤 일이 일어났는가. 온갖 슈퍼카와 유흥, 여자에 빠져 매년 200억 원 이상을 소비한 결과 2003년도에 파산했다. 어떻게 이런 일이 가능할까?

준비 없이 부자가 되어 소비 규모가 늘어난 사람들(특히 갑자기 부자가 된 사람들)은 돈을 다룰 그릇을 갖추기 전에 돈이 먼저 들어왔기 때문에 돈을 다룰 능력이 없고 소비를 통제하지 못하는 경우가 많다. 이런 사람들은 나중에 수입이 줄어도 소비 규모는 줄이지 못해 결국 파산하게 된다.

타이슨도 마찬가지다. 운동만 하느라 돈에 대한 개념이 없는 상태에서 큰돈을 벌게 됐고, 엄청난 자신감에 도취되어 자신의 커리어와 수입이 계속될 것으로 믿었다. 하지만 그의 커리어도 쇠락의 길을 걷게 되고 수입도 급격히 감소했는데, 이미 늘어나 버린 소비 규모를 줄이지 못해 파산하고 만 것이다. 소비는 이미 늘어나 버린 고무줄과 같다. 한번 커져 버린 소비 규모를 줄이는 일은 너무나도 어렵다.

소비를 통제할 수 있다면 내 인생도 통제할 수 있다

사회 초년생은 스스로에 대한 통제를 언제 해봤을까? 학창 시절 공부하고 취업을 위해 준비하는 시기에 엄청난 노력과 자기통제를 했을 것이다. 소비통제는 사회에 나온 후 돈과 관련되어 처음 실행하는 자기통제라는 데 의미가 있다. 이 첫 단추가 잘 끼워진 사람은 자신을 통제했다는 자신감과 자존감으로 이후 재테크 인생도 성공적으로 꾸려나갈 수 있다.

하지만 이 소비통제를 해내지 못한 사람이라면? 소비조차 컨트롤할 수 없는 사람이 돈과 인생을 통제할 수 있을까? 불가능하다. 소비통제는 단순히 돈을 줄인다는 간단한 의미가 아니다. 현재의 욕구를 통제하는 것, 미래의 큰 과실을 위해 지금을 희생하는 것, 미래의 성공을 위해 싫어하는 일을 하는 것, 대를 위해 소를 희생하는 것, 본능을 통제하고 이성을 극대화하는 것이다.

누군가는 이렇게 소비통제를 하는 사람을 비하하며, 아끼는 것보다 버는 것이 중요하다고 말한다. 하지만 모든 일에는 순서가 있다. 소비

통제를 통해 자존감과 마인드를 다잡고 재테크 인생의 첫 단추를 잘 끼워야 한다. 그럼으로써 최대한 빠른 시간에 종잣돈을 모으고 그 돈을 최대한 효율적으로 굴려야 한다. 이 첫 과정만 잘 만든다면 다음부터는 통제를 느슨하게 해도 돈이 잘 굴러간다. 효율적으로 소비통제를 해야 할 때 절실히 하고, 이후에는 쓸 곳에 쓰면서 여유롭게 살자는 것이다.

힘든 소비통제, 딱 3년만 해보자. 이 소비통제를 이뤄내고 종잣돈을 만들어본 사람은 자신감을 갖게 되고 재테크에 속도가 붙는다. 뭘 해도 해낼 수 있다는 자신감이 생긴다. 딱 3년, 절실히 한번 해보는 것이다.

소비 줄이는 마흔일곱 가지 노하우

소비를 줄이고 싶어도 방법을 몰라서 못 하는 사람을 위해 준비했다. 다음 마흔일곱 가지 중 자신에게 맞는 것을 선택해 적용하고 실천한다면 수입의 3분의 2도 저축할 수 있다. 단, 다른 사람에게 피해를 주거나 사회생활과 건강에 좋지 않은 영향을 주면서까지 하는 지나친 소비통제는 좋지 않다. 적절한 선에서 자신에게 맞는 방법을 골라 실천하자.

이 마흔일곱 가지는 누구나 할 수 있는 소비통제 방법이다. 전부 할 수 있다면 가장 좋겠지만, 각자의 생활 패턴과 성격, 삶의 방식, 성별, 나이 등에 따라 할 수 있는 소비통제 방법은 달라질 것이다. 이 중 자신에게 맞는 방법을 기억하고 꾸준히 실천한다면 누구보다 빠르게 종잣돈을 모을 수 있고, 3년 뒤 누구보다 큰 성취감을 느끼게 될 것이다. 몇 번 강조했듯이, 소비통제는 종잣돈을 모으는 기간만이라도 절실히 실

표 3-2 소비 줄이는 마흔일곱 가지 노하우

1 보험은 필요한 것만 들어라.	24 알뜰폰을 써라.
2 운동해라. 병원비를 엄청나게 아낄 수 있다.	25 책은 도서관에서 읽어라(종잣돈 모은 후에는 사서 봐라).
3 온누리 상품권, 재래시장을 이용해라.	26 감가상각이 큰 제품은 피해라.
4 직장인이라면 1주 1도시락!	27 음료 대신 물!
5 물건을 살 때는 쪼개서 생각해라(단위 가격 생각하기).	28 편의점은 소비의 늪이다(2+1을 조심해라).
6 음악 앱을 피해라.	29 가계부를 써라.
7 책으로 자존감을 높여라. 소비 심리가 줄어들 것이다.	30 미니멀 라이프!
8 옷 사러 갈 때는 멋지게, 마트 갈 땐 배부르게!	31 정리해라. 쓸데없는 소비를 줄일 수 있다.
9 술, 담배를 끊어라.	32 게으름으로 인한 소비를 피해라(택시 덜 타기, 더 싼 곳 찾아 발품 팔기).
10 연애 중이라면, 데이트 통장을 써라.	33 할인과 사은품의 유혹을 피해라.
11 종잣돈을 모으는 시기만이라도 되도록 차는 사지 마라.	34 화장품 소비는 끝이 없다. 꼭 필요한 것만!
12 되도록 자취하지 마라. 자취하면서 돈 모으기는 정말 어렵다.	35 종잣돈 모을 때는 딴짓하지 말고 종잣돈만 모아라.
13 돈 되는 취미를 가져라(유튜브, 블로그, 부업, N잡 등).	36 소비는 계획적으로!
14 인간관계는 심플하게!	37 옵션을 빼라. 모든 제품은 기본의 가성비가 가장 좋다.
15 고가 커피숍을 끊어라. 커피 대신 물 한 잔!	38 냉장고를 파먹어라.
16 통제가 안 된다면 신용카드를 잘라라.	39 마이너스 통장을 조심해라. 나도 모르는 사이에 한도가 차 있을 것이다.
17 할부는 독이다!	40 텀블러를 써라.
18 대출부터 갚아라.	41 밥통에 항상 밥을 채워놔라.
19 쇼핑은 오프라인, 구매는 온라인!	42 하루 최대 소비 금액을 정해라.
20 홈쇼핑을 끊어라.	43 필요 없는 외출은 피해라. 나가면 돈이다!
21 마트는 일주일 단위로, 필요한 양만 구입해라.	44 대용량 제품을 사라.
22 배달음식, 외식을 피해라.	45 자전거를 타라.
23 고가, 최신 휴대전화를 피해라.	46 물은 정수기 대신 끓여서!
	47 바로 사지 마라. 다음 날, 일주일 후에도 필요하다면 그때 사도 늦지 않다.

행하자. 평생 구두쇠처럼 살 필요는 없다.

종잣돈은 무엇보다 큰 레버리지 효과를 낸다. 앞서도 말했지만, 지금 아끼는 1,000원이 10년 뒤에 100만 원이 될 수도 있다. 소비통제를 절실히 할수록 종잣돈 모으기의 효율성이 높아진다. 돈을 본격적으로 굴리는 시간도 앞당길 수 있다. 결국, 이 3년간 어떻게 소비를 통제하고 종잣돈을 모으느냐가 미래를 결정한다는 얘기다.

소비는 그 사람의 미래다. 지난날 자신의 소비를 가만히 되짚어보길 바란다. 신기하게도 그 소비의 방향대로 삶이 흘러왔을 것이다. 책을 사고 강의를 듣는 데 돈을 썼다면 책을 쓰고 강의하는 사람이 되어 있을 것이고, 클럽이나 나이트에 가서 술 마시고 노는 데 많은 돈을 썼다면 지금도 여전히 흥청망청 돈이 모이지 않는 삶을 살고 있을 가능성이 높다. 명심하자! 내 카드 명세서가 곧 나의 인생이다.

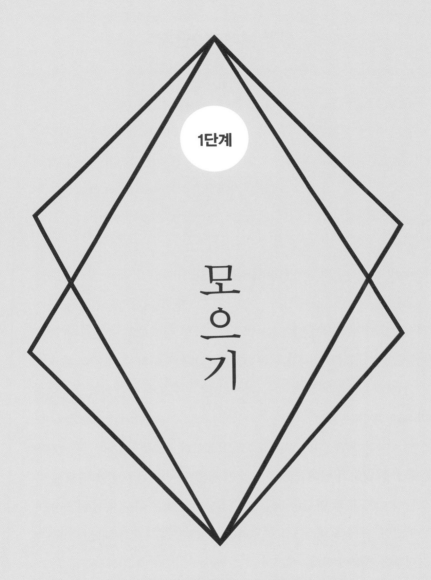

1단계

모
으
기

소비를 통제할 수 있다면 내 인생도 통제할 수 있다.
당신이 보낸 3년의 암흑기가 미래의 부를 결정한다.

4장

성공 재테크 2단계
돈, 아는 만큼 번다

💎 왜 재테크를 공부해야 하는가

사람들은 공부하라는 말을 싫어한다. 하지만 공부하지 않고, 시간과 노력을 들이지 않고 부자가 되는 방법은 없다. 공부하지 않고 부자가 되겠다는 것은 수영하는 방법을 배우지 않고 독도까지 헤엄쳐서 가기를 바라는 것과 같다.

미국에서 백만장자 733명을 대상으로 그들이 백만장자가 된 비결과 공통점을 밝히기 위해 진행한 연구가 있었다. 결과가 어떻게 나왔을까? 그들이 이룬 부의 비결은 탁월한 재능이나 머리가 아닌, 꾸준한 노력과 공부였다. 그만큼 재테크를 공부하는 2단계는 앞으로의 재테크 인생을 결정하는 핵심이 된다.

재테크와 경제를 공부해서 어느 정도 수준에 올라가면 경제 상황에 따라 지금은 무엇을 해야 할지, 어떤 포트폴리오를 짜야 할지, 어떤 자산을 늘리거나 줄여야 할지가 눈에 보이게 된다. 돈에 대한 통찰이 생기고 시야가 트이는 것이다. 재테크와 경제에 평소 꾸준히 관심을 가지고 공부한 사람은 상황에 따른 대응도 빠르고 투자 전략도 효율적으로 짤 수 있다. 예를 들어 정부 정책이 시시각각 바뀌는 부동산의 경우, 주거용 부동산에서 상가 같은 상업용 부동산으로 갈아타는 등 자신의 포지션을 정책 기조에 맞출 수 있다. 주식시장의 상황이나 국제정세의 변화에 따라 주식 : 현금 : 안전자산의 비중도 조절할 수 있다. 이 공부는 절대 어렵고 대단한 것이 아니다. 누구나 조금만 관심을 기울이고 약간의 노력만 한다면 가능한, 지금까지 해왔던 어떤 것보다 쉽고 재미있는 공부다.

우리는 지금 재테크의 4단계 중에서 1단계인 종잣돈 모으기를 진행하고 있다. 이제 1단계 종잣돈 모으기와 2단계를 병행할 것이다. 2단계는 3년 동안 종잣돈을 모으며 재테크를 공부하는 단계로, 재테크를 공부하면서 자신에게 맞고 자신이 잘할 수 있는 재테크 방법을 찾는 과정이다. 사람마다 살아온 환경, 가치관, 성격, 학력, 배경지식, 직장 등 상황이 모두 다른 만큼 자신에게 맞는 재테크, 잘할 수 있는 재테크는 따로 있다.

아마 종잣돈을 모으는 시기에는 재테크에 대한 지식이 거의 없을 것이다. 일단 막막하다. 무슨 재테크를 어떻게 해야 할지, 어디서부터 시작해야 할지 감 자체가 없는 시기다. 재테크나 경제에 대해 아무런 지식이 없는 상태에서 종잣돈 1억이 생겼다고 한들, 그 돈을 잘 굴려서 불릴 수 있을까? 그런데도 재테크 공부에 대한 막막함과 빨리 돈을 불려야겠다는 조급함 때문에 2단계를 건너뛰고 바로 본격적인 투자로 넘어가는 사람들이 매우 많다. 이런 투자는 반드시 무너지는 모래성과 같다.

급경사에서 눈덩이를 굴릴 때는 눈덩이가 굴러가는 속도, 앞에 어떤 장애물이 어떻게 자리 잡고 있는지, 어느 시점에서 방향을 틀고 멈춰야 하는지를 알아야 한다. 아무것도 모르는 상태에서 무작정 눈덩이를 놓았다가는 눈덩이도 놓치고 나도 다치게 된다.

모든 일에는 단계가 있다. 다시 한번 강조하지만, 재테크에서는 돈을 관리하고 다룰 수 있는 그릇을 키우는 것이 가장 중요하다. 로또나 도박으로 한 번에 큰돈을 번 사람들이 몇 년 뒤 패가망신하거나 감옥에 가 있는 경우를 많이 볼 수 있다. 왜일까? 통제할 수 있는 그릇을 벗어나는, 분수에 맞지 않는 돈을 가졌기 때문이다. 그릇을 벗어나는 돈은 반드시 밖으로 나가게 되어 있다. 한편, 로또 1등에 당첨되고도 행복하게 사는 사람들도 있는데, 이들에겐 공통점이 있다. 혼자서 흥청망청 쓰는 것이 아니라 어려운 사람들과 나누고, 기존 생활과 직장을 유지하며 서서히 부의 그릇을 키워나간다는 점이다. 부의 그릇은 공부와 경험, 지식으로 서서히 늘려가야 한다는 것을 잊지 말자.

돈 벌 기회, 투자의 기회는 반드시 내가 아는 만큼만 보이고 내 그릇만큼만 붙잡을 수 있다. 준비도 없이 빨리 시작하는 것이 능사가 아니라는 말이다. 종잣돈을 모으고 재테크를 공부하는 동안 투자를 못 해 불안하고 기회비용을 날리는 것 같은가? 투자는 실전이고 전쟁이다. 전쟁터에서 총구가 막혀 나가지도 않는 총으로 싸운다면 결국 피 흘리는 쪽은 나다. 내 피 같은 돈과 시간을 제대로 쓰기 위해서는 확실히 준비해야 한다. 그것이 전쟁터에서 살아남는 길이다.

무조건 3년간 공부하라는 것이 아니다. 종잣돈이 모이는 속도, 학습능력, 공부에 투자할 수 있는 시간 등 자신의 상황에 따라 공부 기간은 달라진다. 만약 종잣돈은 충분히 있는데 공부가 안 되어 있는 상태라면 최대한 빠르게, 되도록 1년 정도는 집중해서 공부하고 실전투자를 조금씩 진행해보자. 자신의 상황에 맞게 그릇을 키워가는 것이 핵심이다.

💎 내가 하는 재테크, 남이 해주는 재테크

투자는 하루 이틀 하고 마는 것이 아니다. 50~60년 이상 평생에 걸쳐 해야 하는 것으로, 100미터 달리기가 아니라 마라톤과 같다. 이는 곧 많은 투자에서 승률을 높이려면 운이나 남의 조언이 아닌 자기 실력이 필요하다는 의미다. 우리는 앞으로 수많은 투자 결정을 내려야 하고, 그 하나하나의 선택이 모여 부와 자산을 만들어갈 것이다. 그런데 이 기나긴 여정을 운이나 다른 사람의 손에 맡길 것인가?

세상에는 정말 많은 종류의 사기꾼들이 있다. 특히 돈이 모이는 곳에는 득실에 따라 움직이는 사람들이 수없이 많다. 내가 알지 못하면 나쁜 사람들과 잘못된 정보를 알아채지 못해 휘둘리게 되고, 결국 내 소중한 돈을 잃게 된다. 물론 한두 번은 잘될 수도 있다. 하지만 열 번 중 한 번만 잘못되면 망하는 것이 남의 손에 맡기는 투자, 즉 투기다.

스스로 재테크와 돈의 흐름을 읽을 수 있는 능력을 키워라. 딱 3년만 공부하자. 남은 50~60년, 70~80년의 인생이 풍요로워질 것이다. 그 통찰력은 시간이 갈수록 깊어질 것이다. 또 공부를 통해 만들어진 돈에 대한 지식과 통찰을 자녀에게 물려준다면 집안 대대로 부의 전통이 이어질 것이다.

내 돈을 남의 손에 맡긴 사람은 어떨까? 평생 남의 손에 끌려다니며 불안한 인생을 살게 될 것이다. 한두 번 잘나가다가 한 번에 크게 무너지고 말 것이다. 돈은 딱 내가 아는 만큼만 보이고 내가 아는 만큼만 들어오게 되어 있다. 그러므로 재테크와 돈을 공부해야 한다. 재테크는 복권이나 도박이 아니며, 운이 아닌 실력으로 하는 것이다.

💎 재테크 공부 방법

재테크 공부는 어떻게 해야 할까? 아홉 가지 방법을 소개하겠다.

책 읽기

가장 쉽고 빠르게 재테크에 대한 지식을 얻는 방법을 고르라면, 단연 책이다. 집필한 사람의 소중한 지식과 경험을 단돈 1~2만 원에 모두 배울 수 있는 정말 좋은 도구다.

그런데도 우리나라 국민의 독서량은 정말 초라한 수준이다. UN 조사 결과, 한국인의 독서량은 192개국 중 166위인 것으로 나타났다. 한편 다행인 것은 이렇게 사람들이 지독하게 책을 읽지 않으니, 당신이 책을 읽기만 해도 다른 사람들보다 빠르게 앞서나갈 수 있다는 것이다. 독서량이 곧 당신이 가질 부의 크기이자 미래가 되는 것이다.

재테크 역시 책을 통해 기초를 다지는 것이 가장 좋다. 인터넷 자료나 영상에 비해 비교적 출처나 내용이 확실하고 검증된 경우가 많기 때문이다. 그럼 어떤 책을, 어떻게 읽어야 할까? 처음엔 흥미 위주로 쉬운 책부터 시작한다. 숲을 보고 나무를 보는 방식으로 경제와 재테크 개념을 전반적으로 가볍게 다룬 쉬운 책부터 보고, 이후 세부적으로 부동산이나 주식 등으로 점차 깊이 있는 독서를 해나가는 것이다.

책은 어떻게 고르는 게 좋을까?

① 인터넷 서점에 들어가 읽고 싶은 책들을 찾아 메모한다(오프라인 서점에서 골라도 된다).
② 그 책들을 오프라인 서점에 가서 살펴본 후 10권을 추린다(모르는 단어나 막히는 부분이 많은 책은 제외한다).
③ 그 10권 중 3권을 골라 읽는다.

이렇게 3권을 읽었다면 재테크와 경제에 대한 기초적인 수준의 지식과 감이 생긴다. ①~③까지의 단계가 레벨 1이고, 이 과정을 레벨 10까지 반복한다. 그럼 3권씩 열 번, 총 30권의 책을 읽게 된다. 레벨이 올라갈수록 책 고르는 능력과 재테크에 대한 지식이 급격히 증가할 것이고, 레벨 10까지 도달했다면 당신은 준전문가 수준의 지식을 갖추게 될 것이다.

이렇게 책을 읽다 보면 방향성이 잡힌다. '재테크와 경제에 대한 개념이 어느 정도 잡혔으니 이번엔 부동산을 읽어볼까?' 또는 '부동산을 읽다 보니 흥미가 별로 가지 않는데, 주식을 공부해봐야겠다' 하는 식으로 말이다.

책을 읽는 데 정해진 법칙은 없다. 자연스럽게 흘러가는 대로 읽어가며 내공이 쌓이면, 그에 따라 저절로 좋은 책을 고를 수 있게 되고 읽는 방법을 터득하게 된다. 최종적으로는 부동산이나 주식 등 한 분야를 깊이 파게 될 것이고, 그 분야에서 풍부한 지식을 갖추게 될 것이다. 책 20~30권으로 말이다. 물론 지금 단계는 아직 살아 있는 지식이 아니다. 이 지식을 살아 있는 지식과 경험으로 바꿔나가야 한다.

경제신문 보기

책이 개별적인 재테크의 지식을 알려주는 도구라면, 경제신문은 경제에 대한 감각과 투자 아이디어를 제공하는 도구다. 꾸준히 경제신문을 본 사람과 그렇지 않은 사람은 시간이 갈수록 경제와 재테크에 대한 감각에서 차이가 날 수밖에 없다. 재테크란 간단히 말해 경제 상황에 맞춰 적절한 돈을 적절한 자산에 투자하고 회수하는 과정이다. 투자상품에 대한 지식은 있는데 언제 어떤 상품에 돈을 넣어야 할지 모른다면? 지금 세계 경기가 어떻게 흘러가고 있는지 모른다면?

경제 상황과 경기 흐름에 따라 상승하는 자산과 하락하는 자산이 있고, 경기가 안 좋을 때 경기를 방어하는 자산이 있다. 경기에 따라 자산 포트폴리오의 종목과 비중을 유연하게 바꾸는 것이 재테크의 핵심이다. 그래서 투자자라면 돈만 있어도 안 되고 재테크 상품에 대한 지식만 있어도 안 되며, 경제의 흐름을 알아야 한다.

요즘엔 종이 신문 대신 인터넷 기사를 많이 본다. 보통 메인에 뜬 기사를 위주로 보고 관심 분야를 검색해서 본다. 하지만 반드시 종이 경제신문을 구독할 것을 강력히 권한다. 종이 신문만이 가진 장점이 있기 때문이다.

내가 관심이 있든 없든, 종이 신문에는 그날의 주요한 이슈와 기사들이 모두 들어 있다. 신문을 한 장 한 장 넘기면서 관심이 없더라도 보게 될 수밖에 없다. 나무를 보지 말고 숲을 보란 말이 있다. 경제도 마찬가지여서, 마치 인간의 몸과도 같다. 정치·사회·국제정세 등이 톱니바퀴처럼 맞물려 돌아가는데 관심 있는 하나의 분야, 즉 나무만 본다면 큰 흐름을 볼 수 없다. 그러므로 관심 없는 분야라도 신문을 넘기며 헤드라인이라도 읽게 되는 종이 신문을 보라는 것이다.

또, 종이 신문에는 인터넷 신문에 없는 기사들이 많다. 기사의 다양성 측면에서도 인터넷 신문이 따라갈 수가 없다. 또 인터넷 기사를 볼 때 대개는 경제 관련 논설을 찾아 읽지는 않는다. 하지만 경제신문에는 경제와 사회적 이슈에 대한 훌륭한 논평, 논설들이 실린다. 경제에 대한 식견과 통찰력을 키울 수 있는 좋은 도구다. 그리고 기사가 지면 어디에 실렸는지, 할당된 지면의 비중은 얼마인지에 따라 사건의 중요도를 가늠할 수도 있다.

경제신문을 꾸준히 보면서 경제에 대한 감을 키운 사람은 투자를 하면 할수록 경험과 노하우가 계속 쌓여 레벨이 올라간다. 즉 내공이 쌓인다. 그 시기에 어떤 현상이 발생했고, 부동산·주식 같은 자산들이 어떻게 움직였고, 금리와 환율은 어떻게 움직였고 등 일련의 과정이 몸에 자연스럽게 익는다. 하지만 경제를 모르는 사람은 투자를 아무리 오래 하더라도 절대 내공이 쌓이지 않는다. 상황에 대한 대처 능력 또한 생기지 않는다. 이 얼마나 비효율적인가.

경제신문을 구독해서 1년만 보면 분명히 경제에 대한 감이 생긴다.

3년 이상 꾸준히 본다면 엄청난 내공이 쌓일 것이다. 그리고 자신의 투자에 대한 판단, 경제에 대한 대략적인 예측도 가능해질 것이다.

또 경제신문에는 기업 분석, 업계 현황 등에 대한 기사가 많기에 투자와 관련하여 훌륭한 아이디어를 얻을 수 있는 매우 좋은 수단이기도 하다. 예를 들어 주식투자 아이디어는 내 주변에 있다. 매출이 증가하고 사람들의 관심이 커지는, 시대와 패러다임을 바꿀 기업을 주변에서 찾는 것이다. 그런 기업을 찾는 가장 훌륭한 수단 중 하나가 바로 경제신문이다.

그렇다면 어떤 경제신문을 봐야 할까? 경제신문은 도서관에서 고른다. 도서관에서는 매일 다양한 종류의 일간지를 비치한다. 책을 고르는 방법과 마찬가지로 같은 날짜의 신문을 보고 자신의 성향에 맞는 경제신문을 고르면 된다. 신문사마다 특성이 있고 각각의 장단점이 있기 때문에 직접 보고 자신과 궁합이 맞는 신문사를 골라 오늘부터 당장 구독하기 바란다.

처음엔 기사 하나 읽기도 힘들 것이다. 경제 지식이 없기 때문이다. 이럴 때는 무리해가면서 모든 기사를 읽으려고 할 필요가 없다. 헤드라인이나 큰 글자로 된 문구들만 보고 '아, 이런 기사가 있네? 요즘엔 이런 것들이 이슈인가 보다. 금리가 내려가면 이런 현상들이 발생하는구나!' 하는 식으로 가볍게 읽으면서 모르는 것들은 하나씩 찾아보며 읽어나가면 된다. 시간이 지나면 어느새 자연스럽게 기사를 분석하고 자신의 생각과 비교하는 경지에 이를 것이다.

경제신문을 읽을 때 가장 막히는 부분이 용어다. 처음엔 너무 어렵고 눈에 잘 안 들어오는데, 이 용어들은 신기하게도 계속 반복해서 나온다.

인터넷 검색을 해서 간단히 개념을 익히면, 반복해서 기사를 보는 사이 하나둘씩 익숙해지고 머릿속에 박히게 될 것이다. 이처럼 모르는 단어를 하나 발견해서 인터넷 검색을 하고, 그 내용으로 쓰인 블로그나 다른 기사 등을 보면서 지식을 확장시키는 것도 좋은 공부 방법이다. 포털 창에 검색어를 입력하면 사전, 뉴스, 카페, 블로그 등이 전부 뜨니 얼마나 편리한가.

경제신문을 볼 때 주의해야 할 점이 한 가지 있다. 경제신문에 나온 기사를 이용해 투자 아이디어를 얻되, 곧이곧대로 믿고 투자해선 안 된다는 것이다. 같은 사실을 가지고도 언론사마다 해석이 다른 경우도 있고, 특히 경제신문의 경우 광고주의 의도에 따라 신문사의 의도와는 다른 투자의견 비슷한 내용을 실을 수도 있다. 기사만 보고 분석도 없이 주식을 산다든가, 분양 기사(광고)만 보고 무작정 부동산에 투자하는 등의 실수를 범하지 말라는 얘기다. 적어도 자신이 그 기사를 객관적으로 판단할 수 있을 때까지는 말이다.

경제신문은 선택이 아닌 필수다. 경제와 재테크는 한 몸이고 경제 상황과 흐름을 모르면 반쪽짜리 투자자가 된다는 사실을 꼭 기억하자.

인터넷 플랫폼 활용하기

인터넷이라는 매체가 생긴 후 우리는 정보의 홍수 속에서 살고 있다. 특히 유튜브라는 동영상 플랫폼이 등장하고 나서는 온갖 정보와 재테크 관련 영상이 수없이 생산된다. 아무래도 글이 아닌 영상이기 때문에 전달력이 좋다는 장점이 있다. 또 블로그나 카페 등과 같이 인터넷상으로 좋은 정보를 얻을 기회가 점점 많아지고 있다.

하지만 주의해야 할 점은, 이런 매체들이 정보의 양은 많지만 그 질과 신뢰도를 검증하는 것은 전적으로 우리 몫이라는 것이다. 누구나 콘텐츠를 생산할 수 있기에 발생하는 부작용이다. 특히 유튜브 영상은 크리에이터의 성향이나 그들의 투자처에 따라 정보가 한쪽으로 치우칠 가능성도 있다. 부동산 상승론을 외치는 사람과 폭락론을 외치는 사람, 회비를 받으면서 주식 종목을 리딩하는 사람 등 유튜브에는 온갖 종류의 채널이 모여 있다. 실제로 피해를 보는 사례도 심심치 않게 발생한다. 꼭 기억해야 한다. 정보를 거르는 것은 순전히 시청자의 몫이다. 예를 들어 영향력 있는 유튜버가 어떤 지역 아파트를 추천하고 나서 하루만에 시세가 몇천만 원이나 오르기도 했다. 그만큼 사람들이 정보와 지식을 유튜브에 의존하는 비중이 커지고 있다는 이야기다.

요즘 들어 유튜브를 학습 수단으로 삼는 사람들이 늘어나고 있다. 정보와 지식을 접할 수 있는 경로가 갈수록 간편하고 쉬워지는 반면, 그만큼 잘못된 정보와 질 낮은 정보도 늘어나고 있기 때문에 특히 초보일수록 각별한 주의가 필요하다. 유튜브가 정보와 지식을 얻기에 좋은 매체임에는 틀림없다. 하지만 경제신문과 마찬가지로 이들 매체는 지식을 쌓는 데 이용해야 하며, 반드시 객관적으로 걸러야 하고, 투자 정보를 얻는 수단으로 삼아선 안 된다.

증권사 리포트 읽기

가끔 이런 질문을 받는다. "증권사 리포트는 전문가들이 보는 것 아닌

가요?" 리포트는 주식 종목과 업황, 시장 상황, 경제 상황을 전문가들이 쉽게 분석해주는 보고서다. 경제 전반, 업황과 기업에 대해 알 수 있는 매우 좋은 자료다. 주식 공부를 위한 최고의 자료라고 해도 과언이 아니다.

주식투자는 그 기업을 사고 그 기업과 동업하는 것이다. 그러려면 반드시 그 기업과 산업, 그 기업이 속한 업계 현황을 알아야 한다. 주식 고수들, 전업 주식투자자들은 반드시 증권사 리포트로 하루를 시작한다. 전문가라서 리포트를 보는 것이 아니라 리포트를 자주 봐야 전문가가 되는 것이다.

경제신문과 마찬가지로 처음엔 모르는 단어도 많고 이해가 안 가는 부분도 많을 것이다. 하지만 석 달 정도 꾸준히 보면 반드시 눈이 뜨이는 순간이 올 것이다. 하루에 경제·산업을 다룬 리포트 하나, 개별 기업을 분석한 리포트 하나 이렇게 2개씩이라도 출퇴근 시간을 이용해 읽어보자. 경제가 어떻게 돌아가고 있는지, 산업과 기업에 대한 이해도가 급격히 올라갈 것이다.

주식투자에서 우리의 숙제는 시대의 패러다임을 바꿀 기업을 찾는 것이다. 리포트를 꾸준히 읽어나간다면, 미래를 바꿀 핵심 기업을 찾는 데 큰 도움이 될 것이다. 주식투자에서 증권사 리포트는 필수라고 보면 된다. 단, 증권사에서 발행하는 보고서인 만큼 증권사의 영업적인 부분과 분석한 기업 간의 이해관계 등으로 인해 다소 긍정적인 의견이 제시될 수 있다는 점은 고려하고 보자.

다음 사이트에서 증권사별 리포트를 한 번에 모아서 볼 수 있으니 참고하기 바란다.

- 한경 컨센서스: consensus.hankyung.com
- 네이버 증권 리서치: finance.naver.com/research

스터디하기

스터디는 말 그대로 공부 모임이다. 여러 명이 함께 모여 공부를 하는 것이다. 멤버는 지인이 될 수도 있고, 인터넷 카페나 강의 또는 학원 등에서 만난 사람들이 될 수도 있다. 추구하는 바가 같은 사람들이 모여 하나의 주제를 정하고 그 주제에 대해 함께 공부하며 의견을 나누고 서로의 경험을 공유하는 것이다. 스터디는 장점이 매우 많다.

먼저 혼자 공부를 하다 보면 지치기 쉽고 자신의 상태를 객관적으로 알기가 어렵다. 하지만 함께 공부하면 서로 경쟁도 하고 응원도 하면서 힘내서 함께 갈 수 있다. 자신이 만나는 사람들이 함께 재테크를 공부하고 부자가 되기를 간절히 원하는 사람들이라면, 평소 관심사와 대화가 달라질 것이고 결국 인생도 달라질 것이다.

보통 초보 때부터 스터디를 함께한 멤버들은 함께 성장하면서 서로에게 훌륭한 투자 파트너이자 훌륭한 조언자가 된다. '빨리 가려면 혼자 가고 멀리 가려면 함께 가라'는 말이 있다. 스터디를 통해 같은 목표를 가지고 함께하는 사람들과 장기간 재테크 인생에서 서로 도움을 주고받고 경험을 나누다 보면, 재테크 인생에서 또 다른 소중한 자산을 갖게 될 것이다.

강의 듣기

강의는 다른 사람의 지식을 직접적으로 배울 수 있는 가장 좋은 방법 중 하나다. 요즘엔 오프라인뿐 아니라 온라인 강의 사이트도 많아지고 강의 선택의 폭도 매우 넓어져, 직장인이라도 충분히 시간을 쪼개 수강할 수 있다.

강의는 특정 분야에서 지식을 가진 사람이 노하우를 모두 알려주기 때문에 시행착오를 줄이고 체계적으로 배울 수 있다는 장점이 있다. 학습을 위해 투여해야 하는 시간과 노력도 줄여준다. 물론 선택을 잘 해야 한다. 강의가 많아지면서 전문성 없이 돈만 받아 가는 강사들도 있기 때문이다.

선택만 잘 한다면, 내 돈이 들어간다는 단점을 뛰어넘어 단기간에 큰 효과를 낼 수 있는 것이 강의라는 수단이다. 학습 자체도 자신의 미래를 바꿀 수 있는 훌륭한 레버리지인데, 그중에서도 강의는 책과 함께 가장 효율성 높은 레버리지다. 내가 낸 수강료는 얼마 되지 않을 수 있지만, 내가 하기에 따라 수강료의 10배, 100배 이상 얻어 갈 수 있는 훌륭한 도구다. 단, 강의를 들었다면 내 것으로 만들고 실행하는 과정이 반드시 필요하다. 실행 없는 수많은 강의는 내 머릿속만 복잡하게 할 뿐이다.

배움에 돈 쓰는 것을 절대 아까워하지 마라. 술 마시고 쇼핑하는 돈은 잘만 쓰면서 책 한 권 읽고 강의 하나 듣는 돈이 아깝다면, 그것은 절대 부자가 될 수 없는 마인드다. 나를 위해 최대한 많은 레버리지를 이용하자! 이런 레버리지가 쌓여 나의 성공과 부를 만든다.

임장 다니기

임장이란 현장에 임하는 활동, 즉 부동산 현장조사를 말한다. 현장에 나가 대상 물건을 조사하고 하자를 살펴보는 것 외에도 주변 시세를 조사하고, 인근 상권 상황이나 유동 인구, 수요와 공급, 분위기, 투자 열기 등을 살펴보는 활동이다. 부동산투자에서는 임장이 90% 이상을 차지한다고 해도 과언이 아닌데, 인터넷 검색이나 서류로 알 수 있는 것 외에 현장에서만 알 수 있는 부분이 부동산의 가치에 큰 영향을 미치기 때문이다.

종잣돈을 모으며 공부하는 3년 동안은 실전투자가 적기 때문에 되도록 많은 임장 활동을 통해 실전 감각을 다지는 것이 좋다. 가능하면 주말을 이용해 주 1회라도 임장을 다녀보기를 권한다. 집 근처부터 시작해 자신이 자주 가는 곳이나 미래에 살고 싶은 곳, 출장을 가게 된 지역 등으로 차츰 범위를 넓혀가면 된다. 이렇게 임장을 통해 신발이 닳고 공인중개사 사무실 문을 많이 열어볼수록 부동산을 보는 눈과 시세를 보는 눈이 밝아진다.

부동산투자는 감각이다. 이 감각은 필요한 순간 한 번에 쌓아지지도 않고, 쌓아놓은 감각도 지속되지 않는다면 무너지고 만다. 이 현장감을 잃지 않도록 공인중개사 사장님들과 많이 대화해보고 물건별로 어떤 것을 조사해야 하는지 자신만의 체크리스트를 만들어가는 것이 좋다. 매주 임장 가는 것이 부담스럽다면 전화임장을 하는 것도 좋은 방법이다. 그렇게 3년간 꾸준히 감각을 쌓아간다면 실전투자를 시작할 때 빠르게 적응하고 성과를 낼 수 있다. 임장, 선택이 아닌 필수다.

모의투자 하기

이 공부 단계에서 쌓을 수 없는 것은 바로 실전 경험이다. 투자 없이 공부만 하다 보면 아무래도 실전 감각이 부족할 수밖에 없는데, 부족한 실전 경험을 조금이나마 보완해주는 것이 모의투자다.

실전 경험이 부족한 상태에서 3년 뒤 갑자기 본격적인 투자를 하려고 하면 적응하는 데 시간이 걸린다. 물론 실전 경험이 하루 이틀 만에 생기는 것은 아니다. 1~2년 이상 꾸준히 투자를 해야 가질 수 있는 것이 실전 감각인데, 모의투자를 통해 지금 공부하는 부분을 실전과 비슷하게나마 연결해 경험할 수 있다.

주식의 경우 사이버머니로 모의투자를 하더라도 실제 내 돈으로 하는 실전투자와 느낌은 많이 다르다. 특히 손실과 이익에 대응하는 마인드 측면은 모의투자로는 연습이 되지 않는다. 하지만 어쨌든 실전과 비슷한 환경에서 실제 내 돈을 넣었다고 생각하고 모의투자를 한다면 내 지식을 간접 경험으로 바꿀 수 있는 좋은 방법임에는 틀림없다.

주식 외에 부동산이나 금, 달러 등도 모의투자가 가능하다. 부동산을 예로 들어보겠다. 서울 모 지역에 있는 다가구 주택에 투자한다고 가정하고 실제 그 지역의 주택 시세와 땅값, 임대료 등을 인터넷으로 대략 조사한다. 그 자료를 들고 임장을 나간다. 실제 현장에 가서 사진도 찍고 주변 상권 조사도 하며, 공인중개사 사무실에 들어가 실제 구매할 것처럼 상담도 해본다. 그 다가구 주택에서 나오는 임대료와 매매가 등을 바탕으로 적정 매매가와 수익률 등도 계산해본다. 그리고 은행에 가서 투자하는 데 필요한 내 돈과 대출금도 결정해본다.

그 후 실제 계약서도 인터넷에서 다운받아 적어보고, 취득세·재산세 등 세금도 직접 계산해본다. 실제 임차인 맞추는 과정도 연습해볼 수 있고, 시간이 흐르고 매각할 시점이 오면 다시 시세 조사를 하고 그 시점의 시세에 맞춰 다가구 주택을 매각한다(이때는 양도세도 계산해본다).

이렇게 실전과 똑같이 모의투자를 해보면 정말 엄청난 경험이 된다. 실제고 돈만 오가지 않았을 뿐, 그 부동산을 샀다가 팔고 세금도 내는 등 모두 경험해본 것과 다름없다. 특히 부동산은 범위가 넓기 때문에 전체적으로 모두 공부하려고 하면 한도 끝도 없다. 아파트나 빌라, 다가구, 상가 등 물건 하나를 골라서 그 물건을 자신의 상황에 맞게 사고팔고 세금도 내보면서 한 가지씩 익혀나가는 것이 가장 좋은 부동산 실전 공부 방법이다.

ETF, 달러, 금 등도 마찬가지다. 그 자산을 어디서 살 수 있는지 실제 증권사 고객등록도 하고 앱도 다운받아보고, 얼마에 사서 얼마에 팔았는지, 기간별 수익은 얼마나 났는지 등의 과정을 기록하고 경험하면서 내공을 쌓을 수 있다.

실전투자와 비슷한 방법으로 하는 모의투자는 책·신문·유튜브 등에서 얻을 수 있는 간접 경험과는 다른, 살아 있는 경험이 될 수 있다. 또 모의투자를 하다 보면 '이 투자는 정말 재미있다', '이 투자는 좀더 공부해보고 싶다', '이 투자는 나랑은 좀 안 맞는 것 같은데?'와 같이 자신의 주종목을 고를 때도 판단의 근거가 될 수 있다.

단, 모의투자를 할 때 반드시 지켜야 하는 것이 있다. 내 돈이 아니라고 해서 '몰빵' 투자나 무리한 물타기, 게임하듯 하는 투자를 하지 말라는 것이다. 그런 투자는 나중 실전투자에 오히려 독이 될 수 있다. 자신이 3년 뒤 확실히 모을 수 있는 종잣돈을 바탕으로 그 금액 수준에서 실제 내 돈이라 생각하고 조심스럽게, 나름대로 포트폴리오도 만들어보며 신중하게 투자해야 한다.

수익이 났다면 왜 수익이 났는지, 손실이 났다면 왜 손실이 났는지 되돌아보며 잘한 것은 지속하고 잘못한 것은 개선하는 과정도 뒤따라야 한다. 모의투자 일지를 적는 것도 좋다. 모의투자는 잘만 이용하면 실전 감각을 어느 정도 키울 수 있는 매우 좋은 방법이다.

실전투자 하기

투자를 가장 빨리 익히는 방법은 직접 해보는 것이다. 직접 부딪치고 깨지면서 배우는 것이 사실 속도는 가장 빠르다. 아무리 모의투자를 많이 하더라도 실전투자 경험은 따라갈 수 없다. 하지만 투자 지식과 투자 마인드가 갖춰지지 않은 상태에서의 실전투자라면 본전도 못 찾게 될 가능성이 크기 때문에 되도록 실전투자는 공부를 한 이후에 하라고 권하는 것이다.

그런데 만약 지식이 어느 정도 갖춰져 있고 실전투자에서 흔들리지 않을 수 있다면, 그리고 비교적 소액으로 안정적인 대상에 투자할 계획이라면 재테크 공부를 하면서 진지하게 실전투자를 경험해보는 것도 나쁘지 않다.

다만 준비 없는 투자, 도박적인 투자는 피해야 한다. 최소한의 지식을 쌓고 간접 경험을 마친 후라면 소액으로 우량주에 대한 투자를 병행해도 좋다. 대신 단기가 아닌 장기 투자를 하는 것이 좋고, 종잣돈을 모으는 데 실전투자가 금전적으로나 심리적으로 좋지 않은 영향을 준다면 차라리 종잣돈을 모으고 어느 정도 공부가 된 후 실전에 임하는 것이 좋다.

종잣돈을 모으며 공부하는 3년이란 시간의 끝이 다가오고 있다면, 종잣돈도 어느 정도 모였고 지식도 쌓인 상태이므로 점차 실전투자 비중을 늘려나가면 된다.

항상 기억하자! 내 종잣돈과 시간은 무엇보다 소중하다. 종잣돈 모으는 기간이 섣부른 실전투자로 인해 조금이라도 늦춰지거나 종잣돈마저 까먹게 되는 결과가 발생한다면, 다시 회복하기가 쉽지 않다. 심리적으로는 더더욱 그렇다. 현명하게 자신의 상황을 먼저 이해하고 준비가 된 후 실전투자에 임하기 바란다.

지금까지 이야기한 아홉 가지 공부 방법은 사실 순서가 정해진 것은 아니지만 '책 읽기', '경제신문 보기', '증권사 리포트 읽기'는 지금 즉시 시작하는 것이 좋다. 그리고 '인터넷 플랫폼(유튜브나 블로그, 카페 등) 활용하기'는 아무것도 모르는 초기에 잘못된 정보나 치우친 의견을 자주 접하면 잘못된 지식이 머릿속에 자리를 차지할 우려도 있다. 되도록 초기에는 책·경제신문·리포트를 통해 기초를 다지고, 유튜브·블로그 등은 참고로 보기 바란다.

그리고 '스터디하기'와 '모의투자 하기'는 책과 신문 등으로 지식과 내공이 웬만큼 쌓였을 때 시작하면 좋다. '강의 듣기'는 바로 시작해도 되지만, 책과 매체 등을 통해 어느 정도 지식을 쌓고 시작하는 것이 효과적이다. 마지막 '실전투자 하기'는 지식 측면의 준비가 어느 정도 된

후 시작하자. 이 아홉 가지 방법을 통해 탄탄한 기초를 다진다면, 3년의 공부 기간은 평생에 걸쳐 당신을 지탱해주는 힘이 될 것이다.

💎 내게 맞는 재테크는 따로 있다

자신의 전문 분야를 만들어라

성공 재테크 2단계인 재테크 공부 단계를 통해 어느 정도 지식을 쌓았다면, 자신에게 맞는 재테크가 무엇인지 어느 정도 감이 왔을 것이다. 재테크의 종류는 많지만, 특히 더 관심이 가고 재미가 있어서 더 많이 공부하게 되는 분야가 반드시 있다. 이과형이 있고 문과형이 있고 예체능형이 있듯이, 사람마다 잘할 수 있는 분야는 확실히 다르다.

일단 2개의 큰 줄기를 주식과 부동산으로 잡고, 이 둘 중 한 가지를 주종목으로 만들자. 하나의 주종목이 정해진 다음에는 계속 그 분야를 공부하면서 투자 범위를 넓혀가는 것이 효율적이고, 전문성을 쌓는 데에도 유용하다.

부동산을 주종목으로 정했다면, 처음에는 아파트와 같이 무난한 주거형 부동산에서 시작한다. 그리고 내공이 쌓이면 아파트 물건의 개수를 늘리거나 오피스텔, 다가구, 지식산업센터, 상가 등 수익형 부동산으로 확장하는 것도 좋다. 초보가 처음부터 상가와 같이 리스크가 높고 레버리지를 많이 쓰는 투자부터 시작하는 것은 위험 부담이 크기 때문이다. 부동산 중 하나의 상품에 올인하는 것도 나쁘진 않지만, 정부의 부동산 정책 변화나 경기 변동, 포트폴리오 차원에서 봤을 때 둘 이상의 상품을 알아둔다면 도움이 될 것이다.

하지만 주종목이 있더라도 궁극적으로는 주식과 부동산 모두를 하는 것이 좋다. 주식과 부동산은 특성과 장단점이 달라 자금 운용 측면에서 서로 보완해줄 수 있는 부분도 있기 때문이다.

① **주력이 부동산이라면** 자산의 높은 비중을 부동산에 투자해 시간과 노력을 들여 테크니컬하게 운용하고, 주식은 비교적 시간과 노력이 덜 들어가는 우량주 적립식 장기 투자 등으로 세팅한다면 효율성이 높다.

② **주력이 주식이라면** 주식에 자산과 시간 비중을 높이고 단기, 중기, 장기 투자로 세분화하거나 종목 수를 늘릴 수 있을 것이다. 동시에 부동산은 안정적인 청약이나 내 집 갈아타기 전략을 통해 비교적 쉽고 효율적인 방법으로 운용하면 시너지가 날 것이다.

사실 주식과 부동산 분야 모두에서 전문가가 되기는 쉽지 않다. 하나에만 집중해도 끝이 없는 분야들이기 때문이다. 자신에게 맞는 투자처를 선택해 집중하면서 전문성과 지식을 쌓아가는 것이 효율적이다. 지속적인 공부와 실전투자를 통해 자신에게 맞는 전문 분야를 찾아 내공을 쌓아가다 보면, 어느새 준전문가의 반열에 올라 있을 것이다.

주식 vs. 부동산, 내게 맞는 투자처는?

주식과 부동산 중 어떤 분야가 자신에게 맞는지 확인할 수 있는 다섯 가지 체크리스트를 제시하겠다.

빠른 속도와 변동성을 선호하고 견딜 수 있는 사람인가?

주식의 가장 큰 특징을 꼽으라면 바로 변동성이다. 주식은 하루에 하한가 −30%부터 상한가 +30%까지 최대 60%의 변동성을 가진다(심지어 미국 주식은 가격 변동 제한폭이 없다). 물론 대형주라면 이처럼 큰 변동을 겪는 일은 적겠지만, 부동산에 비하면 주식의 변동성은 매우 큰 편이다.

반면 부동산은 흐름이 느리다. 주식과 부동산을 둘 다 해본 사람이라면 그 차이를 알 것이다. 부동산으로 몇 달짜리 단기 투자를 하는 사람은 없다. 시세 반영이 느려 최소 2~3년 이상을 보고 들어가기 때문에 투자의 속도에도 여유가 있다.

주식과 부동산의 이런 차이를 고려해 자신의 성격과 궁합이 맞는 투자처를 결정한다. 만약 작은 손실에도 일희일비하고 마인드가 흔들리며 본업에 지장을 받고, 10분마다 시세창을 보게 된다면 주식보다는 부동산이 더 맞을 수 있다. 반면 빠른 속도와 변동성을 선호하고 견딜 수 있는, 승부사 기질이 있는 사람이라면 주식에서 더 뛰어난 성과를 낼 가능성이 크다.

장기 투자자인가, 단기 투자자인가?

부동산 시세는 장기로 움직인다. 진입 비용(취득세·보유세·양도세 등 세금과 법무사 수수료, 중개 수수료 등 각종 비용)도 주식보다 크고, 투자 금액의 단위도 주식보다 크다. 또 주거가 가능해 내가 깔고 앉아 있을 수 있다는 특성이 있어서 주식에 비해 하락 시의 투매도 적은 편이다. 주식에 비해 매매도 복잡하고 시세가 나오는 데 시간도 걸리기 때문에 자연히 장기 투자에 적합하다.

사고 싶은 부동산이 있다면 인터넷으로 물건 정보와 시세를 확인하고 임장을 간다. 공인중개사와의 커뮤니케이션도 필요하고 현장 분위기와 상권 파악, 입지 분석 등을 거쳐 적절한 매매가를 협의한 후 매매 계약을 체결한다. 이걸로 끝이 아니다. 물건 종류에 따라서 계약을 하고 중도금, 잔금까지 치르는 데 짧게는 한두 달에서 분양 아파트의 경우 2~3년도 걸리는 것이 부동산이다. 이렇게 부동산은 긴 흐름을 가지고 있으며 단기 투자보다는 중장기 투자에 알맞은 투자처다. 또 주식과는 다르게 취득세·양도세 등 매수·매도 관련 세금(고정비)이 크기 때문에 투자 기간이 짧을수록 비용 측면에서 비효율적이다. 이처럼 부동산은 매수하는 과정이 길고 복잡한 데다 가격 변동 속도와 세금의 영향으로 중장기 투자의 특성이 있다.

직장인이라면 업무 미팅이나 회의 때문에 매매 타이밍을 놓쳐 단기로 들어간 주식을 손해 본 경험이 있을 것이다. 특히 우량주가 아닌 단타용 주식의 경우 단기 변동성도 크고 중간중간 대응하지 못했을 때 급격한 가격 변동으로 손해를 보는 경우가 많다. 주식투자가 일상을 흔들 뿐 아니라, 직장인의 경우 업무와 주식 두 마리 토끼를 모두 놓치는 경우가 비일비재하다. 반면 부동산은 여유롭게 공부하며 긴 호흡으로 천천히 투자할 수 있다는 장점이 있다.

가격 움직임 측면에서도 주식은 부동산보다 변동성이 크기 때문에 아무래도 장기 투자가 어렵다. 주가가 단기에 급등하거나 급락했을 때 마음을 다잡고 장기로 보유한다는 것은 분명 쉽지 않은 일이기 때문이다. 자신이 장기 투자자인지, 단기 투자자인지에 따라 주식과 부동산을 선택하는 것도 좋은 판단 기준이 될 수 있다.

급전이 필요할 수도 있는가?

주식은 환금성이 좋다. 휴대전화 버튼 몇 번 클릭으로 매수와 매도가 순식간에 이루어진다. 이처럼 환금성이 좋기에 주식은 경제 상황에 시차 없이 민감하게 반응한다. 반면 부동산은 오늘 매물을 등록한다고 해서 바로 거래되지는 않는다. 시간을 두고 협의하고, 계약서를 작성하고, 매매대금도 최소 2~3개월의 시차를 두고 나누어 지불된다. 가격 변동도 주식보다 심하지 않다. 환금성 측면에서 부동산이 확실히 불리하기 때문에 단기간 내 돈이 필요한 상황이라면 주식에 투자하는 것이 나을 수 있다.

주식의 좋은 환금성은 단기 자금을 운용하는 데 유리하다. 반면 부동산은 돈이 한번 묶이면 사고파는 절차도 복잡하고 시간도 오래 걸린다. 따라서 급전이 필요할 수 있는 상황에서는 부동산보다 주식투자가 나은 선택이 될 수 있다.

하지만 주식이든 부동산이든, 기한이 정해진 자금으로 투자하는 것은 좋지 않다. 공교롭게 자금을 빼야 하는 시점에 손실을 보게 되는 상황이 될 수도 있고, 기한을 맞춰야 한다는 상황 자체가 사람을 조급하게 만들기 때문이다. 이럴 때는 이성적으로 판단하기 어려워 투자를 그

르칠 가능성이 크다.

투자금이 많은가, 적은가?

주식투자는 적은 돈으로도 투자가 가능하다. 단돈 몇만 원으로 삼성전자도 살 수 있고, 코스피 지수나 나스닥 지수를 추종하는 ETF도 살 수 있다. 하지만 부동산은 최소 몇천만 원이 있어야 투자가 가능하다. 레버리지를 최대한 사용해 작은 물건에 투자하더라도 최소 2,000~3,000만 원 이상은 필요하다(또 규모가 작은 물건은 효율성도 낮다).

투자처로서 부동산의 가장 큰 장점을 하나 꼽으라면 바로 담보대출, 즉 레버리지가 가능하다는 것이다. 주식도 물론 신용대출이나 주식담보대출 등이 가능하지만, 이 상품들은 금리가 높기 때문에 장기 투자가 어렵다. 안 그래도 큰 변동성에 대출까지 끼어 있다면 마음이 조급해져 안정적인 투자는 어려워진다. 부동산은 보통 시세의 40~70% 수준에서 낮은 금리로 대출을 받을 수 있기 때문에 적은 돈으로도 큰 효율을 낼 수 있다는 장점도 있다.

투자금이 매우 적다면 부동산보다는 주식을 통해 자산을 늘려가야 할 것이고, 어느 정도 규모의 자본금이 있다면 주식과 부동산 모두 가능하지만 레버리지를 효과적으로 사용하는 방법을 알고 있다면 부동산이 좀더 효율적일 수 있다. 이렇게 투자금 규모에 따라 주식과 부동산을 선택할 수도 있다.

문과형인가, 이과형인가?

주식과 부동산은 공부해야 하는 분야가 다르고, 투자 성공을 위해 필요로 하는 자질도 다르다. 주식은 기업과 산업에 대한 이해, 재무제표 파악, 차트 분석 등과 같은 공부가 필요한 반면 부동산은 법률(민법, 공법, 세법 등), 부동산 정책 같은 문과적 특성과 현장조사(임장)나 부동산 관리 같은 관계적인 면에 대한 공부가 필요하다. 또 부동산은 투자 이후에도 임차인 관리, 공인중개사와의 커뮤니케이션 등 주식에 비해 사회적 관계가 중요하다. 분명 사람마다 흥미를 느끼고 잘할 수 있는 분야가 다를 것이다.

수학적인 분석을 좋아하고 혼자 투자하는 것이 좋다면 주식이 맞을 것이고, 문과적이며 사회관계적인 면에 흥미를 느끼고 활동적인 성향이라면 부동산투자에서 좋은 성과를 낼 가능성이 클 것이다.

2단계

내
공
쌓
기

재테크 공부를 통해 돈에 대한 통찰력과 내공을 쌓아라.
돈 벌 기회는 내가 아는 만큼 보인다.

5장

성공 재테크 3단계
본격적으로 굴려라

◆ **작게 시작해 크게 성공하라**

돈을 벌기 위해서는 자본주의의 원리를 알아야 한다. 가능한 한 빨리 종잣돈을 모으고, 그 종잣돈에 레버리지(남의 돈, 남의 시간, 남의 노력)를 투입하여 효율성을 극대화해서 굴려야 한다. 그런데 아무 계획 없이 종잣돈만 모으는 사람들이 의외로 많다. 일반 직장인이 저축만 해서 모을 수 있는 돈이 얼마일까? 한 달에 150만 원씩 1년을 모은다면 1,800만 원이다. 10년을 모은다면? 1억 8,000만 원이다. 그런데 지금 이 순간에도 인플레이션 효과로 물가는 계속해서 올라가고 있다. 최근 서울 아파트의 상승세를 보면 몇 달 사이에 몇억이 오르기도 했다. 과연 저축만으로 자산 가치의 상승 속도를 따라잡을 수 있을까? 아무 생각 없이 무작정 저축만 하다가는 평생 닭 쫓던 개 신세가 될 수도 있다. 종잣돈과 투자 마인드, 투자 지식이 준비됐다면 본격적으로 굴려야 한다!

처음에는 작은 것부터 시작한다. 종잣돈을 1억 모았다고 1억 전부를 곧바로 투자하는 것은 위험하다. 지식과 실전투자 경험이 적고, 큰돈이 움직일 때 평정심을 잃는 등 투자 마인드도 확립되지 않았기 때문이다. 주식에 1만 원을 투자해서 1,000원을 버는 것과 1억을 넣어 1,000만 원을 버는 과정은 똑같다. 하지만 1만 원으로 1,000원 벌 수 있는 사람이 1억으로 1,000만 원을 벌기는 힘들다. 그 금액을 굴릴 만한 그릇이 되느냐 아니냐의 차이 때문이다.

부동산도 마찬가지다. 적은 금액으로 시작해 실전 경험을 쌓아간다. 이후 경험과 지식, 노하우가 쌓여감에 따라 금액을 점차 늘리는 것이다. 작은 투자에 성공한 사람이 큰 투자에도 성공할 수 있다. 가능성이 큰 곳에서 작은 투자를 반복해 성공을 쌓아가고, 그 성공의 크기를 늘려가는 것이 3단계의 핵심이다.

◈ 여러 가지 재테크를 알고 경험해야 하는 이유

3년간 공부하는 시기는 매우 중요하다. 이 시기에 기본적인 공부를 해서 재테크와 경제에 대해 쌓은 감각은 평생 간다. 직장 입사 후 첫 3년이 중요한 것처럼 말이다. 이 시기에 다양한 재테크를 공부하고 경험해본 사람은 그만큼 넓은 시야를 가지고 투자를 하게 된다. 넓은 시야만큼 같은 경제 상황을 겪고 같은 투자를 하더라도 얻게 되는 경험과 노하우가 훨씬 많다는 이야기다. 사람은 아는 만큼 볼 수 있기에, 더 많이 알면 더 좋은 기회를 잡고 더 좋은 선택을 할 수 있다. 그리고 많은 종류의 투자처와 각각의 특성을 알고 있다면 시기별, 상황별로 자신에게 유리한 재테크를 해나갈 수 있다.

💎 대표적인 재테크 방법

우리에게 익숙하고, 사람들이 많이 하고 있는 재테크의 종류와 특성을 알아보자.

예금·적금

예금과 적금은 은행에 돈을 맡기고 만기에 맡긴 돈과 이자를 받는 상품으로, 대부분 사람에게 가장 익숙한 상품이다. 적금은 정해진 기간에 매월 같은 금액을 납입하고 만기 때 찾는 상품이다. 예금은 1년이면 1년, 2년이면 2년 식으로 정해진 기간 동안 목돈을 예치하고 정해진 금리를 받는다. 적금은 목돈 만들기, 예금은 목돈 굴리기의 개념으로 보면 된다.

보통은 적금금리가 예금금리보다 높다. 자금입출금 관리를 하는 은행 입장에서는 고객이 매달 같은 금액을 일정하게 넣어준다는 장점 때문에 금리를 더 줄 수 있다. 예금금리가 1.0%라면 적금금리는 1.5%를 주는 식이다.

그런데 만기 때 돈을 찾으면서 '어? 이자가 왜 이렇게 적지?'란 생각을 한 적이 있을 것이다. 왜일까? 적금은 예금처럼 일시에 목돈을 맡기고 그 목돈에 이자가 붙는 상품이 아니기 때문이다. 첫 달부터 같은 금액을 매월 납입하는 방식이기 때문에, 1년 만기 1.5% 적금이라고 할 때, 첫 달 납입금의 이자는 1.5%이지만 막달 납입금의 이자는 1.5%÷12가 된다. 시간이 지날수록 납입금에 대한 이자가 적어지는 것이다. 그래서 적금은 금리가 높더라도 실제 받는 이자는 그리 많지 않다.

예금·적금은 재테크가 아니다

예금의 장점은 안전하다는 것이다. 은행이 부도가 나더라도 원리금 5,000만 원까지 예금자보호가 되기 때문에 안전하다. 하지만 자본주의 사회에서 수익이란 내가 돈을 벌기 위해 짊어진 리스크, 위험의 대가에 비례한다. 안전하다는 것, 리스크가 없다는 것은 그만큼 수익이 적다는 이야기다. 부자가 되고 싶다면 리스크를 짊어질 수 있어야 한다.

특히 지금은 저금리 시대로, 은행 금리가 매우 낮다. 시중은행 금리가 1% 수준으로, 은행 이자가 자산 가격의 상승 속도를 따라갈 수 없는 상황이다. 2000년대 이전과 같이 예금금리가 10%에 육박하는 시기라면 모를까, 지금과 같은 저금리 상황에서 예금으로 재테크를 한다는 것은 돈의 가치를 오히려 떨어뜨리는 일이다.

아무리 금리를 높게 주는 저축은행이나 새마을금고에 예금을 하더라도 손해를 조금 줄여주는 정도에 불과하며, 현금의 가치는 당신이 이 책을 읽고 있는 지금 이 순간에도 계속해서 떨어지고 있다.

예금·적금이 필요한 네 가지 경우

예금·적금만으론 절대 부자가 될 수 없다. 하지만 예외적으로 예금·적금이 필요한 경우가 있다. 다음 네 가지 경우를 보자.

종잣돈을 모으는 3년간

앞서 언급했듯이, 종잣돈은 실전투자는 되도록 줄이고 예금과 적금으로만 모은다. 실전투자의 결과인 이익과 손실이 종잣돈을 모으는 마인드에 영향을 미치게 되므로, 큰 손실이라도 나는 날에는 본격 투자를 시작할 수 있는 시기가 몇 년 뒤로 미뤄질 수도 있기 때문이다. 종잣돈을 모으면서 투자를 병행하는 것의 부작용을 막기 위해 예금·적금으로 모으는 것이다.

물론 타고난 투자 감각으로 보통 사람이 3년간 종잣돈을 모을 동안 더 많은 돈을 모을 수 있는 사람도 분명 있을 것이다. 하지만 확률적으로 처음 투자를 시작하고 3년 동안 수익을 낼 확률은 매우 낮다. 준비가 되지 않았기 때문이다. 정해진 기간 내에 무조건 돈을 모아야 하는 상황에서, 적은 확률을 바라보고 투자하는 것이 현명한 일일까? 투자는 확률 게임이다. 가능성이 큰 곳에 지속적으로 베팅하고 그 성공을 쌓아가는 것이다.

안전하게 보장된 방법으로 정해진 종잣돈을 모으고, 그동안 착실히 준비해서 3년 뒤부터 확실하게 굴린다면 절대 늦지 않는다. 차근차근 단계를 밟아왔기 때문에 그동안 실력과 부의 그릇, 성취감과 올바른 투자 마인드가 만들어진다. 따라서 장기적으로는 분명 이 방법이 확률적으로 안정적이고 효율적이라고 할 수 있다.

'난 절대 손해를 보지 않을 자신이 있다'고 자신하는 사람이라면 종잣돈을 모으며 굴려도 좋다. 하지만 그럴 자신이 없다면 종잣돈은 무식하게 예금과 적금으로만 모아라(우량주, 우량 ETF 등에 자신이 감당할 수 있는 비중으로 적립식 장기 투자를 병행하는 것은 괜찮다).

포트폴리오 차원의 현금 보유

부동산·주식 등으로 수익을 낸 경우, 자산을 팔아 일시적으로 목돈이 생긴 경우, 다음 투자 시점까지 대기 자금으로 보관해야 하는 경우, 리스크 회피 목적으로 현금을 보유하는 경우 등이다. 특히 경기 호황이 정점에 다가갈수록 위험자산 비중을 줄이고 현금 비중을 높여야 한다.

현금은 조정장과 하락장에서 큰 힘을 발휘하지만, 이런 상황을 만들려면 상승장에서 미리 준비해야 한다. 보통 호황장에서는 가진 돈 100%를 주식에 넣고, 심지어 대출까지 받아 주식투자를 하는 경우도 많다. 이 상태에서 거품이 꺼진다면 큰 손실을 보게 된다. 결국 상승장에서 미리미리 현금을 준비해놓지 않는다면 큰 손실을 보게 될 뿐만 아니라 경기의 바닥에서 싼 가격에 자산을 살 기회도 잃게 된다. 그러니 상승장이 계속되더라도 현금 비중과 안전자산 비중은 필수로 챙겨야 한다.

상승장의 거품이 꺼지는 순간은 모두가 환상에 차 있고 긍정론이 지배하는 시점이다. 이 시기에 현금을 보유한다는 것이 쉽지는 않지만, 언제 꺼질지 모를 리스크를 관리하는 차원에서 현금은 필요하다. 또한 상승장에서도 중간중간 조정은 있기 때문에 좋은 주식을 조정장에 추가 매수할 용도로도 현금은 필요하다. 즉 비중은 조절해야겠지만, 상승장이나 하락장 모두 현금성 자산이 필요하다는 뜻이다. 물론 현금만이 아니라 금, 달러, 채권과 같은 여러 자산으로의 분산이 필요하다.

노후의 자금을 안전하게 보관하는 용도

경제적 자유를 이룬 후 부동산 월세나 예금이자만으로 생활이 되는 경우, 노후에 안전하게 자금을 보관하는 용도로 예금을 할 수 있다. 나이가 많아질수록 투자자산은 안정성에 중점을 두어야 한다. 이미 노년이 됐는데 고위험 투자로 자산을 잃으면 복구하기가 어렵기 때문이다. '젊을수록 고위험-고수익, 나이가 많아질수록 저위험-저수익'으로 투자의 방향이 바뀌어야 한다.

나이가 들어 어느 정도의 자산을 모았다면 수익형 부동산을 통해 월세를 받거나 주식 배당금 또는 시세차익금 등으로 생활할 수도 있지만, 지극히 안정적인 성향이고 예금이자만으로도 충분한 정도의 자산 규모라면 예금이자로 생활하는 것도 불가능하진 않다(물론 그 정도의 자금 규모라면 예금뿐 아니라 안정적인 수익형 부동산 등에 분산해서 투자하는 것이 효율적이다).

청약저축(필수)

예금·적금을 어쩔 수 없이 하는 경우가 아닌, 반드시 해야 하는 경우가 하나 있다. 바로 청약저축이다. 청약저축은 나중에 내 돈을 몇억 이상 불려줄 수도 있는 로또와도 같은 통장이다. 자세한 내용은 뒤에서 다루도록 하고, 아직도 청약저축을 가입하지 않았다면 지금 당장 가입하기 바란다.

주식

주식은 예금 다음으로 쉽게 접할 수 있는, 부동산과 함께 쌍두마차를 이루는 대표적인 투자자산이다. 주식은 돈이 많이 풀리거나 경기가 좋을 때, 시중의 유동성을 가장 빨리 흡수하는 자산이다. 경기에 선행하거나 함께 가는 경향이 있는데, 이는 투자가 쉽고 환금성이 좋다는 특성 때문이다.

　주식은 기업의 지분을 사는 개념으로, 쉽게 말해 내가 기업의 주인이 되는 것이다. 주식에는 보통주와 우선주가 있는데 보통주는 경영에 참여할 수 있는 의결권이 있다. 우선주는 의결권이 없는 대신 배당금이 많고, 회사가 망해 청산절차를 밟을 때 우선변제권(보통주보다 우선하여 투자금을 배당받을 수 있는 권리)을 가진다.

　그럼 배당금을 많이 주는 우선주가 무조건 좋은 것 아닐까? 무조건 그렇진 않고 상황에 따라 다르다. 우선주는 보통주보다 발행 수량이 적은 경우가 많아서 규모가 작은 회사의 우선주는 가격 등락폭이 심한 편이다. 또 환금성 측면에서 우선주가 보통주보다 좋지 않은 경우도 있기 때문에 회사 규모나 특성, 주가 움직임을 보고 우선주, 보통주를 선택하는 것이 좋다

　때에 따라 다르긴 하지만, 일반적으로 보통주보다 우선주의 주가가 낮게 형성된다. '국민 주식'으로 일컬어지는 삼성전자의 경우 2021년 1분기에 우선주 355원, 보통주 354원으로 배당금이 1원 차이였는데(특별배당금 제외), 1주당 가격으로 보면 우선주가 보통주보다 낮기 때문에 같은 돈을 투자했을 때의 배당 수익률(배당금/주가)은 더 높아진다. 굳이 회사의 의결권이 필요한 상황이 아니라면 우선주에 투자하고 나온 배당금을 재투자하는 것도 복리 효과를 거둘 수 있는 좋은 방법이다.

왜 주식투자를 해야 할까?

주식은 모든 투자자산 중에서 상식적이면서도 높은 수익을 얻을 수 있는 가장 접근성 좋고 간편한 투자처다. 주식투자란 기업의 지분을 사는

것이므로, 미래에 성장할 기업을 잘 선택할 수만 있다면 그 기업의 주인이 되어 기업에 일을 시키는 효과를 내고 큰 수익을 얻을 수 있다. 부의 시스템을 만드는 과정에서 중요한 개념 중 하나가 바로 생산자가 되는 것이다. 주식투자가 바로 내가 기업의 주인이 되어 돈과 기업에 일을 시키는, 즉 내가 생산자가 되어 다른 사람들에게 효용을 제공하는 개념의 생산 활동이다.

자본주의 사회에서는 기업의 이익은 계속 쌓여가고, 화폐의 가치는 계속 하락한다. 경제 성장과 기술의 발전, 자산 가격의 인플레이션이 계속되는 한 기업의 가치인 주가는 반드시 올라가게 되어 있다. 이 말은 곧, 주식시장은 지속 우상향할 수밖에 없는 시스템이란 것이다.

국내 주식시장은 기업 실적이 정체되면서 지난 10년간 코스피 지수가 박스권에서 움직이며 박스권이 한 단계씩 올라가는 특성을 보여왔다. 따라서 국내 주식은 지수 자체에 투자하기보다는 주식 종목을 선택하는 것이 중요했다. 그에 비해 미국은 시장 자체, 즉 S&P500이나 나스닥 등의 지수가 꾸준히 우상향해왔다는 특성이 있다. 미국 기업의 호실적 외에도, 미국은 우리나라와 다르게 기축통화인 달러를 계속해서 풀 수 있다는 점도 작용했다. 그렇게 풀린 달러가 다시 주식시장으로 흘러 들어 가, 주가를 지속적으로 상승시키는 요인이 됐다.

〈그림 5-1〉을 보면 코스피는 지금까지 비록 박스권의 움직임이 크긴 했지만 어쨌든 우상향해왔고, 미국의 지수인 나스닥과 대표적 성장주인 애플 역시 꾸준히 우상향해왔음을 알 수 있다.

소액으로 투자가 가능하고 지속적으로 우상향하는 시장이라는 것, 게다가 높은 수익을 얻을 수 있는 투자라면 주식투자를 하지 않을 이유

그림 5-1 **코스피, 나스닥, 애플의 차트**

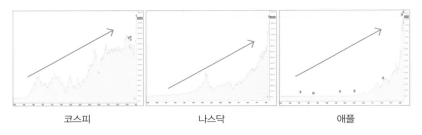

| 코스피 | 나스닥 | 애플 |

가 있을까? 지금 시대에서 주식투자는 선택이 아닌 필수다.

주식은 위험할까?

많은 사람이 주식은 위험하다고 생각한다. 하지만 주식은 위험한 것이 아니라, 변동성이 큰 것이다. 주식은 가격이 위아래로 변동하는 폭이 크기 때문에 그 변동성을 감당하지 못하는 사람이 무리해서 투자할 경우 손실을 보기가 쉽다.

사람의 심리는 변동성에 좌우된다. 투자 경험이 적은 초보는 저점에서 팔고 고점에서 사는 실수를 반복하는데, 이는 순전히 인간의 심리와 본능에 따라 움직이기 때문이다. 1억을 투자했는데 하루에 몇천만 원이 왔다 갔다 한다면, 초보가 이 변동성을 감당할 수 있을까? 아마도 그럴 수 없을 것이다. 하지만 충분히 가능한 시나리오다. 하한가부터 상한가까지 치면 하루 변동폭이 60%나 되기 때문이다. 따라서 이 변동성에 익숙해지기 전까지는 소액으로 투자하면서 경험을 쌓고 부의 그릇을 키워가는 것이 좋다.

또한 주식은 투자 접근성이 너무 좋다. 인터넷, 휴대전화 앱 등으로 버튼 몇 번만 누르면 1~2만 원의 적은 돈으로도 투자가 가능하다. 주식의 이런 쉬운 투자 방식과 높은 변동성은 조급함과 비이성적 판단을 낳고, 도박이나 투기적 단타 거래로 쉽게 변질될 가능성을 높인다.

오랜 경험을 가진 투자자조차도 큰 이익이나 큰 손실에 대면하면 본능에 휘둘리게 된다. 이때 필요한 것이 자신만의 투자 원칙이다. 이런 경우에는 이렇게 대응하고, 저런 경우에는 저렇게 대응한다는 자신만의 매뉴얼이 필요하다는 얘기다.

주식의 변동성을 줄이는 방법이 하나 있는데, 바로 우량주식에 장기 투자하는 것이다. 주식, 특히 우량주식은 투자 기간이 1년, 3년, 5년 식으로 길어질수록 변동성은 감소하고 안정성은 올라간다. 하지만 많은 투자자가 단기 트레이딩을 한다. 3개월이면 긴 것이다. 보통 1개월, 짧으면 일주일, 심지어 당일에 사서 당일에 파는 거래도 수없이 한다. 이런 단기매매는 주식의 변동성을 기초로 하는 매매이기 때문에 초보일수록 돈을 잃을 확률이 높아진다.

주식에 대한 이해가 부족하고 변동성을 감당하지 못한다면, 우량주식이나 우량 ETF를 매달 적립식으로 꾸준히 사 모아가는 장기 투자를 하기 바란다. 그럼으로써 변동성을 이기는 방법, 기업과 동업해나가는 개념을 익힐 수 있을 것이다. 주식의 변동성을 줄이고 수익을 극대화하는 방법을 익혀간다면, 주식투자는 갈수록 가치가 떨어지는 예금보다 훨씬 안전한 투자처가 될 것이다.

어떤 투자자가 좋은 투자자일까?

〈표 5-1〉을 보자. A와 B 모두 네 차례의 투자를 통해 150만 원의 수익을 올렸다. 이 중 누가 더 좋은 투자자일까?

표 5-1 **누가 더 좋은 투자자일까?**

구분	투자 1	투자 2	투자 3	투자 4	수익 합계
A의 수익금	200만 원	-150만 원	300만 원	-200만 원	150만 원
B의 수익금	50만 원	30만 원	50만 원	20만 원	150만 원

정답은 B다. 각각의 투자에서 큰 변동성 없이 꾸준한 수익을 냈기 때문이다. A는 어떨까? 벌 때는 크게 벌지만 잃을 때는 크게 잃는다. 이런 변동성은 투자자에게 매우 좋지 않은 패턴이다.

A와 같은 패턴은 고위험-고수익을 노리는 투자자에게서 보통 나타난다. 가진 지식과 경험은 적은데, 자신의 그릇보다 더 큰 고수익을 노리는 경우다. 다시 강조하지만, 지식과 경험이 쌓이고 자신이 가진 부의 그릇이 커감에 따라 수익률을 높여가야 한다. 내공이 쌓인 후 고위험-고수익 투자를 해도 늦지 않다. 초보일수록 우량한 주식으로 안정적 수익을 내는 것에 집중해야 한다.

투자금이 한순간에 급격히 불어날 수 있는 것은 복리의 힘 때문이다. 원금에 이자가 붙고, 그렇게 만들어진 원금에 또 이자가 붙어 재투자하는 과정을 반복할 때 급격한 자산 증식이 가능해진다. 하지만 이 복리의 힘은 원금을 잃지 않을 때 의미가 있다. A와 같이 변동성 큰 투자로 중간중간 원금을 잃는다면 복리 효과는 사라진다. 평생 하는 재테크, 원금을 잃지 않고 꾸준히 적정한 수익률을 올려가는 것이 자산을 급격히 불려나가는 데 필수라는 얘기다. 세계적인 투자자 워런 버핏도 현재 가진 자산 대부분을 50세 이후 복리 효과를 통해 만들었다. 그 전에도 부자였지만 복리 효과 덕에 나이가 들어갈수록 엄청난 속도로 자산이 불어난 것이다.

만약 당신이 지금 A와 같은 투자를 하고 있다면, 반드시 투자 방식을 바꿔야 한다. 그것이 장기적으로 부를 늘려나가는 방법이다. B처럼 꾸준한 수익을 낼 수 있도록, 투자 습관을 점검하고 반드시 바꾸기 바란다.

주식투자는 기업과 동업하는 것이다

많은 사람이 주식투자에 대해 잘못 생각하고 있다. 투자가 아닌 투기의 개념으로 접근하는 사람이 너무나 많다. 주식은 변동하는 주식의 가격, 즉 타이밍을 사는 것이 아니라 그 기업 자체를 사는 것이다. 한마디로, 그 기업과 내가 동업한다는 개념이다. A라는 기업의 주식을 사기로 결정했다면, 그 기업의 시장성과 미래가치를 보고 그 기업과 함께하는 것이다. 오늘 사서 내일 파는 투자가 아니라, 기업이 잘되고 성장할 수 있도록 돈을 투자해 내가 그 기업의 주인이 되고, 기업과 운명공동체가 되어 오랜 시간 함께하는 것이다.

워런 버핏은 이렇게 말했다. "10년간 소유할 기업이 아니라면 10분도 소유하지 마라." 실제 당신이 기업의 주인이 된다는 생각으로 주식투자를 한다면 오늘 사서 내일 파는 매매는 절대 하지 않을 것이다.

쉽게 유혹에 빠질 수 있는 작전주, 테마주 등에서 개인 투자자가 이익을 보는 경우는 많지 않다. 반대로 무거워 보이는 우량주를 장기 보유했을 때는 큰 수익을 낼 확률이 훨씬 높다. 우리나라 대표 기업 삼성전자의 지난 30년간 차트를 보자.

1990년 1월 400원(수정주가 적용), 2000년 1월 6,000원, 2010년 1월 16,000원, 2021년 1월 81,000원이다. 어떤가? 삼성전자 사놓고 30년간

그림 5-2 **삼성전자의 차트(30년간)**

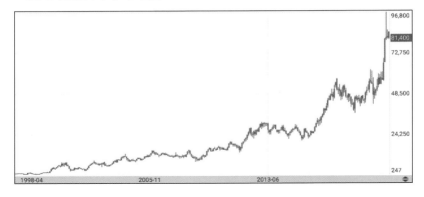

보유했다면 200배 이상의 수익률이다. 하지만 사람들은 하루하루 등락에 일희일비하며 지금 이 순간도 샀다 팔았다를 반복하고 있다(게다가 고점에 사서 저점에 팔고 있다). 삼성전자의 사례를 본다면 주가의 단기 등락이 얼마나 의미 없고 부질없는 것인지, 어디에 포커스를 두고 주식투자에 임해야 할지 알게 될 것이다.

그런데 왜 개인 투자자들은 주가와 반대로 투자하게 되는 것일까?

〈그림 5-3〉은 금융시장에서 거품의 단계에 따른 대중의 심리를 나타낸 그래프다. 보통 개인들은 현명한 투자자와 기관 투자자가 진입한 이후 가격이 급격히 상승하는 구간에서 매수에 가담한다. 가격이 정점을 찍는 순간 새로운 논리를 만들지만, 결국 가격이 폭락하고 거품이 꺼져 제자리로 돌아올 때쯤에야 투매를 하게 된다.

17세기 네덜란드 튤립 투기 사건, 2017년 비트코인 광풍 사건, 그 밖에 셀 수도 없는 작전 세력의 작전주 등 자산에 거품이 낀 모든 투자는 공통으로 일반 개인 투자자들의 파멸을 가져왔다. 대중의 심리와 투자 방식은 시간이 지나도 변하지 않는다는 것을 알 수 있다. 왜일까? 그것

그림 5-3 **거품 단계에 따른 대중의 심리**

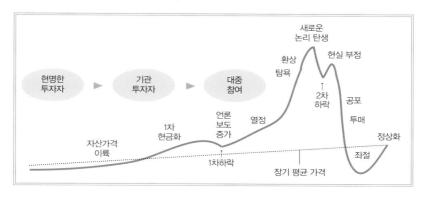

이 인간의 본능이고, 공부와 원칙이 없는 투자는 본능에 따라 움직일 수밖에 없기 때문이다.

개인 투자자가 사야겠다고 생각할 때는 이미 고점인 경우가 많고, 너무 떨어져 도저히 버티지 못해 팔아야겠다고 생각할 때는 이미 저점인 경우가 많다. 인간의 본능과 심리가 매매에 반영된다면 개인은 주식투자에서 성공하기 힘들다.

하지만 이런 개인 투자자도 주식시장에서 반드시 이기는 방법이 하나 있다. 미래에 성장성이 높을 것으로 기대되는 우량주를 선택해 월급이 나올 때마다 계속 사 모으며 5년, 10년 이상 장기 보유하는 것이다. 이 방법은 매매에 인간의 판단과 심리가 개입되지 않고 기계적으로 사기 때문에 특히 개인 투자자에게 효율적이고 안전한 방법이다.

가격을 보지 않고 기업 자체와 성장성을 보는 것, 그리고 그런 기업을 골랐다면 그 기업과 오랜 시간 함께하는 것, 이것이 개인 투자자에게 큰 수익을 안겨줄 수 있는 가장 안전하고 확률 높은 주식투자 방법이다.

멀티플의 눈으로 주식을 보자

주식투자에 사용되는 수많은 투자 지표 중 PER(퍼)라는 것이 있다. 주가수익비율이라고 하는, 주가가 기업 이익의 몇 배로 평가받고 있느냐의 개념이다. '이 주식은 PER가 몇 배다', '저 주식은 PER가 낮아 저평가다' 등의 이야기를 들어봤을 것이다. 'PER=시가총액÷순이익'으로 계산된다. 즉 기업의 가치(시가총액)가 기업이 1년간 내는 순이익의 몇 배로 평가되느냐를 나타낸다. 달리 말하면, 기업이 내는 순이익으로 몇 년을 모으면 그 기업의 시가총액에 도달하느냐 하는 개념이라고도 할 수 있다.

단순하게 보자면 PER가 낮으면 싼 기업, PER가 높으면 비싼 기업이다. PER가 낮다는 건 순이익 대비 주가가 낮다는 이야기니까. 그래서 전통적으로 같은 업종에서 PER가 낮은 주식(저PER주)을 골라 묻어두는 투자 방식이 사용됐다.

그런데 PER를 한번 뒤집어보자. PER의 산정 공식을 뒤집으면 '시가총액=순이익×PER'가 된다. 즉 기업의 순이익과 PER를 곱한 것이 시가총액이다. '기업 이익에 몇 배를 곱해야 시가총액이 되느냐', 즉 기업의 미래 주가를 구하기 위해 기업의 순이익에 곱하는 멀티플의 개념으로 바뀐다. 이 멀티플은 PER이자 기업의 성장성이다. 앞으로 빠르고 혁신적으로 성장할 수 있는 기업은 지금 이익이 적더라도 미래에 빠른 성장으로 훨씬 더 많은 이익을 가져올 것으로 예상되기 때문에 높은 멀티플을 줄 수 있다. 즉 현재 이익은 적더라도 주가가 높게 형성될 수 있다는 것이다. 정리하자면 'PER=멀티플=성장성'이 된다.

'시가총액=순이익×PER'라는 공식을 활용하면 주가는 두 가지로 해석된다. 기업의 이익이 증가하거나 멀티플(PER)이 증가하면 주가는 오른다는 것이다. 전통적으로 PER가 순이익 대비 저평가냐 고평가냐에 중점을 둔 지표였다면, 멀티플은 미래 성장성의 크기에 따라 목표주가가 올라갈 수 있다는 개념으로 바뀐다.

기존 저PER주는 현재 이익과 주가만을 놓고 비교하는 것이기 때문에 미래의 성장성이 반영되지 않는다는 치명적인 단점이 있었다. 하지만 PER를 멀티플로 바꾼다면, 미래의 성장성에 따라 주가가 움직인다는 새로운 개념으로 바뀌게 된다. 즉 저평가 주식을 찾는 것이 아니라 미래의 성장성이 있는 주식을 찾는 것으로 바뀐다.

예를 들어보겠다. 시가총액 10억짜리 기업이 있다. 순이익이 1억이라면 PER는 10배가 된다. 즉 매년 1억씩 10년 벌면 시가총액에 도달한다. 그런데 멀티플의 개념으로 바뀌, 이 기업의 주가가 올라 시가총액이 20억이 됐다면? PER는 20배가 된다. 이는 '이 기업의 성장성이 높아질 것으로 예상되고 이익 증가 속도가 빨라 10년 안에 20년 치의 이익을 낼 수 있을 것이다'라고 시장이 예상하고 있다는 것이고, 그 때문에 주가가 오른 것이다. 즉 저PER가 아니라 미래의 성장성이 얼마나 클 것이냐를 기준으로 멀티플이 높은 기업을 고르라는 것이다. 멀티플이 높다는 의미는 곧 '성장성이 높다는 것, 향후 기업 가치의 큰 성장이 예상된다는 것, 기업에 대한 시장의 기대치가 높다는 것, 매출/이익의 확장폭이 넓다는 것, 가격 측면으로 고평가일 가능성이 있다는 것'이다.

대표적인 성장주인 테슬라를 보자.

테슬라의 2021년 1월 현재 주가는 826달러이고 PER, 즉 멀티플은

그림 5-4 **테슬라의 차트**

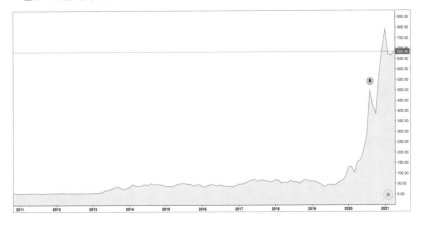

1,700배가 넘는다. '테슬라는 고평가다', '테슬라의 적정 주가는 300달
러다'라고 했던 수많은 전문가와 증권사의 목표주가를 비웃기라도 하
듯 단기간에 급격한 상승을 보여주었다.

　그런데 이 1,700배라는 멀티플이 과연 적정할까? 지금 테슬라의 재
무제표나 이익의 수준과 연결되는 상식적인 주가일까? 전통적인 저
PER주의 개념으로 테슬라라는 주식에 접근한다면 이런 현상을 설명하
지 못할뿐더러 이 주식에는 절대 투자할 수 없다. 엄청난 고PER주, 고
평가 주식이기 때문이다.

　하지만 투자자들은 테슬라의 성장성을 보고 투자한다. 전기차와 자
율주행으로 미래의 패러다임을 바꿀 기업이라고 평가하며 이 기업을
통해 꿈을 꾸는 것이다. 지금보다 1년 뒤, 3년 뒤, 5년 뒤 급격한 성장을
이루어 이익의 규모가 급증할 것으로 예상하고 1,700배라는 엄청난 멀
티플을 부여한 것이다. 현재와 같은 성장의 시대, 4차 산업혁명의 시대
에 전통적인 저PER주 개념의 투자는 맞지 않는다는 것을 보여주는 대

표적인 사례다.

그럼 어떤 기업에 멀티플을 높게 줄 수 있을까? 첫 번째, 혁신 기업이다. 시대의 트렌드, 패러다임을 바꾸는 기업이다. 두 번째, 현재 이익은 적더라도 턴어라운드하여 이익의 급격한 증가가 예상되는 기업이다. 세 번째, 시장 지위(독과점)와 가치 있는 무형자산 등의 해자(진입 장벽)를 지닌 기업이다. 네 번째, 정책, 환율, 유가, 금리, 비대면 사회로의 진입 등 업계 외부 환경이 유리하게 바뀌는 기업이다.

카카오가 메신저를 독점하기 시작한 시점, 반도체 슈퍼 사이클이 시작된 시점의 삼성전자, 테슬라의 전기차가 거리를 누비기 시작한 시점, 코로나19로 인한 언택트 시대에 맞춰 사람들이 집에서 넷플릭스를 보기 시작한 시점 등이 바로 멀티플이 급격히 증가할 수 있는 시점인 것이다.

이번에는 기업의 성장 주기를 통해 멀티플에 접근해보자.

성장성이 높은, 즉 멀티플이 높은 기업은 보통 창업기에서 성장기 사이클에 있는 경우가 많다. 창업기~성장기에 와 있는 기업은 해당 기업 또는 업종 자체가 확장 초입에 있기 때문에 미래의 이익 확장 가능성이 크다. 또 성장에 힘을 쏟기 때문에 재무 상황이 다소 불안하거나 현재의 이익 규모는 적을 수 있지만, 미래의 성장성은 높다. 앞서 언급한 테슬라가 그 예다. 반대로 성숙기에 접어든 기업은 이미 시장점유율이 높아 재무제표가 양호하고 안정적인 현금흐름을 창출하지만, 추가적인 시장 확대가 어려워 성장성은 낮다. 우리가 잘 알고 있는 코카콜라 같은 회사다(이런 회사는 안정적인 현금흐름을 바탕으로 한 배당주 투자로 적합하다).

그림 5-5 **기업의 성장 주기**

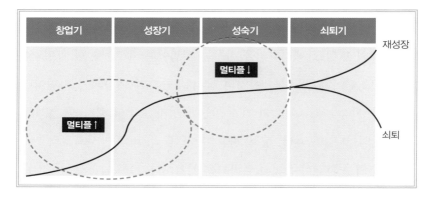

멀티플은 기업의 상황, 업계 환경, 경제 상황 등에 따라 시시각각 변한다. 만약 이 멀티플의 요소가 사라진다면? 주가는 한순간에 무너질수 있다. 멀티플의 지속성, 즉 성장 동력의 지속성이 중요하다는 것이다. 그래서 그 기업의 성장 동력이 유지되고 있는지를 지속적으로 확인하는 것이 중요하다.

만약 주가가 하락해 PER가 낮아졌다면 저평가가 된 것인지, 멀티플의 요소가 훼손된 것인지 반드시 구분해 대응해야 한다. 성장 동력은변함이 없는데 단순히 시장의 수급 변화로 주가가 하락한 것이라면 더사면 된다. 하지만 성장 동력이 훼손돼 주가가 하락한 것이라면 주저없이 매도해야 한다.

같은 이익을 내더라도 환경이 그 기업의 성장에 우호적으로 바뀐다면, 성장성이 높아질 것이다. 그렇다면 리레이팅(rerating), 즉 멀티플이더욱 높게 부여되고 목표주가도 올라간다. 과거와 현재의 이익 수준이나 재무제표 숫자에 매몰되지 말고, 그 기업의 성장성 자체를 봐야 한다. 그러기 위해서는 그 기업과 산업에 대한 공부와 이해가 필요하다.

리포트, 경제신문과 같은 도구를 통한 공부가 필수인 이유다.

반드시 기억하자. 주가는 현재의 이익이 아니라 기업의 미래가치, 즉 성장성으로 움직인다는 사실을. 주식시장과 기업을 멀티플로 바라보는 눈을 기르기 바란다.

이런 주식을 사라

투자할 기업을 선택할 때는 현재가 아닌 미래가 기준이 되어야 한다. 스마트폰의 애플이나 전기차의 테슬라와 같이 이 세상의 생활 방식과 패러다임을 송두리째 바꾸고 있는 기업들의 가치는 얼마나 올랐을까? 애플이 아이폰을 출시하고 스마트폰이 우리의 생활을 바꾸기 시작했을 때 애플을 샀다면? 전 국민이 카톡으로 대화하고 있을 때 카카오를 샀다면?

이처럼 우리 삶과 미래의 패러다임을 바꾸는 기업, 시대 가치를 바꿀 수 있는 기업을 사야 한다. 그 주식을 점쟁이처럼 미리 맞힐 필요도 없다. 그 기업의 제품과 서비스로 우리 삶이 서서히 바뀌고, 그 기업이 우리 생활에 침투해갈 때 투자해도 늦지 않다.

이런 기업을 어떻게 알아볼 수 있을까? 기업 분석, 차트 분석 다 좋다. 하지만 투자할 주식을 찾는 가장 쉽고 확실한 방법은 주위를 둘러보는 것이다. 세계적인 주식투자 대가 피터 린치는 아내가 좋아하는 스타킹에서 힌트를 얻어 그 회사에 투자해 6배의 수익을 올렸다. 이처럼 우리 생활에서 어떤 회사의 어떤 제품이 잘나가고 잘 팔리는지, 지금 시대가 어떻게 바뀌고 있는지, 미래의 삶은 어떻게 바뀔지를 고민하고 예측해보는 것이다.

스마트폰이 처음 나왔을 때 애플과 삼성전자에 투자한 사람, 음식점과 회식 자리에서 너도나도 콜라 한 잔씩을 들고 있는 모습을 보고 코카콜라에 투자한 사람, 미래에는 전기차가 대세가 될 것임을 예상하고 테슬라에 투자한 사람, 친환경차·수소차의 미래를 보고 현대차에 투자한 사람, 온라인 쇼핑과 배송이 일상화되어가는 것을 보고 아마존에 투자한 사람, SNS가 텍스트 기반에서 사진 기반으로 넘어가는 것을 보고 인스타그램을 인수한 페이스북에 투자한 사람, 동영상 플랫폼 유튜브의 확장과 미래의 인공지능 시대를 예상하고 구글에 투자한 사람 등. 이런 방식으로 투자처를 찾고 주식시장에서 큰 성과를 낸 사례는 수없이 많다. 이런 방식의 투자는 매우 직관적이고 쉬울뿐더러, 가격을 보고 사는 것이 아니기 때문에 가격의 등락에 심리가 반영돼 잘못된 판단을 할 가능성이 작다. 또 실제 생활에서 자신이 직접 느끼는 변화를 바탕으로 투자하기 때문에 기업의 성과가 주가에 반영될 가능성도 크다.

단기 급등한 주식이나 사람들의 관심이 쏠리고 있는 주식, 가격을 보고 선택한 주식은 이미 고점인 경우가 많다. 반면 생활의 변화 속에서 미래의 장밋빛 전망을 찾아낸 주식은 가격이 올라도 좋고, 주가가 내려간다면 좋은 기업을 더 싸게 살 기회로 삼을 수 있어 좋다. 물론 이렇게 찾아낸 기업의 재무상태를 자신이 직접 확인하고 판단할 능력이 된다면, 그리고 증권사 리포트나 신문 기사 등을 통해 확인하고 확신을 가질 수 있다면 금상첨화일 것이다. 이렇게 직관과 통찰을 통한 기업 선정과 증권사 리포트나 투자지표 분석 등을 통한 기업 분석이 결합하면 성공 확률이 높아진다. 실제로 성공한 많은 투자자는 시대의 흐름이 어떻게 달라지고 있는가, 지금의 상황에서 두각을 나타낼 수 있는 기업은 어디인가 등 현재의 상황과 미래에 대한 고민에서 투자 아이디어를 얻었다.

기업의 현재 상태를 분석하는 것도 중요하지만 미래를 바꿀 제품과 서비스는 무엇인지, 변화할 미래의 환경에서 살아남고 급격히 성장할 기업은 어디인지, 이 기업의 3년 후 또는 5년 후나 10년 후는 어떻게 될지 예측할 수 있는 직관과 통찰력도 중요하다. 평소 경제신문과 증권사 리포트 등을 통해 경제와 사회가 어떻게 돌아가고, 어떤 기업들이 이 상황에 어떻게 대응하고 성장하고 있는지를 계속 공부해간다면 직관과 통찰은 자신도 모르는 사이에 길러질 것이다.

내 생활과 가까운 곳에서 힌트를 얻자! 해답은 의외로 가까운 곳에 있다. 이제는 앞으로 다가올 시대, 4차 산업혁명(인공지능, 사물인터넷, 자율주행차, 가상현실 등)을 선도할 기업을 찾아 투자해야 할 시기다. 10분에 한 번씩 주가를 본다고 해서 그 회사의 가치가 10분마다 바뀌는 것은 아니다. 우량주식의 10년 전 가격을 보자. 10년 전 10분에 한 번씩 확인했던 가격, 단기 변동성에 일희일비했던 가격이 지금의 가격과 비교하면 의미가 있을까? 주식의 단기 가격 변동에 집착하지 마라.

스마트폰으로 우리 삶의 방식 자체를 바꿔버린 애플과 같은 기업은 100배가 올랐다. 시대의 변화를 감지하고 이런 기업에 투자해 10년 이상 보유한 사람들은 백만장자가 됐다. 이제 우리가 해야 할 일은 이미 올라버린 주식을 보며 안타까워하는 것이 아니라 과거의 애플과 같이 미래에 100배 오를 수 있는, 미래의 패러다임과 시대 가치를 바꿀 기업을 찾는 것이다.

반드시 기억하자! 주식투자는 가격과 타이밍을 사는 것이 아니라 기

표 5-2 사야 할 주식 vs. 피해야 할 주식

사야 할 주식	피해야 할 주식
1. 꾸준히 이익이 나는 기업 2. 멀티플이 증가할 수 있는 기업 3. 시장의 관심을 받는 기업 4. 시가총액이 큰 우량주, 현금이 풍부한 기업 5. CEO의 자질이 양호한 기업	1. 재무상태가 불량한 기업(연속 손실 발생, 부채비율 과다, 질 나쁜 부채 보유, 감사의견 거절, 좀비 기업 등) 2. 성장이 멈춘 기업 3. 작전주, 테마주 4. 사야 할 다섯 가지 주식에 반대되는 주식

업의 미래가치를 사는 것이다. 단기 수익률 10~20%를 보고 들어가는 것이 아니라 20~30년 장기적으로 그 기업을 지켜보면서 그들이 10배, 100배 성장하는 과정을 함께하는 것, 이것이 주식투자의 핵심이다.

펀드

펀드는 빵 봉지다

길동이는 빵이 먹고 싶어 빵집에 갔다. 빵집에는 크림빵, 소보로빵, 맘모스빵, 피자빵, 팥빵 등 많은 종류의 빵이 있다. 길동이는 모든 빵이 먹고 싶은데, 가진 돈이 1,000원밖에 없어서 1,000원짜리 소보로빵 하나밖에 먹을 수가 없다. 하지만 이 많은 종류의 빵을 모두 먹는 방법이 있다. 친구들과 함께 돈을 모아 모든 빵을 사서 n분의 1로 나눠 먹는 것이다.

펀드가 바로 이와 같은 투자 공동구매의 개념이다. 여러 사람이 모은 돈을 증권사 펀드매니저가 A주식, B주식, C주식, 원자재, 채권 등으로 포트폴리오를 만들어 여러 곳에 분산투자하는 것이다. 전문가가 대신 굴려주니 투자자는 신경을 좀 덜 써도 된다. 또 길동이가 1,000원을 내고 모든 빵을 한 봉지에 담았듯이, 적은 돈으로 원래 할 수 없었던 많은 종목에 대한 동시 투자, 즉 포트폴리오 투자가 가능하다는 장점도 있다. 이렇게 여러 종목에 투자하는 포트폴리오를 만들면 투자 안정성이 높아진다.

길동이는 빵 봉지에 피자빵, 크림빵 같은 느끼한 빵을 넣을 수도 있고 식빵, 소보로빵과 같은 담백한 빵을 넣을 수도 있다. 주식과 채권의 비중에 따라, 국내나 해외냐에 따라, 투자 대상 등에 따라 주식형, 채권형, 혼합형, 국내, 해외, 신흥국, 선진국, 원자재, 브릭스, 서유럽 펀드 등 종류도 매우 다양하다. 납입 방식에 따라 거치식, 적립식, 자유적립식 등으로 나눌 수도 있다.

어떤 펀드를 사야 할까?

펀드에 가입만 하면 수익을 낼 수 있을까? 전문가도 최선을 다해 운용하겠지만, 그렇다고 모든 펀드가 수익을 내는 것은 아니다. 펀드는 주식과 마찬가지로 원금 손실 가능성이 있다. 따라서 어떤 종목들이 편입돼 있는지, 그 종목들의 미래 전망은 어떻게 될지를 투자자가 알고 판단할 수 있어야 한다. 무엇보다 운용 규모가 크고 오랫동안 꾸준한 수익률을 유지해온 펀드를 고르는 것이 좋다. 운용사에서 밀고 있는 펀드일 가능성이 크기 때문이다.

물론 투자의 기본은 현재 가격이 아니라 미래의 가격이기 때문에 지금까지 잘 해왔지만 미래에도 전망이 있는 투자처인지 투자자가 나름의 판단을 해야 하는 것은 당연하다. 또 펀드를 가입하기 위해 은행이나 증권사 창구에서 상담을 받더라도 어느 정도 한계는 있으며, 결국 투자자 자신이 펀드의 특성과 전망에 대해 직접 공부해야 한다. 시중은행에서 판매했다가 대규모 손실을 낸 해외금리연계 파생결합펀드(DLF) 사태를 기억할 것이다. 손실 가능성이 거의 없고 높은 수익을 얻을 수 있다는 은행 직원의 말에 전세금, 결혼 자금, 노후 자금 등을 투자했다가 대규모 원금 손실을 낸 사건이다. 이 사례는 투자자 스스로가 판단할 능력을 갖춰야 하고, 자신이 모르는 곳에는 투자하면 안 된다는 큰 교훈을 남겼다.

펀드도 잘만 선택하면 아주 좋은 투자처가 될 수 있다. 전문가가 운용해주기 때문에 그 시간에 투자자는 다른 투자나 공부를 할 수도 있고, 소액으로도 자신이 원하는 테마의 여러 주식에 동시에 투자할 수 있다는 큰 장점이 있다. 하지만 펀드를 주식처럼 샀다 팔았다 하면 안 된다. 전문가가 굴려주는 대신 운용 수수료가 따로 붙는 데다가 만기 전 환매 시에는 환매 수수료까지 붙기 때문이다. 더욱이 이런 단타 매매는 포트폴리오 투자를 하는 펀드의 장점을 희석시키는 가장 나쁜 투자 방법이다. 펀드는 우량 섹터에 되도록 적립식으로 꾸준히, 장기간 투자하는 것이 좋다.

연금저축펀드

연금저축펀드는 연금저축펀드 계좌 내에서 자신이 자유롭게 펀드나 ETF 등을 매수하고 일정 시점이 되면 연금 형태로 지급받을 수 있는 투자 방식이다. 자신의 의지와는 별개로 반강제적 장기 투자를 할 수 있는 데다가, 세금 혜택까지 있어 매우 좋은 투자 방법이다. 현재 국민

연금 고갈에 대한 우려가 높아지는 상황에서 개별적인 노후 연금상품에 대한 필요성이 커지고 있으며, 국가에서도 연금저축 상품에 세금 관련 혜택을 주고 있다.

연금저축 상품에는 은행에서 판매하는 연금저축신탁, 보험사에서 판매하는 연금저축보험, 증권사에서 판매하는 연금저축펀드가 있다. 은행의 연금저축신탁 상품은 2018년부터 더는 신규가입이 되지 않으며 저수익 상품이기 때문에 제외하고, 가장 많이 가입하고 있는 연금저축보험과 연금저축펀드를 비교해 정리한 것이 〈표 5-3〉이다.

현재 연금저축 시장은 연금저축보험이 약 74%를 차지한다. 수십만 명의 영업 조직을 가진 보험사의 고객 유치에 따른 접근성, 원금보장형

표 5-3 **연금저축보험 vs. 연금저축펀드**

구분	연금저축보험	연금저축펀드
가입 비중	74%	10%(증가 추세)
판매처	보험사	증권사
납입 방식	정기납입 방식	자유납입 방식
장점	• 원금보장 • 예금자보호 가능	• 고수익 가능 • 납입이 자유로움 • 나만의 포트폴리오 구성 가능
	세액공제	
단점	• 납입 금액이 정해짐 • 중도해지 시 손실률 높음	원금보장 안 됨
수익성	공시이율(2% 수준)	실적배당(투자형)
수수료	사업비 월 5~10% 수준	수수료 연 0.2~2.5% 수준
수령	만 55세 이후(의무가입 기간 5년) (가입 만 10년 이상부터 연금 수령 가능)	
연금 과세	• 만 55~69세: 5.5% • 만 70~79세: 4.4% • 만 80세 이상: 3.3%	

에 대한 선호도 등에 따라 연금저축보험에 대한 쏠림 현상이 심한 상태다. 하지만 최근 들어 연금저축펀드에 대한 관심이 증가하고 연금저축보험에서 연금저축펀드로 갈아타는 수요가 점차 증가하고 있다.

그럼 왜 연금저축펀드를 해야 할까? 일단 연금저축보험의 가장 큰 단점은 사업비 명목의 수수료가 너무 높다는 것이다. 게다가 수익성도 높지 않다. 연금저축보험은 수수료를 떼는 예금이나 다름이 없다(물론 세금 혜택은 있지만). 55세까지 내 소중한 투자금을 저금리에 묶어두는 것은 효율적이지 못하다.

연금저축펀드의 장점

첫째는 장기 투자상품이라는 점이다. 연금저축펀드는 원금보장이 되지는 않지만 어차피 장기 투자상품이기 때문에 실제 손실의 가능성은 작다. 주식은 특성상 투자 기간이 길어질수록 안정성이 높아지기 때문이다. 인플레이션, 기업 가치의 상승, 기술의 발전과 더불어 경제 효율성 역시 계속 좋아질 수밖에 없기 때문에 투자 기간이 길어질수록 수익률과 안정성이 올라가는 것이다.

둘째는 선택권이 있다는 점이다. 연금저축펀드 계좌를 만든 후 그 계좌에 얼마를 넣고, 무슨 펀드를 살지는 투자자의 마음이기 때문에 자신의 성향에 맞게 공격적이거나 안정적으로 투자 포트폴리오를 짤 수 있다는 장점도 있다. 펀드의 개수를 선택하거나 변경하는 횟수도 자유롭다(단, 개별 주식이나 개별 채권, 해외 주식 등 직접투자 상품은 매수 불가).

또 연금저축펀드 계좌에 납입금을 자유롭게 넣을 수 있고, 납입을 중지할 수도 있다는 것도 큰 장점이다. 반면 연금저축보험은 매달 같은 금액을 이체해야 한다는 부담이 있다.

셋째는 세액공제 혜택이 있다는 점이다. 연금저축 상품은 한 사람이 1년간 1,800만 원까지 넣을 수 있고 연 400만 원까지 세액공제를 받을 수 있다. 급여 5,500만 원 이하인 경우 16.5%(400만 원 납입 시 66만 원), 5,500만 원 초과인 경우 13.2%(400만 원 납입 시 52.8만 원)의 금액이 환급된다. 국민의 안정적인 노후를 보장하기 위해 나라에서 정책적으로 권장하는 상품이기 때문에 이런 엄청난 혜택이 가능한 것이다. 투자자 입장에서 이런 혜택은 반드시 챙겨야 한다.

넷째는 과세이연, 저율 과세가 가능하다는 점이다. 과세이연(일반 펀드에서 떼는 수익금에 대한 소득세 15.4%를 자산을 팔 때까지 연기해주는 제도, 즉 세금을 나중에 떼는 것) 제도를 통해 원래대로라면 세금으로 내야 할 돈이 다음 해 원금에 포함되어 운용되기 때문에 수익금의 복리 효과도 누릴 수 있다. 이렇게 이연된 세금은 연금 수령 시 나이에 따라 3.3~5.5%의 저율로 과세된다는 것도 절세 측면에서 큰 장점이다. 이런 연금저축펀드의 세금 혜택은 세금 혜택 자체의 의미도 크지만, 그 세금으로 재투자가 가능하다는 것이 연금저축펀드의 장기 투자와 맞물려 굉장한 복리 효과를 낸다. 내야 할 세금이 원금에 포함되어 장기간 운용될 때, 복리 효과는 극대화되고 원금은 시간이 갈수록 크게 불어날 수 있다.

연금저축펀드는 5년 이상 납입하고 만 55세 이후부터 10년 이상 연금 형태로 수령하기 때문에 반강제적인 장기 투자가 가능하다. 여기에 절세 효과와 복리 효과까지 있으므로, 개인 투자자 입장에서 매우 훌륭한 상품이라고 할 수 있다. 장기 투자를 통한 안정적이고 높은 시장 수익률, 세액공제 효과, 수익금에 대한 복리 효과를 이용한다면 자산의 증식 속도는 매우 빨라질 것이다. 따라서 연금저축 상품은 최대한 일찍 가입해 납입 기간을 길게 잡을수록 유리하다.

연금저축펀드의 단점

연금저축펀드는 일단 이율이 정해진 원금보장 상품이 아니기 때문에 손실 발생 가능성이 있다. 주식 관련 상품에 대한 지식이 없고, 주식시장의 변동성을 감당할 자신이 없는 사람이라면 이 손실 가능성이 크게 다가올 수 있다. 하지만 우리는 우상향하는 주식시장의 힘을 믿어야 한다. 더구나 반강제적 장기 투자 아닌가.

손실 가능성 외에도, 투자할 펀드나 ETF를 자신이 직접 골라야 하기 때문에 이 역시 지식이 없는 상태라면 단점이 될 수 있다. 따라서 종잣돈을 모으며 공부하고 있는, 지식이 부족한 상황이라면 또는 나이가 많아 큰 손실을 부담하면 안 되는 상황이라면 비중을 줄이고 일시에 목돈을 투자하기보다 일부 금액을 매월 적립식으로 투자하는 것이 좋다.

그리고 만 55세 이후에 연금 형태로 수령하기 때문에 이는 장점이 될 수도 있지만, 급전이 필요한 상황이 생긴다면 그간 세금 혜택을 본 금액에 대해서는 기타소득세 16.5%가 부과되므로, 단기에 필요한 자금이 아닌 장기적으로 납입 가능한 금액으로 투자하는 것이 중요하다. 다시 한번 말하지만 연금저축의 핵심은 장기 투자다.

최근 들어 연금저축보험에서 연금저축펀드로 갈아타는 사람들이 늘어나고 있다. 자신이 옮기고자 하는 금융사에 신규 연금저축펀드 계좌를 만들고 이체를 신청하고 기존 금융사에 이체 의사를 확인해주면 생각보다 간단히 변경이 되기 때문에, 연금저축펀드로 옮기고자 한다면 보험에서 펀드로의 변경도 생각해볼 수 있다. 투자 포트폴리오의 일정 부분은 되도록 일찍부터 연금저축펀드를 통해 투자하는 것을 추천한다.

정리하면, 연금저축펀드는 세금 혜택이 가능한 범위에서 장기간 가져갈 수 있는 금액으로 적립식으로 투자하고, 연금이라는 특성에 집중하여 납입 기간을 최대한 늘려 세금 혜택과 복리 효과를 극대화하는 것이 핵심이다.

ETF

어느 순간부터 우리에게 매우 익숙해진 ETF(Exchange Traded Fund, 상장지수펀드)는 말 그대로 상장된 펀드로, 증권사 프로그램이나 앱을 통해 주식처럼 쉽게 사고팔 수 있다. 주식과 인덱스펀드(특정 지수나 자산 가격과 연동되는 펀드)의 장점을 따서 만든 펀드로 주식과 함께 최근 주목받고 있는 대표적인 투자 수단이다.

대부분 ETF는 우리나라의 대표 주가지수인 KOSPI나 미국 S&P500 등과 같이 특정 지수나 업종, 원자재 등 가격을 추종하도록 설계되어 가격이 변동하는 원인과 과정을 쉽게 알 수 있다. 예를 들어 코스피를 추종하는 ETF라면 오늘의 KOSPI 수익률을 2%라고 할 때 해당 ETF의 수익률도 거의 2%로 동일하여, 투자 개념 자체가 아주 심플하다. 예컨대 KOSPI200 지수의 수익률에 베팅하고 싶다면 KOSPI200 지수를 추종하는 ETF에 투자하면 된다는 얘기다. 그러면 KOSPI200 지수의 수익률과 거의 비슷한 수익을 올릴 수 있다.

표 5-4 ETF vs. 펀드 vs. 주식

구분	ETF	펀드	주식
투명성	높음	낮음	높음
결제 주기	T+2일	T+3~8일	T+2일
거래 비용	위탁 수수료 및 운용보수(약 0.3%)	운용보수(1~3%)	위탁 수수료
증권거래세	면제	적용 배제	매도 시
위험	시장위험	시장위험	시장위험+개별위험
장중 거래	가능	불가능	가능
거래처	증권사	판매사	증권사

* 국내 주식형 ETF는 매매차익에 대한 세금이 없고 분배금에 배당소득세 15.4%가 과세됨
* 해외 지수·채권·파생형·원자재 ETF는 매매차익과 분배금 모두 15.4%가 과세됨
* 해외 상장 주식에 투자하는 ETF는 매매차익에 22%, 분배금에 15.4%가 과세됨

우리나라에서는 ETF가 워런 버핏이 남긴 유서를 계기로 주목을 받았다. 유서의 내용은 재산 기부 후 가족에게 남겨진 돈의 10%는 국채 투자, 90%는 S&P500 인덱스펀드에 투자하라는 내용이었다.

단, 지수추종 ETF에 장기 투자하는 경우 박스권 움직임을 보이는 국내 지수보다 미국의 S&P500, 나스닥100 등의 지수를 추종하는 ETF의 수익률이 높다. 실제 지난 수십 년을 놓고 봤을 때 미국 주식시장은 하락보다 상승 가능성이 컸고, 수익률 또한 매우 높았다. 미국 시장은 기축통화라는 달러의 특성 때문에 지속적인 달러의 증가가 지수의 꾸준한 우상향을 가능케 했다. 또 선진 시장답게 금융 투명성과 적은 리스크, 매력적인 일류 기업들의 존재 덕에 전 세계의 투자금이 몰리는 아주 매력적인 시장이었다.

반면 우리나라 시장은 미국 시장 대비 다소 폐쇄적이라는 특성, 주주보다는 기업 중심의 자본 시스템, 분단국가라는 리스크, 기업의 낮은 이

익 수준 등으로 코스피 지수가 박스권 움직임을 보이며 미국 시장 대비 상승률이 낮았다.

국내 자본시장의 이런 단점들이 점차 개선되고는 있지만, 미국 시장과 비교할 때 여전히 열위한 측면이 존재하는 것은 사실이다. 따라서 지수를 추종하는 ETF라면 미국 주식시장의 지수를 추종하는 것이 유리하며, 국내 주식시장에서는 코스피나 코스닥 등 지수에 투자하는 것보다는 개별 주식이나 산업·업종 ETF에 투자하는 것이 효율적이다.

ETF의 장점

ETF는 종류가 매우 다양하다. 연계할 수 있는 기초자산이 시장 지수부터 원자재, 통화, 업종, 부동산, 채권 등 어마어마하게 많기 때문이다. 보통 투자 대상이 되는 웬만한 상품은 ETF로 다 커버된다고 봐도 무방할 정도다.

ETF는 증권사 앱으로도 거래할 수 있으므로 금융상품을 잘 모르는 사람이라도 주식을 사듯 쉽게 살 수 있어 투자 접근성도 매우 뛰어나다. 매도하고 2영업일 뒤면 증권 계좌에 돈이 입금되어 환금성도 좋고, 주식시장에 상장된 대부분의 ETF 가격이 3만 원 이하이기 때문에 소액으로 투자하기에도 좋다. 펀드처럼 펀드매니저가 운용하는 상품이 아닌 지수를 추종하는 상품이기 때문에 수수료가 매우 저렴하며, 이 또한 갈수록 낮아지는 추세다. ETF에 투자하면 업종, 섹터 등 특정 분야에 속하는 다양한 주식을 함께 사는 분산투자의 효과도 누릴 수 있다. 분산투자와 시장추종이라는 ETF의 특성은 개별 기업 리스크와 변동성을 줄이는 효과가 있다.

그리고 투자한 주식 종목의 배당금이 발생하면 해당 배당금까지 얻을 수 있다. 지수와 반대로 가는 인버스(주가가 내려가면 수익이 나는 상품), 레버리지(주가 상승 시 2배 수익, 떨어질 때 2배 손실 식으로 배수를 적용하는 상품) 등 파생상품이 다양해 투자의 폭도 넓다.

가장 중요한 것은, 주식시장은 미래의 시대 변화를 미리 반영한다는 사실이다. 그러므로 미래에 우리 생활이 어떻게 변화할지를 미리 예측하고, 그 패러다임의 혜택을 받을 수 있는 주식을 선점하는 것이 핵심이다. 하지만 수익률이 높은 성장주이고 성장의 초입에 있는 기업일수록 미래는 불확실하다. 지금은 잘나가지만 미래에는 도태될 수도 있다. 따라서 주식 초보이거나 경험이 적어 직접 기업을 선택할 능력이 없는 사람이라면, 개별 주식에 투자하기보다는 미국의 S&P500이나 나스닥 100 등 지수추종형 ETF에 적립식으로 투자하는 것부터 시작하는 것이 좋다. 하나의 기업에 직접 투자하는 것이 아니라 유망 업종 자체에 투자하기에 개별 주식의 리스크를 줄일 수 있다.

ETF는 낮은 개별 기업 리스크, 직관적 투자 방법, 지수추종으로 어렵지 않다는 점, 자동으로 분산투자가 된다는 점, 낮은 수수료 등 초보 투자자에게 매우 적합하고 수익률 또한 높은 필수 포트폴리오다.

ETF의 단점

워낙 좋은 투자상품이라 큰 단점은 없지만, 종목이 많아서 투자자가 직접 옥석을 가려야 한다는 점은 단점이 될 수도 있다. 하지만 규모가 크고 유명한 지수추종 상품은 정해져 있기 때문에 종목 선정이 어렵지는 않을 것이다. 단, 인버스나 레버리지와 같이 개인들에게 투기를 조장할 수도 있는 자극적 상품도 있기 때문에 상품 선택에 주의는 필요하다. 개인, 특히 초보라면 레버리지나 인버스 상품은 손대지 않는 것이 좋다.

ETF도 주식처럼 상장 폐지가 될 수도 있는데, 상장 폐지가 되더라도 투자금을 돌려받지 못하는 것은 아니다. 다만 상장 폐지 시에는 손실금이 확정되기 때문에 해당 ETF로 손실을 만회할 기회는 잃게 된다. 따라서 되도록 운용 자금이 많고 오래된, 검증된 ETF에 투자하는 것이 좋다.

주식과 ETF를 적립식으로 장기 투자해야 하는 이유

적립식 장기 투자는 목돈을 일시에 넣는 방식에 비해 타이밍에 대한 리스크가 적다. 가지고 있는 돈 5,000만 원을 한 번에 투자한다면? 그 시점이 저점이라면 수익은 극대화되겠지만, 그 시점이 고점이라면 손실을 보거나 투자 효율성이 매우 떨어질 것이다.

반면 꾸준히 같은 금액, 같은 간격으로 적립식 투자를 하면 투자 기간이 길어질수록 매수 시점이 분산되어 가격의 변동성이 줄어든다. 평균 매수 가격이 지수 자체와 비슷해지는 것이다. 적립식 투자는 특히 하락장이나 조정장에서 큰 효율을 낸다. 가격이 낮아지면 더 많은 수량을 매수하게 되므로 미래에 주가가 올랐을 때 수익률이 더 높아지는 것이다.

대신 주가가 오른다고 신나서 돈을 더 넣거나 떨어진다고 더 떨어질까 무서워 투자금을 줄인다든가 하면 적립식 투자의 장점이 사라진다. 개인이 저점과 고점을 예측해 저점에 많이 사고 고점에 적게 사는 것은 불가능하다. 적립식 투자를 할 때는 가격 등락과 상관없이 같은 금액, 같은 간격을 유지하는 것이 핵심이다.

또 우리는 대부분 급여나 사업소득 등 정기적 수입이 있기에 적립식 투자가 매우 적합하다. 주식이나 ETF를 잘 몰라도 검증된 우량 종목에 적립식 장기 투자를 하면 손해 볼 가능성이 매우 작아진다. 또 주가가 급락하거나 급등하더라도 마음의 여유를 가지고 투자에 임할 수 있어서 투자에 신경 쓸 시간을 자신에게 사용할 수 있다는 장점도 있다. 주식이나 금융에 대한 지식이 적은 초보일수록 우량주식에 대한 적립식 장기 투자를 포트폴리오에 필수로 포함하기 바란다.

미국 지수를 30년 동안 사면 어떤 일이 생길까?

연평균 수익률 20%의 ETF가 있다?

앞서 언급했듯이, 우량주와 주식시장의 공통점이 있다. 역사적으로 꾸준히 우상향해왔다는 것이다. 특히 미국 주식시장의 S&P500이나 나스닥과 같은 지수는 장기간 꾸준히 높은 수익률을 보이며 우상향해왔으므로 적립식으로 꾸준히 매수해나간다면 좋은 투자 효율을 낼 수 있다.

예를 들어보겠다. 〈그림 5-6〉은 미국 나스닥100 지수를 추종하는 ETF인 QQQ로, 적립식 투자의 장점을 보여주는 데 가장 적합한 차트다. 2021년 기준 QQQ의 연평균 수익률은 최근 1년간 61%, 3년간 29%, 5년간 27%, 10년간 20.0%에 달한다. 매년 20%의 수익을 내는 ETF라니, 믿기 어렵겠지만 실제 나스닥100 지수의 수익률이다. 그림에서 알 수 있듯이, 2000년 닷컴 버블 이후 QQQ는 약 17년간 버블 당시 고점인 120달러를 뚫지 못하고 횡보했다. 그러다가 2016년 12월에 120달러를 돌파했고, 이후 급격히 상승하며 10년간 연평균 수익률

그림 5-6 **QQQ(나스닥100 지수 추종)의 차트**

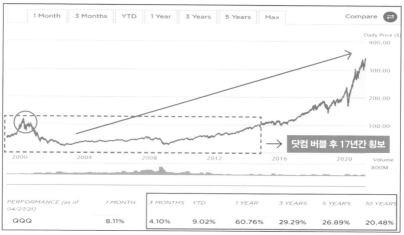

출처: www.etf.com

20%를 기록했다.

만약 현재 310달러인 QQQ를 2000년 닷컴 버블 때부터 적립식으로 사 모았다면 어떻게 됐을까? 2000년부터 2016년 말까지 기나긴 횡보 장에서 매달 꾸준히 같은 금액만큼 매수했다면, 닷컴 버블의 최고점인 120달러 아래에서 굉장히 많은 수량의 QQQ를 확보했을 것이다. 이후 2016년 말부터 닷컴 버블 고점을 뚫고 급격히 상승했는데, 그간 확보한 엄청난 수량이 이때 빛을 발하게 됐을 것이다.

닷컴 버블 고점인 120달러 아래에서 무려 192개월 동안 물량을 모았기 때문에 평균 매수단가가 매우 낮다. 이렇게 적립식 투자는 기간을 두고 나누어 사는 방식이기 때문에 초반에 주가가 빨리 올라버리면 수익률이 낮아진다. QQQ의 사례와 같이 장기간 저점에서 횡보하다가 최종적으로 급격히 상승할 때 적립식 투자의 수익률이 극대화된다.

주식시장이 계속 우상향한다는 가정하에(물론 중간중간 경제위기가 올 수도 있고 하락장이 올 수도 있다. 하지만 역사적으로 결국 모두 회복하고 우상향해왔다), 되도록 초반에 많은 자금을 투입할수록 유리하다는 뜻이다. 목돈을 투자할 때는 시작하는 타이밍이 고점일 수도 있어 리스크가 있다(고점인지 저점인지는 지나 봐야 안다). 그러므로 목돈은 조정 시마다 분할매수하고, 들어오는 월수입으로 수십 년간 적립식 투자를 꾸준히 해나간다면 안정성도 올라가고 높은 수익률도 향유할 수 있을 것이다.

연평균 수익률 20%로 30년간 투자한다면?

QQQ에 30년간 적립식으로 투자한다면 얼마가 될까? 〈표 5-5〉는 나스닥100 지수가 최근 10년간 내왔던 연평균 수익률 20%가 향후 30년 동안에도 유지된다고 가정했을 때의 수익금을 예시한 것이다. 월 100만 원씩 30년간 투자한다고 보고 시뮬레이션을 해봤다.

투자 기간에 따른 수익금은 5년 투자 시 1.1억, 10년 투자 시 3.7억, 15년 투자 시 10.4억, 20년 투자 시 26.9억, 25년 투자 시 68억, 30년 투자 시 170.2억이다. 상상할 수 없는 어마어마한 수익이다. 물론 이것은 가정이다. 지금까지 연평균 20%의 수익을 내왔다고 하더라도 미래에도 이 수익률이 유지된다는 보장은 없기 때문이다.

이 표를 통해 말하고자 하는 핵심은 연평균 수익률 20%의 상품이 있다는 것이 아니다. 바로 복리 효과를 보여주고자 하는 것이다. 원금에 이자가 붙고 또다시 투자금을 추가하고, 원금을 잃지 않으면서 꾸준한 수익률로 오랜 시간 투자했을 때 복리의 힘이 어느 정도인지를 실감해보라는 것이다. 주식이든 ETF든 부동산이든, 이런 방식으로 자산을 모아가야 한다. 〈그림 5-7〉은 〈표 5-5〉를 그래프화한 것이다.

5년, 10년까지는 수익금 증가폭이 완만하다. 하지만 20년 정도가 지나면서부터는 급격히 가팔라진다. 바로 복리 효과 때문이다. 우량자산

표 5-5 **QQQ에 30년간 적립식으로 투자할 때의 수익금 예시**

투자기간	투자금(원)	평가금액(원)	수익률(%)
1	12,000,000	14,400,000	20
2	26,400,000	31,680,000	20
3	43,680,000	52,416,000	20
4	64,416,000	77,299,200	20
5	89,299,200	107,159,040	20
6	119,159,040	142,990,848	20
7	154,990,848	185,989,018	20
8	197,989,018	237,586,822	20
9	249,586,822	299,504,186	20
10	311,504,186	373,805,023	20
11	385,805,023	462,966,028	20
12	474,966,028	569,959,234	20
13	581,959,234	698,551,081	20
14	710,351,081	852,421,297	20
15	864,421,297	1,037,305,556	20
16	1,049,305,556	1,259,166,667	20
17	1,271,166,667	1,525,400,000	20
18	1,537,400,000	1,844,880,000	20
19	1,856,880,000	2,228,256,000	20
20	2,240,256,000	2,688,307,200	20
21	2,700,307,200	3,240,368,640	20
22	3,252,368,640	3,902,842,368	20
23	3,914,842,368	4,697,810,842	20
24	4,709,810,842	5,651,773,010	20
25	5,663,773,010	6,796,527,612	20
26	6,808,527,612	8,170,233,134	20
27	8,182,233,134	9,818,679,761	20
28	9,830,679,761	11,796,815,713	20
29	11,808,815,713	14,170,578,856	20
30	14,182,578,856	17,019,094,627	20

* 매년 연평균 수익률 20% 가정
* 매월 100만 원 적립식 투자 가정

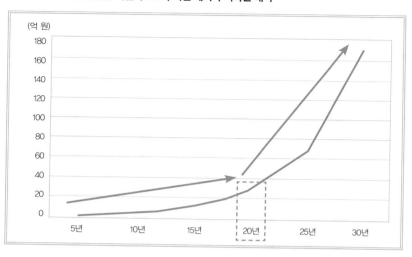

그림 5-7 QQQ에 30년간 적립식으로 투자할 때의 수익곡선 예시

에 장기로 투자해야 하는 이유가 바로 여기에 있다.

이미 알겠지만, QQQ가 앞으로도 연 20%의 수익을 낼 것이니 월 100만 원씩 QQQ를 사라는 얘기가 아니다. 주식시장의 특성과 복리 효과를 이해하고, 앞으로 어떤 방향으로 투자를 해나갈지 방향성을 찾으라는 것이다.

특히 미국 주식은 250만 원을 넘어가는 시세차익에 대해 양도세 22%를 부과하기 때문에 중간에 차익을 보고 자산을 매도한다면 양도세만큼 투자금이 줄어 복리 효과를 충분히 누리지 못하게 된다. 우량자산을 팔지 않고 꾸준히 장기로 사 모아가는 것, 이것이 개인 투자자들이 큰 수익을 얻을 수 있는 가장 좋은 방법이다.

우리가 투자할 수 있는 상품은 수없이 많다. 주식, ETF 모두 마찬가지다. 하지만 어떤 것을 선택하고 어떤 방식으로 투자하느냐에 따라 부의 운명이 바뀐다. 기업과 산업을 멀티플의 눈으로 바라보는 것, 미래 우리의 삶과 패러다임이 어떻게 바뀔지 관심을 갖고 공부하는 것, 지금은 아니지만 미래에 선두가 될 성장성 있는 기업과 산업을 발견하는 것, 그리고 그 주식과 ETF를 장기간 모아가는 것! 이것이 평범한 사람이 큰 부를 일구는 비결이다.

부동산

주식과 함께 가장 많이 투자하고 우리 생활과 밀접한 자산이 바로 부동산이다. 사실 다른 투자는 안 하더라도 먹고사는 데 지장은 없다. 하지만 부동산은 그렇지 않다. 투자처이기 이전에 우리가 생활하는 공간이기 때문이다. 누구에게나 살 집은 필요하다. 어차피 필요한 집이라면, 자신의 부에 보탬이 되는 방향으로 효율적으로 보유해야 한다.

만약 당신이 주식투자만 한다고 하더라도 부동산에 대한 기본 지식은 필요하다. 내 집이 아니더라도 전세나 월세로 살아야 하고, 그 과정에서 수많은 절차가 필요하다. 내가 알지 못한다면 매매나 전세 계약 과정에서 사기를 당해 소중한 돈을 잃을 수도 있다. 부동산에 대한 기본적인 지식은 투자를 떠나 필수라는 얘기다.

주식투자를 할 때 산업과 기업에 대한 공부, 재무제표 보는 방법, 차트 분석 등을 공부하듯이 부동산에 투자할 때도 마찬가지다. 급매 투자, 경매·공매, 분양권, 재건축·재개발, 갭투자 등 투자 방법도 다양하고 아파트, 빌라, 다가구, 지식산업센터, 오피스텔, 상가 등 투자처도 많기 때문에 자신에게 맞는 분야를 선택하고 깊이 파고들어야 한다.

주식과 부동산, 승자는?

주식과 부동산의 수익률 차이는 어떨까?

〈그림 5-8〉은 우리나라 대표 주식인 삼성전자와 대표 아파트인 강남 은마아파트의 최근 40년간 상승률을 비교한 것이다. 은마아파트는 1978년 분양가 2,339만 원에서 2020년 1월 22.5억으로 96배가 올랐고, 삼성전자는 은마아파트 입주연도인 1979년 기준 74원(수정주가)에서 2020년 1월 59,600원으로 803배가 올랐다. 2021년 기준으로 보면 삼성전자의 수익률은 훨씬 높아진다.

일단 수익률만 놓고 보면 삼성전자의 압승이다. 그런데 실제 삼성전자로 803배의 수익을 내는 것과 은마아파트로 96배의 수익을 내는 것, 어느 쪽의 확률이 높을까? 당연히 은마아파트, 즉 부동산으로 수익 본 사람이 많다.

부동산은 시세가 하락하더라도 투자 관점에서 단기에 샀다 팔았다 하는 경우는 적다. 가격이 내려가더라도 주식에 비해 투매가 적다. 반면

그림 5-8 **주식과 부동산 수익률 비교**

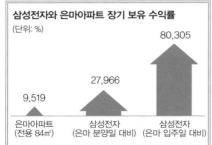
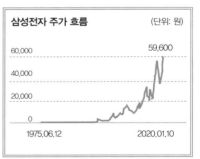

은마아파트 84㎡ 기준, 1차분 분양 마감일(1978년 8월 16일)과 입주일(1979년 7월 16일)에 각각 삼성전자 주식을 매입해 보유했다고 가정
자료: KB부동산, 마켓포인트, 네이버뉴스라이브러리

주식은 단기매매, 잦은 매매가 일반화되어 있다. 부동산은 거래 과정이 복잡하고 세금 문제, 주거 문제가 밀접하게 연관되어 있기에 아무래도 오래 보유할 가능성이 크다. 그에 비해 주식은 거래 비용이 적고 변동성이 커 단기 시세차익 목적의 거래가 많다.

이런 특성 때문에 수익률 자체는 주식이 높았지만, 안정성 측면에서는 부동산이 유리하고 장기 투자가 쉽다는 특성이 있어 주식보다 부동산으로 높은 수익을 낸 사례가 많은 것이다. 하지만 우량주식의 경우라면 장기 보유할 때 안정성도 올라가기 때문에 무조건 주식이 좋다 또는 부동산이 좋다고 말하기 어렵다. 결국 자신에게 맞는 투자처, 자산에 맞는 거래 방식과 투자 원칙을 익히는 것이 중요하다.

어쨌든, 주식과 부동산 중 하나의 주요 투자처는 있어야 한다. 재테크라는 것이 지식과 경험, 내공을 꾸준히 쌓아가야 하는 과정이기 때문에 제한된 시간과 노력으로 모든 투자를 잘할 수 있는 사람은 없다. 많은 경험을 해보고, 주식과 부동산 중에서 자신에게 맞는 투자처를 찾아 집중하면서 내공을 쌓아가자.

부동산투자의 관건은 실행력

부동산투자에서 가장 중요한 것 한 가지를 꼽으라면 바로 실행력이다. 주식, 펀드, 달러, 금 등 수많은 투자처는 대부분 온라인으로 정보를 얻고 투자 판단을 내릴 수 있다. 또 온라인으로 거래하기도 쉽다. 하지만 수많은 투자처 중 부동산은 유일하게 현장에 답이 있다. 오프라인에서의 현장 활동이 중요하다는 뜻이다.

시세 조사, 물건 분석, 입지 조사, 상권 분석, 수익률 조사, 임대차 조사 같은 현장 활동과 매수/매도인, 임차인, 공인중개사와의 커뮤니케이션 등 내가 직접 움직이면서 실행해야 하는 것이 바로 부동산투자다.

부동산투자로 수익을 내는 사람들은 남들이 집에서 고민하고 탁상공론하고 있을 때 현장에 나가는 사람들이다. 결국 부동산은 얼마나 빠르고 적극적으로 실행하느냐, 즉 실행력과 정보력에 따라 결과가 바뀌는 투자다.

부동산투자의 이런 특성은 사람의 성향에 따라 장점도 될 수 있고 단점도 될 수 있다. 부동산은 책과 인터넷으로 많은 정보를 접하고 공부하는 것도 중요하지만 현장에서 보고 듣고 느끼고, 직접 부딪치며 배우는 것이 훨씬 더 많기 때문에 이런 성향을 가진 사람이라면 부동산투자가 더 유리할 것이다.

내 집 마련, 필수일까?

내 집 한 채, 투자 효율성을 높인다

결론부터 말하면 내 집 한 채는 필요하다. 투자라는 측면을 떠나 주거 안정성 측면에서도 내 집 한 채는 보유하는 것이 좋다. 월세나 전세를 살며 주기적으로 이사를 다녔던 경험이 있다면 남의 집에 산다는 것이 얼마나 불편하고 신경 쓸 것이 많은지 잘 알 것이다. 단지 이런 불편함이 다라면, 그 정도야 감수하면 된다. 문제는 끝없이 올라가는 전세금이다. 계속 올라가는 전세금을 마련할 생각에 잠 못 들고, 결국엔 변두리로 밀려나게 된다.

또 재테크 측면에서도 부동산이라는 안정적인 자산을 보유한 상태에서 하는 재테크는 훨씬 안정적이다. 가장 쉽고 안전하게 장기 보유하면서 자산 가치를 늘릴 수 있는, 재테크의 첫걸음 또한 '내 집 한 채'다. 특히 비대면 사회로 진입하고 경제활동이 위축될수록 상업용 부동산의 공실은 늘어나고 수익률은 하락한다. 이런 상황에서는 똘똘한 내 집 한 채의 중요성이 더욱 커진다.

실제로 집을 산 경험이 있는 사람은 그 후로도 계속 집을 사게 되고, 부동산 외의 재테크에 대해서도 오픈 마인드를 갖게 된다. 큰돈을 집을 사는 데 투자하고 그 집의 가격이 오르내리는 것을 직접 경험함으로써 대출과 투자의 개념을 갖게 되고, 또 이 과정에서 큰 수익을 본 사람은 '돈은 이렇게 자산을 통해 불려야 하는구나!'라는 사실을 깨닫고 재테크에 강한 동기를 부여받는다. 설령 구입한 아파트의 가격이 내려가 손해를 본 사람일지라도(이런 경우는 많지 않지만) 주거 안정성은 확보했다는 장점이 있다. 그리고 그 손해를 복구하고자 더 많은 공부를 하게 될 것이다. 그만큼 내 집 마련이 가지는 의미는 단순히 '주거'에 그치지 않는다.

하지만 생각해야 할 부분이 있다. 어쨌든 내 집을 가진다는 것은 그 집에 내 돈의 상당한 비중이 묶인다는 말이기도 하다. 집값이 오르지 않는 지역의 아파트를 가진 돈을 모두 투자해(게다가 큰 대출까지 받아), 이른바 '영혼까지 끌어모아' 샀는데 집값이 정체되거나 하락한다면 매우 큰 기회비용을 잃게 된다. 차라리 그 집을 살 돈으로 수익을 낼 수 있는 다른 자산에 투자하는 것이 효율적일 수도 있다는 얘기다. 즉, 내 집 마련에서 중요한 부분은 가격이 오를 수 있는 좋은 입지의 아파트를 적절한 레버리지로 사는 것이다.

그럼 내 집을 사지 않고 그 돈으로 이곳저곳 여러 자산에 투자하며 많이 회전시키는 것은 어떨까? 실제 집에 돈이 묶이는 것을 싫어하고 그 돈으로 주식투자를 권하는 사람들도 있다. 주식투자가 적성에 맞고 뛰어난 능력을 보일 수 있는 투자자라면 그것이 효율적일 것이다. 잘만 운용한다면 수익률은 주식이 높기 때문이다.

하지만 모든 사람이 주식에서 좋은 성과를 내는 것은 불가능하고, 투자를 많이 반복하고 돈을 많이 회전시킨다고 해서 수익률이 반드시 높아지는 것도 아니다. 특히 우리나라와 같이 좋은 입지 아파트에 대한 선호도가 강하고, 교통·학군 등이 삶의 질에 큰 영향을 미치는 곳에서는 내 집을 통해 자산을 늘려가는 것이 필수라고 할 수 있다.

특히 전세가가 급등하는 시기에 주거 불안정을 직접 경험해본 사람은 알 것이다. 때가 되면 전세보증금 올려줄 걱정, 이사 걱정에 잠 못 이룬다. 부모들은 그나마 견딜 수 있다. 하지만 잦은 이사와 전학은 자녀들에게 매우 힘든 일이다.

시간이 부족하고 재테크에만 모든 노력을 쏟기 어려운 일반인 입장에서 본다면 가격이 오를 수 있는 좋은 입지에 내 집 한 채를 보유하면서 다른 재테크를 병행하는 것이 효율적이다. 약 40년간 96배가 오른 은마아파트 사례처럼, 좋은 입지의 부동산을 장기 보유했을 때의 시너지 효과가 있기 때문이다. 게다가 포트폴리오 차원에서도 변동성이 크고 불안정한 주식과 부동산을 함께 구성하면 포트폴리오의 안정성이 크게 높아진다.

이렇게 주거 안정성 측면, 재테크의 효율성 측면, 포트폴리오 안정성 측면에서 내 집 마련이 효율적이라면 집에 어느 정도 비중의 돈을 투자해야 할까? 이 문제는 자신의 재테크 능력과 성향에 따라 답을 내야 한다. 오르지도 않는 입지의 집을 무리해서 사는 바람에 모든 돈이 집에 묶이고, 대출원리금 갚느라 다른 재테크는 생각도 못 하는 이들도 많다. 이런 경우 경기 하락까지 맞물린다면 파산까지도 갈 수 있는 무서운 상황을 맞을 수도 있다.

내 집 마련, 어떻게 해야 할까?

그렇다면 내 집 마련, 어떻게 하는 것이 가장 좋을까? 이미 힌트를 얻은 독자도 있을 것이다. 되도록 집값 상승률이 높은 서울 또는 수도권 요지, 지방이라면 핵심 지역의 아파트를 사야 한다. 그리고 상황에 따라 적절한 레버리지를 사용해야 한다.

실제 많은 사람이 저평가된 아파트와 가치가 낮은 아파트를 구분하지 못한다. 이 둘은 엄연히 다르다. 지방 소외 지역의 싼 물건이면 저평가일까? 부동산도 주식과 마찬가지로 미래의 성장성이 중요하다. 발전할 지역, 호재를 보는 눈을 키워 가치가 낮은 아파트가 아닌 저평가된 아파트, 미래에 더욱 좋아질 지역을 골라야 한다. 결국 저평가를 찾아내는 눈은 많은 관심과 임장으로 만들어진다.

집값이 오르지 않는, 즉 가치가 낮은 아파트에 모든 자산과 최대한의 대출로 투자할 경우 다른 투자에 대한 기회도 잃고 가격이 오히려 하락해 큰 손실을 볼 수도 있다. 가장 피해야 하는 시나리오다. 실제 경기가 침체되거나 경제위기(IMF 외환위기, 글로벌 금융위기 등)가 발생했을 때, 과도한 대출로 집을 산 사람들이 상당수 파산했던 사례를 잊지 말자.

전업 투자자가 아닌 일반인이라면 좋은 입지에 적절한 규모의 내 집 한 채를 마련하고, 주식과 부동산 등 재테크를 병행하여 돈을 굴리면서 점차 상급지로 내 집을 갈아타는 전략이 좋다.

집값 상승률은 모든 사람이 선호하는 지역, 서울 핵심지에 가까울수록 높아진다. '서울, 특히 강남과 같은 핵심 지역 vs. 그 외 지역'의 격차는 시간이 갈수록 벌어질 것이다. 또 집값 하락기에도 서울권은 하락폭이 작다. 따라서 내 집의 자산 증식 효과를 가장 크게 누리기 위해서는 점차 서울 핵심지로 가까워지는 전략을 사용해야 한다. 더 서울에 가까운 아파트, 더 비싼 신축 아파트일수록 상승률이 높다.

실거주 생활권과 직장 등의 문제로 서울권 거주가 불가능한 상황이라도 상관없다. 거주와 소유를 나누면 된다. 실제로 서울 주택 일곱 채 중 한 채는 외지인 소유이고, 특히 용산과 같은 지역은 절반이 외지인 소유다. 서울권에 전세 낀 집을 소유하고, 실거주는 다른 지역에서 하는 선택도 충분히 가능하다는 얘기다.

여러 가지 문제로 서울권 아파트 매입이 어렵다면 서울 접근성이 좋은 지역을 선택하면 된다. 물리적으로 서울에서 가깝거나, 서울에서 멀더라도 GTX·KTX·지하철 등으로 접근성이 뛰어난 지역 또는 자족도시(스스로 일자리를 창출하는 지역)를 대안으로 선택하면 된다.

그렇다고 모든 자산을 아파트 한 채에만 집중하는 것도 좋지 않다. 하나의 아파트에 모든 자산과 레버리지가 집중될 경우, 아파트 가격이 오르지 않는다면 다른 투자에 대한 기회비용이 발생할 수 있다. 특히 레버리지를 과다하게 썼을 경우 집값이 하락하면 생활이 흔들릴 가능성도 있다.

투자에서 선택의 범위는 넓다. 특히 주식이라는 높은 수익률을 가진 투자처가 있으니, 내 집을 마련할 때는 모든 자금이 부동산에만 묶여 생길 수 있는 위험 요인과 다른 투자를 하지 못하게 됨으로써 생기는 기회비용을 항상 생각해야 한다. 특히 정책적으로 부동산에 대한 세금이 강화되는 추세인 만큼 아파트 보유로 인해 발생하는 고정비가 점차 늘어나고 있다는 사실도 고려하여 주식과 부동산, 금과 달러 등의 비중을 적절히 배분하여 현명한 투자 포트폴리오를 만드는 것이 중요하다.

어차피 우리는 자가, 전세, 월세 중 하나는 선택해야 한다. 자본소득의 증가 속도를 급여소득이 따라가지 못하기 때문이다. 결국 화폐 가치는 계속 떨어지고 물가는 올라간다. 아파트의 가격도 경기 상황에 따라 위아래로 출렁이긴 하겠지만, 짜장면과 새우깡의 가격이 올라가듯이 결국엔 우상향할 것이다.

집을 살까 말까 고민할 시간에 어떻게 하면 더 좋은 입지, 발전 가능성 있는 입지를 찾아내고 더 좋은 집을 더 싸게 살 수 있을지 고민하는 것이 훨씬 생산적인 선택이다. 좋은 집을 싸게 사서 큰 시세차익을 볼 방법과 기회는 수없이 많다. 자신의 관심과 공부가 어느 쪽이냐에 따라 그 기회를 잡을 수도, 놓칠 수도 있다. 행여 미래에 집값이 내려간다고 하더라도 노후에 안정적으로 살 수 있는 집 한 채는 꼭 필요하다. 내 집은 투자 수단이기 이전에 가족에게 주거 안정성을 제공해주는 주거공간이기 때문이다.

좋은 입지의 아파트를 많은 공부와 발품으로 싸게 사는 것, 적정한 비중과 적절한 레버리지로 사는 것, 상위 입지로 꾸준히 갈아타는 것, 주식과의 자산 비중을 자신의 적성과 능력에 따라 잘 조절하는 것이 내 집 마련의 핵심이다. 어떤 입지의 어떤 아파트를 적정한 비중으로 싸게 살 수 있느냐에 따라 그 집이 내 앞길을 터주는 검이 될 수도 있고, 나를 찌르는 검이 될 수도 있다.

어떤 방법으로 사야 할까?

청약, 갭투자, 일반 매매, 급매, 경매·공매, 재건축·재개발 투자, 지역주택조합 등 집을 사는 방법은 많다. 이 중에서 어떤 방법으로 내 집을 사야 할까? 정답은 리스크 있는 방법은 제외하고 자신의 상황에서 가장 싸고 빠르게 살 방법을 선택하는 것이다.

특히 지역주택조합과 같이 내가 통제할 수 없는 변수가 많은 방법은 피하는 것이 좋다. 그리고 재건축·재개발은 시간 지연에 대한 가능성을 염두에 두어야 하고, 진행 단계별로 리스크는 감소하지만 가격이 상승한다는 특성을 고려해 선택해야 한다. 또 진행이 지연될 경우 기회비용이 발생할 수 있다는 부분도 고려해야 한다. 진행 과정과 가치 평가에 대한 공부가 필요한 분야다.

특별공급 등에 해당될 수만 있다면 가장 좋은 것이 청약이다. 당첨만 되면 높은 수익률과 함께 신축 아파트를 살 수 있다는 장점이 있다. 하지만 좋은 입지, 우량 물건은 경쟁률이 매우 높다. 따라서 청약을 할 때는 반드시 전략이 필요하고 자신의 당첨 가능성을 알고 도전해야 한다.

나이가 젊고 가점이 낮은 상황이라면 특별공급 해당 여부를 잘 따져봐야 한다. 특별공급에 해당될 수만 있다면 경쟁률이 줄어 당첨 확률이 크게 올라간다. 많은 사람이 특별공급에 해당되면서도 특별공급이 뭔지 몰라서, 자신이 특별공급 대상인지조차 몰라서 로또와 같은 기회를 놓치곤 한다.

청약은 반드시 공부해야 하고 자신의 상황에 따른 전략을 세우는 것이 중요하다. 만약 청약 당첨 가능성이 작다면 과감히 다른 방법을 선택하는 결단도 필요하다. 물론 이 경우에도 청약통장은 계속 유지해야 한다(청약 전략은 뒤에서 자세히 설명하겠다).

청약 당첨 가능성이 작다면 일반 매매나 경매·공매를 이용할 수 있다. 아파트는 낙찰가율이 높아지는 추세이기 때문에 경매나 공매를 하더라도 오히려 시세보다 높게 낙찰받는 사례도 생긴다. 다만, 지식과 경험이 있고 좋은 물건을 살 수 있다는 확신이 있다면 경매나 공매에 관심을 갖는 것도 좋다.

가장 무난하고 쉬운 것은 급매 물건을 사는 것이다. 사고자 하는 지역과 물건이 대략 결정됐다면 꾸준히 임장하고 해당 지역 공인중개사들과 꾸준히 소통하면서 진짜 급매 물건을 찾는 것이다. 현장에 가지도 않고 '인터넷에 올라온 급매 물건을 사면 되지 않을까?'라고 생각한다면 큰 오산이다. 급매 물건은 다음과 같은 순서로 소진된다.

'매도자의 지인 → 공인중개사 → 공인중개사의 가까운 지인 →
공인중개사의 가까운 고객 → 공인중개사의 현장 방문 손님'

진짜 급매 물건은 현장에만 있다. 위와 같은 단계를 거쳐 소진되기 때문에 인터넷에 나온 급매는 이미 급매가 아니다. 정말 싸게 좋은 물건을 사고 싶다면 반드시 현장에 가라.

그리고 갭투자, 즉 자신이 직접 거주하는 것이 아니라 전세를 끼고 살 수도 있다. 자신의 생활 반경과 투자하고자 하는 지역이 다른 경우는 이렇게 전세를 끼고 사놓고 자신은 전세나 월세로 사는 방법이다.

여기서 사고자 하는 집의 가격과 전세보증금의 차액을 '갭'이라고 하는데 갭이 적을수록 남의 돈인 전세금 비율이 높아지는 것, 즉 큰 레버리지를 사용하는 것이 된다.

갭투자에서 주의할 점은, 많은 사람이 투자금을 최소화하기 위해 갭이 적은 물건을 찾는 데 혈안이 되어 단지 갭만 적은 물건을 비싸게 사는 경우가 많다는 것이다. 투자의 기본은 싸게 사서 비싸게 파는 것이다. 절대 본질에서 벗어난 투자를 하면 안 된다.

최근 전세가가 급등하다 보니 입주가 가능한 물건에 높아진 보증금 시세대로 전세를 맞추며 갭투자로 집을 사는 경우가 늘고 있다. 이런 경우 투자금이 줄어든다는 장점이 있다. 하지만 반대로, 낮은 가격에 전세가 맞춰져 있는 물건은 갭이 커서 이런 갭투자가 쉽지 않기 때문에 오히려 입주가 가능한 물건에 비해 5~10% 정도 시세가 낮다. 만약 자금에 여유가 있다면 기존의 낮은 전세보증금을 낀 물건(갭이 큰 물건)을 시세보다 싸게 사는 것도 방법이다. 이 경우 사자마자 시세차익을 볼 수 있기 때문에 안전마진이 즉시 확보된다. 투자금을 줄일 것이냐, 시세차익을 볼 것이냐 하는 문제에서는 자신의 상황에 맞게 선택하면 된다.

그리고 갭, 즉 레버리지가 높아진다는 것은 수익률이 높아질 수도 있

그림 5-9 **아파트의 갭투자**

매매가
10억

갭 3억

전세가
7억

지만 가격 하락 시 손실률 또한 높아진다는 것을 의미한다. 부동산 상승기의 초입이라면 적은 갭으로 물건 수를 늘려 레버리지를 높이고 돈을 회전시켜 수익을 극대화하는 전략도 있다. 하지만 이런 갭투자를 할 때는 반드시 시세 하락에 대한 대비가 되어 있어야 한다. 전세보증금을 끼고 집을 샀다면 집 시세가 하락하는 경우 손실률이 매우 커진다. 게다가 모든 자금을 투입해서 여력이 없는데 전세 시세까지 하락해 전세 만기 시 보증금을 일부 반환해야 하는 상황이 온다면 큰 낭패를 볼 수 있다. 그래서 전세보증금을 끼고 집을 살 때는 전세 시세 하락에 대비해 반드시 여유 자금을 보유해야 한다.

대출을 끼고 사는 경우도 마찬가지다. 해당 아파트의 시세가 하락할 경우 시세 대비 대출금 비율이 높아지기 때문에 은행이 대출금 일부 회수를 요청할 수도 있다. 여유 자금 없이 '영끌'해서 집을 산 경우라면 큰 낭패를 볼 수 있다. 게다가 금리까지 올라간다면?

대출과 전세보증금 모두 내 집을 사는 데 활용할 수 있는 훌륭한 레버리지다. 하지만 보증금은 변동할 수 있다는 리스크가 있으며(전세가 하락 시 보증금을 반환해야 하는 위험), 자신이 그 집에 들어가 살 수 없기 때문에 별도의 주거비가 발생한다. 그리고 대출은 이자가 발생하고, 대출금리가 변동할 수 있다는 리스크가 있다.

이렇게 각각의 경우 모두 레버리지를 사용함으로 인한 리스크와 대가가 존재하기 때문에 반드시 그 리스크에 대응하기 위해 여유 자금을 보유하고 있어야 한다는 사실을 잊지 말자. 내 집을 살 때는 최악의 경우를 대비하고, 이 투자로 인한 기회비용, 이 집을 샀을 때 앞으로의 수익률, 미래에 어떤 지역으로 어떻게 갈아탈 것인지 등까지 모두 계획하고 진행하는 것이 좋다.

내 집 갈아타기 전략

평생 한 집에서만 살 수도 있다. 하지만 집은 가장 쉽고 안전하게 자산을 늘릴 수 있는 기본적인 수단이기 때문에, 지속적으로 상급지로 갈아타고 주거지의 가치를 높여가는 것이 자산을 늘려가는 데 기본 중의 기본이다. 특히 부동산 경기가 호황인 상승기라면 적은 투자금과 레버리지를 통해 물건 수를 늘리는 것이 효율성 측면에서 유리하지만, 지금과 같이 다주택자에 대한 규제가 강한 시기에는 한 채의 가치를 극대화하면서 다른 자금으로 주식투자를 병행하는 것이 효율적이다. 물론 이런 규제는 정권에 따라, 경기 상황에 따라 달라지기 때문에 시기별로 적절한 투자 전략을 세우는 것이 중요하다(특히 규제가 풀리고 부동산 경기 사이클이 상승 초입에 올 때 부동산 보유 물건 수를 늘리는 전략은 유효하다. 경기와 정책은 반복되기 때문이다).

그렇다면 어떻게 갈아타야 할까? 가장 중요한 원칙은 점차 핵심지로 가는 것이다. 먼저 집값의 특성을 알아야 한다. 집값은 같은 가격으로 오르는 것이 아니라 같은 비율로 오른다. 즉, 똑같이 1억이 오르는 것이 아니라 똑같이 10%가 오른다는 얘기다. 3억 아파트가 3,000만 원 오를 때 6억 아파트는 6,000만 원이 오른다(물론 이런 경향이 있다는 것이고 일률적으로 정의할 수는 없다. 오르는 지역과 그렇지 않은 지역, 개별 물건 특성 등에 따라 차이가 있기 때문이다).

또 핵심지(교통, 학군, 일자리가 양호한 지역)에 가까울수록 집값은 더 많이 오른다. 핵심지가 더 오르고 비핵심지는 덜 오른다. 같은 평형 아파트라도 서울 외곽 소외 지역이 몇억 오를 때 강남 아파트는 10~20억 올랐다.

오르는 순서도 있다. '핵심지 → 비핵심지', '대장 아파트 → 주변 아파트', '대단지 아파트 → 나홀로 아파트' 등으로 시세를 리드하는 물건부터 오르고 주변으로 확산된다. 또 중소형이 먼저 오르고 대형이 늦게 오른다거나 하는 등 시기와 지역 상황에 따라 상승 순서가 달라질 수 있다.

그럼 언제 갈아타는 것이 좋을까? 시기별, 물건 특성별로 갈아탈 집과 현재 내 집의 격차가 가장 좁혀졌을 때를 이용해 갈아타면 된다. 가격 하락기에는 비싼 아파트가 더 많이 떨어진다(같은 비율로 하락하니 가격으로 보면 더 크다는 뜻이다). 그래서 싼 집과 비싼 집의 격차가 줄어든다. 10억짜리 아파트는 8억이 되고, 5억짜리 아파트는 4억이 된다. 이때 내집을 팔고 상급지 아파트로 갈아타면 된다. 이처럼 가격 차이가 줄어드는 시기를 공략하는 것이 핵심이다. 다만 지역별, 시기별, 물건 특성별로 전략이 달라질 수 있기 때문에 평소 갈아탈 지역과 물건에 꾸준히 관심을 갖고 발품을 팔아야 한다. 그래야 적절한 시기에 예산에 맞게 높은 효율성으로 갈아탈 수 있다.

결론적으로 내 집 갈아타기는 '지방 핵심지 → 수도권 → 서울 → 서울 핵심지'로 점차 진입한다는 개념, 그리고 소유와 거주를 분리하더라도 핵심지의 아파트를 매수한다는 생각으로 진행하는 것이 좋다. 갈아타고자 하는 지역과 물건의 특성을 이해하고 해당 지역과 물건에 꾸준히 관심을 가져 현재 내 집과 시기별, 상황별로 가격 차이가 줄어든 시점을 이용해야 한다(일시적 1가구 2주택 비과세 혜택을 적극 이용하자).

또 하나의 방법은 일반 구축 아파트로 갈아타는 것이 아니라, 1주택자도 할 수 있는 1주택 처분 조건부 추첨제 청약을 공략하는 것이다. 85제곱미터 초과 대형 면적일수록, 그리고 '투기과열지구 → 조정대상지역 → 비규제지역'으로 갈수록 추첨제 비중이 올라가기 때문에 이 조건에 맞게 추첨제 분양 물량을 공략할 수도 있다. 물론 추첨제 또한 75%는 무주택자를 우선하여 선정하기 때문에 확률은 높지 않을 수 있으나, 그렇다고 당첨 확률이 아주 없는 것도 아니다. 추첨제 공략도 당첨 후 기존 주택을 처분하는 방식으로 안전하게 신축 시세차익 프리미엄을 누릴 수 있는 좋은 방법이다.

대부분 사람이 오를 지역이 아닌, 지금 내가 살기 편한 지역의 아파트를 사곤 한다. 하지만 반대로 해야 한다. 오를 지역에 사두고, 살기 편한 지역에서 살면 된다. 자산 형성의 기본은 내 집 마련이다. 내 집은 사는(live) 곳이기도 하지만 사는(buy) 것이기도 하다. 내가 살기 편한 지역이 아니라, 반드시 가격이 오를 가능성이 큰 지역에 내 집을 마련하고 핵심지를 목표로 꾸준히 자산을 늘려가자!

P2P 투자

P2P(peer to peer)는 개인과 개인을 연결한다는 뜻으로, 은행 없이 개인과 개인이 서로 돈을 빌리고 빌려줄 수 있는 중개 시스템이다.

〈그림 5-10〉처럼 투자자와 차입자 사이에서 P2P 회사가 중개하고 수수료를 가져가는 형식이다. 간단히 온라인 은행 개념으로 보면 되고, 우리가 흔히 알고 있는 P2P 업체들이 투자자들의 투자금을 돈이 필요

한 사람에게 대출해준다는 개념이다.

신용대출·부동산담보대출·부동산PF대출(건축자금대출) 외에도 투자 상품이 매우 다양하고, 소액으로도 휴대전화나 인터넷에서 클릭 몇 번 으로 손쉽게 투자할 수 있다는 장점이 있다. 또 일반적인 예금상품에 비해 수익이 높다는 장점이 있어서 젊은 투자자들이 몰리고 있다.

하지만 주의해야 할 점도 많다. 특히 아직은 제도가 제대로 갖춰지지 않았다는 점을 유념해야 한다. 한때 연체 돌려막기나 대표의 횡령 후 도주, 돈 빼돌리기 등으로 수많은 피해자를 양산한 이력도 있다(크고 작 은 사건·사고 외에도 일부 업체를 중심으로 연체율도 증가하고 있다).

게다가 시장 상황도 좋지는 않다. 대부업법 최고 금리가 낮아지면 서 대부 업체와 같이 고금리를 받는 업체들의 수익성도 낮아져 경쟁 이 점점 치열해지고 있다. 이런 상황은 P2P 업계에 좋지 않은 영향을 미친다.

그림 5-10 **P2P 구조**

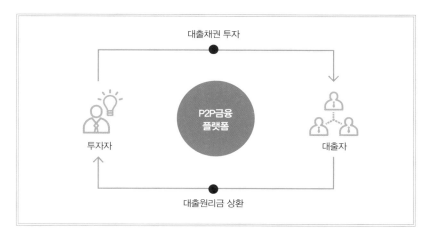

제도적인 측면과 심사 등 전문성이 개선되고는 있지만, 너도나도 P2P 시장에 뛰어들다 보니 공급이 늘어 전문성이 부족한 업체도 많아졌다. 자연히 경쟁을 위해 후순위 대출이나 고위험 대출에 뛰어들기 때문에 부실이 증가하는 부작용도 발생하고 있다. 이는 곧 투자자의 피해로 이어질 수 있으므로 신중한 판단이 필요하다.

P2P 상품을 보면 '금융이나 부동산 지식이 부족한 젊은 투자자들이 과연 이 전문용어들과 투자의견을 이해하고 판단해서 투자할 수 있을까?' 하는 생각이 든다. 게다가 현재는 P2P 업체가 자체적으로 산정한 투자등급에 의존할 수밖에 없다. P2P 투자자 카페에 가보면 일반적인 투자자들의 투자 포인트를 알 수 있는데 대부분 투자자는 업체가 자체적으로 제공하는 투자등급, 금리는 얼마나 높은지, 투자자에게 제공하는 리워드(상품권, 경품, 포인트 등)는 괜찮은지 등을 보고 투자한다.

수많은 업체와 상품 중 옥석을 잘 가려 투자한다면 높은 수익을 얻을 수 있는 좋은 투자처가 될 수도 있을 것이다. 하지만 수많은 투자 대안을 두고 굳이 자신이 통제할 수 없는 위험이 있는 곳에 투자하는 것이 맞는지에 대해서는 생각해볼 필요가 있다. 제도적인 보완으로 사건·사고를 사전에 방지할 수 있는 시스템이 갖춰진 후에 투자해도 늦지 않다고 본다.

비트코인

2017년 비트코인 광풍을 기억할 것이다. '가즈아'·'존버'·'떡상' 등 비트코인 거래에서 파생된 용어가 유명해지고, 당시 10명 중 3명 이상이 비트코인에 투자했다는 통계가 있을 만큼 비트코인이 대중적 투자 바람을 몰고 왔던 시기다. 한차례 광풍이 휩쓸고 간 이후, 2020년 후반부터 비트코인이 또다시 급등했다.

〈그림 5-11〉을 보면 알 수 있듯이, 비트코인의 변동성은 어마어마하다. 2017년 1월 960달러였던 비트코인은 1년 뒤 19,850달러까지 약 20배가 올랐고, 이후 다시 1년 만에 3,159달러로 주저앉아 6분의 1이 됐다. 그게 끝이 아니었다. 2년 뒤인 2021년 2월 역사적 고점 58,999달러까지 17배가 오른 후 조정 중이다.

이 엄청난 가격 변동성 때문에 수많은 사람이 깡통을 차고 파산했다. 2017년 당시, 한 유명 TV 프로그램에서 비트코인 투자자와 인터뷰하는 2시간 동안 그 투자자의 자산이 30억 원 가까이 불어나는 장면이 생중계되어 큰 충격을 주기도 했다.

그림 5-11 **비트코인의 가격 움직임**

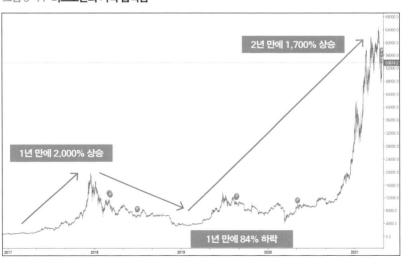

채굴할 수 있는 수량이 한정되어 디지털 금으로도 불리는 비트코인은 암호화폐 또는 가상화폐 등으로 불리는 디지털화폐(비트코인, 이더리움, 리플 등)의 대표 격으로 보면 된다. 종이화폐 중에서 달러 같은 지위라고 생각하면 쉽다.

비트코인은 아주 오래전, 그러니까 비트코인이 몇 원에 불과하던 시절 일본에서 포르노 비디오나 잡지의 결제 수단으로 쓰였다고도 한다. 최근에는 영국의 한 기술자가 비트코인 7,500개가 든 하드 드라이브를 쓰레기통에 버리는 바람에 현재 시세로 약 4,200억 원을 날렸다는 뉴스가 보도되는 등 수많은 사건·사고가 발생하고 있다.

암호화폐는 블록체인이라는 기술을 기반으로 하는데, 블록체인은 금융·보안·물류 등 다양한 방면에서 적용할 수 있는 4차 산업혁명의 핵심적인 기술로 불린다. 2017년 비트코인 광풍과 2021년 현재의 비트코인 광풍이 다른 점은 모건스탠리, 블랙록 등 기관 투자자들의 투자 비중이 커졌다는 것이다. 하지만 아직도 기관 비중은 전체 유통량의 3% 수준에 불과한데, 미국 증시의 기관 투자자 비중이 80% 수준임을 보면 턱없이 적다. 비트코인의 변동성을 줄이기 위해서는 제도적 안정성이 개선되어 기관 투자자 비중이 증가해야 한다.

물론 4차 산업혁명이 진행됨과 동시에 디지털화폐의 필요성이 커지고 디지털화폐로의 전환이 빠르게 진행되고 있다. 페이팔, 비자카드 등 일부 기업에서 결제를 도입하기로 하는 등 비트코인의 재평가가 이루어지고 있다. 하지만 여전히 강력한 종이화폐인 달러의 존재, 그리고 여러 나라와 선진 기업들이 준비하고 있는 디지털화폐들 사이에서 비트코인이 어느 정도까지 인정받게 될지는 불확실하다. 게다가 주요 국가들 또한 암호화폐를 규제 대상으로 바라보고 있다는 것도 걸림돌이다. 무엇보다도, 매우 높은 가격 변동성은 비트코인이 디지털화폐로서 해결해야 할 숙제다.

물론 기관 투자자의 증가, 디지털화폐로의 시대적 변화, 제도·안정성 개선, 유동성 증가 등에 따라 앞으로 가격이 더 상승할 가능성도 있다. 그렇다면 암호화폐가 투자처로서 가치가 있을까? 결론은 가치 판단이 어려운, 불안정한 투자처라고 할 수 있다. 그 이유는 다음과 같다.

투기성이 강하다

자산의 가격 변동성이 너무나 크고 장이 24시간 열린다. 투자보다는 투기적·단기적 성향이 강하다는 뜻이다. 실제 비트코인 투자자 중에는 본업에 집중하지 못하고 24시간 쉴 새 없이 잠 못 자며 코인 투자에 매달리는 이들이 많다.

투자 대상으로서의 가치 산정이 어렵다

주식투자를 할 때는 재무제표, 사업 내용 등을 근거로 대상 기업의 가치를 산정할 수 있다. 즉, 그 주식을 매수할 근거가 있다는 것이다. 하지만 암호화폐는 다르다. 디지털화폐와 블록체인 등 4차 산업의 핵심 요소로서 그 존재 자체를 부정할 수는 없지만, 주식과 같이 적정 가격을 산정할 수 없다는 큰 단점이 있다. 성장성을 분석하기도 어렵다. 디지털 금이라는 정체성은 있지만 그렇다고 실제 금과 같은 특성으로 움직이는 것도 아니다. 때로는 구리와 같은 원자재처럼 움직이고 때로는 수급에 따라 움직이며, 가격 변동의 기준도 없고 적정 가격을 정할 수 있는 근거 자체가 없다. 현재는 오로지 수급에 의해서만 가격이 결정되고 있다.

그래서 "비트코인은 1억까지 갈 수 있다"라거나 "비트코인의 적정 가치는 0원이다"라고 하는 등 사람마다 가격을 바라보는 시각과 전망도 천차만별이다(사실 비트코인이 1억이 되든 0원이 되든 이상하지 않다는 점이 비트코인의 가장 큰 단점이다).

테슬라의 일론 머스크가 비트코인을 15억 달러어치 매수했고, 향후 테슬라 차량을 구입하는 데 비트코인을 사용할 수 있도록 하겠다는 소식에 비트코인 가격이 하루에 1,000만 원 가까이 오르기도 했다. 이런 현상은 언제든 일부 기업 또는 개인이 코인 시장에 큰 영향을 미칠 수 있고, 비트코인 가격을 좌지우지하게 될 수도 있다는 것을 의미한다. 뉴스나 이슈, 사건·사고, 일부 세력의 의도에 따라 가격이 변동되는, 이 높은 변동성이 해결되기 전까지는 비트코인이 안정적인 투자처라고 하기 어려울 것이다.

안정성이 떨어진다

비트코인은 가격에 대한 기준이 없고 화폐나 주식처럼 통제하는 주체가 없기 때문에 세력에 의한 가격놀음에 개인 투자자들이 놀아나기 쉽다는 특성도 있다. 또 운영 주체가 없고 국제적으로 통일된 원칙이나 규제가 없다 보니 거래소 해킹 또는 사기에 피해를 보는 사례도 수없이 많다. 양자컴퓨터가 등장하면 비트코인 정보도 해킹이 가능하다고 한다. 투자자 보호 장치가 없는 상태에서의 비트코인 투자는 불안정하고 리스크가 클 수 있다.

암호화폐 투자를 함으로써 나에게 쌓이는 투자 경험과 노하우가 없다

앞서 언급한 세 가지 이유로, 주식과 같이 적정 가치를 찾고 성장성을 분석하며 자신만의 투자 기준을 쌓아가는 것이 불가능하다.

우리가 해야 할 바람직한 투자는 무엇일까? 미래의 패러다임을 바꿀 저평가된 우량자산을 사 모으고 장기 보유함으로써 그 기업과 함께 커가는 것이다. 그리고 그 기업이 성장하고 적정 가치를 찾아가기를 기다리는 것이다. 이런 관점에서 봤을 때 암호화폐는 바람직한 투자처가 아니다. 잠재적 가치는 있을 수 있지만 본질적인 가치를 따지기 어렵고, 장기 보유함으로써 자산 가치를 증식시키는 개념의 투자도 아니다. 서울 아파트나 우량주처럼 오래 묻어두는 가치투자의 개념이 아니라 싸게 사서 비싸게 파는, 매매 자체에 특화된 투자처라는 얘기다.

비트코인으로 수익을 번 사람도 있지만 그 이면에는 수십억을 잃은 사람, 전 재산을 날리고 가정이 파탄 난 사람, 극단적 선택을 한 사람도 있다. 이를 볼 때 기술적 측면의 중요성을 떠나 암호화폐가 과연 투자처로서 바람직한 대상인지 의문이 든다.

단기적 큰 거품에는 항상 큰 피해가 뒤따른다. 튤립 버블, IT 버블, 2017년 비트코인 광풍 등을 기억하고 지금 내가 하는 것이 투자인지 투기인지 잘 생각해볼 필요가 있다.

물론 암호화폐의 기반인 블록체인 기술에 관심을 가지고 공부해본 다든가, 이 기술을 선도하는 세계적인 기업에 투자해보는 것은 좋다. 또 어떤 투자처이고 어떤 시장인지 경험해보기 위해 없는 셈 치고 소액으로 투자해보는 것도 상관없다. 하지만 암호화폐의 비중이 커지고 단기에 큰 변동성과 투기적 수익을 맛보다 보면, 자기도 모르는 사이에 계속해서 대박만 좇게 된다. 본의 아니게 자신의 투자 성향이 투기적으로 변질될 수 있다는 뜻이다. 투자는 평생 하는 것이다. 단기적인 큰 수익이 아니라, 올바른 가치관을 가지고 평생에 걸쳐 꾸준한 수익을 내는 것이 목표가 되어야 한다.

안전자산

안전자산은 실질적인 의미로 경기방어 자산을 말한다. 우리는 보통 대부분의 포트폴리오를 위험자산인 주식과 부동산에 투자한다. 두 자산 모두 경기가 호황일 때 가치가 상승하고, 경기가 불황일 때 가치가 하락한다.

하지만 경기는 호황만 지속되지 않는다. 호황과 불황을 오가며 순환한다. 모든 돈을 주식·부동산 같은 위험자산에만 투자했다면, 경제 위기와 같은 불황이 왔을 때 자산이 반 토막 날 수도 있다(실제 IMF, 글로벌 금융위기 때를 생각해보자). 경기가 불황일 때는 안전자산이 빛을 발한다. 특히 대표적 안전자산인 달러는 불황에 가치가 올라가는 특성이 있다.

달러는 세계 최대의 강대국 미국의 화폐다. 부도 가능성이 가장 작은 초강대국의 화폐이기 때문에 안정성과 영향력이 높아 기축통화로 사용된다. 그래서 경기가 좋지 않거나 국제정세가 불안정한 시기에는 모두가 달러를 찾게 되고, 달러 가격이 올라간다.

그리고 금은 최초의 화폐, 즉 금본위제하에서 종이화폐의 근간이었으며 화폐의 원조 격인 금속이다. 가장 원시적인 형태의 돈이자 최후의 보험과 같은 존재다. 국제정세가 불안하거나 전쟁이 난다거나 하면 금의 가치는 크게 뛴다. 달러마저 몰락하는 순간, 그때는 바로 금이다. 하지만 실질적으로 금은 종이화폐(달러)의 반대 개념으로, 종이화폐의 증가에 따른 인플레이션(화폐 가치 하락)과 반대로 움직인다. 즉 달러가 늘어나 그 가치가 하락할수록 금의 가치가 상승하는 특성이 있다.

공교롭게도 달러와 금 두 가지 모두 안전자산이면서 서로 반대 방향에 있는 자산이기 때문에, 금과 달러는 서로 경쟁 관계에 있기도 하다. 무조건은 아니지만 보통 달러가 오르면 금이 떨어지고 금이 오르면 달러가 떨어지는 경향이 있다.

그럼 이 안전자산을 왜 알아야 하고 왜 보유해야 할까? 안전자산은 경기 불황이 올 때 가치가 상승하기 때문에, 일정 비중의 안전자산을 보유한다면 위기 시 폭락하는 주식과 부동산의 가치 하락을 어느 정도 상쇄해줄 수 있다. 반드시 안전자산을 이해할 뿐 아니라 투자 포트폴리오에도 넣어두어야 한다. 예전에는 복잡하고 어렵다는 이유로 달러와 금을 공부하지 않았지만, 지금은 다르다. 안전자산에 대한 이해가 부의 크기를 좌우할 수 있다는 것을 기억하자.

달러

달러는 초강대국인 미국의 화폐이자 세계의 기축통화다. 투자 대상으로서 달러는 두 가지 의미를 가진다. 앞서 설명한 안전자산으로서의 역할과 미국 주식을 살 수 있는 도구로서의 역할이다. 하지만 사람들이 달러에 투자할 때는 보통 환율이 낮을 때 사서 높을 때 파는 '환테크' 개념으로 생각한다. 예컨대 원/달러 환율이 1,000원일 때 사서 1,200원일 때 팔면 200원, 즉 20% 수익을 낸다는 개념이다.

하지만 개인이 환테크로 수익 낼 가능성은 매우 작다. 전문가들도 예측이 어려운 환율을 개인 투자자가 예측하고 투자한다는 것 자체가 쉽지 않은 일이다. 게다가 우리 돈 원화를 달러로 바꿀 때, 그리고 달러를 다시 원화로 바꿀 때의 수수료가 높기 때문에 환율이 웬만큼 오르지 않고서는 수익을 내기 힘들다. 달러는 환테크가 아니라 안전자산이자 미국 주식에 투자한다는 개념으로 이해해야 한다.

환율이란 뭘까?

예컨대 우리나라 원과 미국의 달러를 교환하는 비율, 즉 교환 비율을 줄여 환율이라고 한다(이 책에서 환율은 우리나라 원화와 미국 달러의 관계, 즉 원/달러 환율을 말한다). 즉, 1달러 지폐를 살 때 필요한 우리나라 원화의 가격을 말한다. 2021년 상반기 현재 원/달러 환율은 약 1,100원으로, 우리 돈 1,100원이 있어야 미국 1달러와 교환할 수 있다.

환율에 대해 깊이 들어가자면 끝이 없고 오히려 흥미를 잃을 수도 있기 때문에 처음에는 쉽게 접근하는 것이 좋다. 어렵게 생각하지 말고 〈그림 5-12〉를 보자.

환율을 쉽게 이해할 수 있도록 만든 온도계인데, 여기서 나타나는 온도가 바로 환율이다. 수은주가 채워진 부분이 미국 달러, 남은 흰색 공간이 우리나라 원화다. 환율(온도)이 상승한다는 것은 달러 가치(수은주)가 상승하고 원화 가치(빈 공간)는 하락하는 것이다. 반대로 환율(온도)이 하락한다는 것은 달러 가치(수은주)가 하락하고 그만큼 원화 가치(빈 공간)는 상승하는 것이다. 환율 이야기가 나올 때 이 온도계를 떠올

그림 5-12 **환율 온도계**

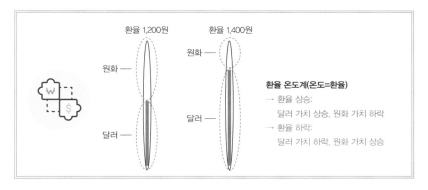

리면 쉽게 이해할 수 있을 것이다('달러 가치=달러인덱스=수은주'로 이해하면
쉽다).

환율은 왜 오를까?

자본주의 시장에서 자산 가격의 상승과 하락을 가져오는 주요 원인은
수요와 공급이다. 환율도 마찬가지다. 환율이 오른다는 것은 달러 가치
가 상승하고 원화 가치가 하락한다는 것이다. 사람들은 좋은 것을 사고
나쁜 것을 판다. 그러면 사람들이 사는 좋은 것의 가치가 올라간다. 이
것이 가장 기본적인 수요와 공급의 원리다.

국제정세가 불안해 안전자산 선호 심리가 생기면 사람들은 달러를
산다. 즉 달러 가치는 상승하고 자연히 원화 가치는 하락한다(환율 상
승). 국제정세가 불안하거나 세계 경기가 좋지 않을 때처럼 달러 가격
이 올라가도 환율은 상승하고, 달러의 요인이 아닌 우리나라 경기나
상황 등의 이유로 원화의 가치가 하락해도 환율은 올라간다.

그림 5-13 **위기 시의 환율 움직임**

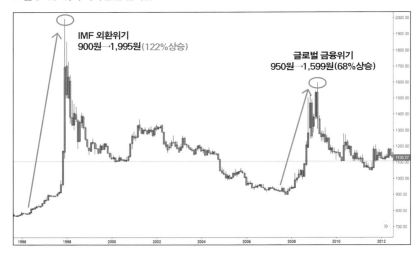

〈그림 5-13〉을 보면, 1997년 우리나라의 IMF, 2008년 글로벌 금융위기 때 환율이 급등했음을 알 수 있다. IMF처럼 우리나라만 안 좋아도 환율은 오르고(원화 요인), 글로벌 금융위기처럼 전 세계가 안 좋아도(달러 요인) 환율이 오른다. 이후 미·중 무역전쟁, 코로나19 사태 등으로 국제정세가 불안해지자 환율이 급등한 사례도 있다.

또 환율은 화폐의 양과도 밀접한 관계가 있다. 미국은 2008년 글로벌 금융위기를 기점으로 위기 시마다 양적완화를 통해 달러를 풀었다. 이렇게 달러의 양이 많아지면 달러 가치가 하락해 환율이 떨어진다.

그 밖에도 달러 환율은 금리, 유로화 등 타 통화와의 관계, 금 가격과의 관계, 자국 수출 경기, 중국 위안화의 움직임 등 수많은 요인에 의해 결정되지만 일단 이런 개념이 있다는 것만 정리해두고 차근차근 공부해나가자.

환율이 오르면 어떤 일이 생기나?

'환율이 오른다'는 의미는 '달러로 바꾸는 데 더 많은 돈이 든다'는 것이다. 해외여행에서 달러를 써야 한다면, 해외여행이 어려워진다. 원화를 바꿀 때 환율이 1,100원일 때보다 1,200원일 때 1달러로 바꾸려면 100원이 더 필요하기 때문이다. 환율이 오를수록 바꿀 수 있는 달러의 양이 적어지는 것이다. 마찬가지로 해외 유학생의 부모님도 허리가 휜다. 원화를 달러로 바꿔 생활비, 학비 등을 송금해야 하는데 환율이 오를수록 자식에게 보낼 수 있는 달러가 적어지기 때문이다.

우리나라 입장에서 볼 때 환율이 오를수록 수출이 잘된다. 똑같은 볼펜 하나를 미국에 팔더라도 볼펜을 받고 받은 1달러를 원화로 바꾸면 환율이 1,000원일 때보다 1,200원일 때 가만히 앉아서 200원을 더 남길 수 있어 가격경쟁력이 생기기 때문이다. 반대로 수입은 불리해진다. 같은 1달러짜리 원자재를 사 오더라도 환율이 오르면 더 많은 원화를 지불해야 하기 때문이다. 그리고 달러부채를 가진 기업들은 환율이 오르면 원화로 갚아야 할 돈이 많아진다. 따라서 환율은 무작정 높거나 낮다고 좋은 것이 아니고, 시장 상황에 따라 적정한 수준을 유지하는 것이 좋다.

투자 측면에서 환율은 국내 증시에 어떤 영향을 줄까? 국내 증시는 외국인의 비중이 높다. 외국인들은 보유한 달러를 팔아 원화를 산 다음, 그 원화로 국내 주식을 산다. 즉 환율에 따른 환차익·환차손이 그들의 수익률에 큰 영향을 주기 때문에 환율은 외국인의 유입·이탈에 영향을 주며, 이것은 다시 국내 주가에 영향을 준다.

〈그림 5-14〉를 보자. 환율이 상승하면 국내에 달러를 팔고 들어온

그림 5-14 **환율과 국내 증시의 관계**

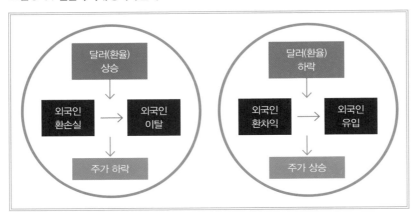

외국인들이 원화를 다시 달러로 바꿀 때 환손실이 발생한다. 환율이 상승할수록 환손실이 커지기 때문에 외국인들은 환율 상승 추세에서는 주식을 팔고 원화를 달러로 바꿔 본국으로 떠난다. 반대로 환율이 하락 추세라면 외국인들은 가만히 앉아서 환차익을 보기 때문에 외국인 자금이 국내 증시로 더욱 유입된다. 즉, '환율 상승 추세에서는 외국인 이탈로 주가 하락, 환율 하락 추세에서는 외국인 유입으로 주가 상승'이라는 공식이 만들어진다. 물론 무조건적인 것은 아니며, 수출 증가·감소 효과에 따라 이와 반대의 움직임이 나타나기도 한다.

만약 미국 주식을 보유하고 있는 경우라면? 경제위기나 경기 하락기가 왔다고 가정해보자. 주식은 폭락하고 달러 가치는 상승할 것이다. 하지만 그 주식을 달러로 사지 않았는가. 만약 그 미국 주식이 하락하더라도 달러 가치의 상승으로 최종적인 손실폭은 줄어든다. 예를 들어 주가가 30% 하락했지만 원/달러 환율이 15% 올랐다면, 그 주식을 팔고 달러를 다시 원화로 바꿀 때 환차익 15%가 발생한다. 그러면 손실은 최종적으로 15%가 된다(이익·손실률은 예시이며 상황에 따라 달라진다). 미국 주식을 보유했을 때의 이런 효과도 있기 때문에 무조건 달러만 보유하는 것보다 미국 주식에 적절히 투자하는 것이 좋다.

달러는 수비수다

투자를 축구에 비유하자면 주식과 부동산은 공격수, 달러는 수비수의 역할이다. 즉, 달러는 환차익을 노리고 단기로 투자하는 공격적인 투자처가 아니라는 뜻이다. 달러투자는 경기 하락기가 오거나 국제정세가 불안해 내 공격형 자산들이 힘을 잃을 때, 안전자산으로서 가격이 상승하며 내 자산 가격 하락을 방어해주는 역할을 한다.

그런데 달러를 공격수처럼 활용하는 사람들이 있다. 경제위기가 올 것으로 예상하고 모든 자산을 달러로 바꾼 사람들도 많았다. 고점에서 전 재산을 달러로 바꾼 이들은 세계적인 양적완화로 달러 가치가 하락하자 큰 환손실을 봤다. 수비수 중에서도 골키퍼인 달러를 공격수처럼 잘못 운용한 것이다. 안전자산은 위기를 대비해 적절한 비중을 중장기로 보유하는 것이 좋다. 특히 달러는 위기 시 가격 상승폭이 크기 때문에 적정량을 보유한다면 자산 전체의 손실 수준을 어느 정도 낮춰줄 수 있다.

경기에는 사이클이 있는데, 일반적으로 호황기가 경기 하락이나 침체기보다 훨씬 길다. 경기 침체를 대비하는 달러의 비중이 너무 커지면 투자의 기회비용이 발생할 수도 있으므로, 경기의 흐름에 따라 달러의 비중을 적절히 조절하는 전략이 필요하다(안전자산의 비중 조절에 대해서는 뒤에서 다룬다).

만약 신변이 위협받고 있다면, 비용을 지불하고라도 경호원을 고용해야 한다. 달러가 바로 경호원의 역할을 한다. 달러를 보유했을 때 가치가 하락하는 것을 너무나 싫어하고 두려워하는 사람들이 많은데, 절대 그럴 필요가 없다. 안전자산 개념의 달러 보유로 인한 환손실은 우리의 자산을 지켜주는 대가로 지불하는 비용이라고 생각하면 된다. 위기가 왔을 때 달러는 우리 자산을 훌륭히 지켜줄 것이다.

달러 운용의 핵심은 달러가 저점을 향해 갈수록, 그리고 경기 과열이 심해지고 여기저기서 환호가 들리기 시작할 때, 즉 경기가 호황의 정점을 향해서 가고 있을 때 비중을 늘려가는 것이다. 끝없는 상승장은 없다. 반드시 상승장은 끝나고 하락장이 다시 온다. 경기는 순환한다는 것, 이것이 바로 자본주의의 숙명이다.

달러를 사는 두 가지 방법

달러를 사는 방법에는 여러 가지가 있다. 달러예금, 달러RP, 달러ETF, 달러발행어음, 달러보험 등. 여기서는 그중 가장 효율적이고 대중적인 달러예금과 달러RP만 살펴보겠다.

● **달러예금**(외화예금)

가장 많은 사람이 이용하는 달러 관련 상품이 바로 은행에서 개설하는 달러예금이다. 개설 방법은 원화예금과 동일하고 은행에 가서 달러예금 만들러 왔다고 하면 된다(일부 은행에서는 모바일 개설도 가능하다). 은행별 특판 또는 외환 거래실적 등에 따라, 그리고 시기에 따라 금리가 천차만별이기 때문에 발품을 팔아서 가장 좋은 혜택을 제시하는 은행을 선택하면 된다. 달러예금은 원화예금과 마찬가지로 내 돈을 달러로 바꿔 예치하고 그에 대한 이자를 받는 시스템이기 때문에 발생하는 수익은 '이자수익+환차익'으로 볼 수 있다.

장점은 은행 상품으로 접근성이 좋고, 원리금 5,000만 원까지 예금자보호가 되며, 은행에서 달러 인출이 가능하다는 점이다. 단점은 이자를 주긴 하지만 적다는 것(중도해지 시 더 적어진다), 이자에 대해 15.4%의 세금이 붙는다는 것 정도다. 달러를 보유하고 싶긴 한데, 이것저것 알아보자니 번거롭고 안전하게 보관하고 싶어 하는 분들이 많이 사용하는 방법이다.

- **달러RP**

증권사에서 취급하는 상품이다. RP란 'Repurchase Agreement'의 약자로 환매조건부 채권, 환매채라고도 한다. 증권사에 돈을 맡기면 그 돈으로 채권에 투자하는 방식이며, 우리가 은행에 돈을 맡기면 그 돈으로 은행이 대출해주는 것과 비슷하다고 보면 된다.

장점은 달러예금보다 금리가 높고, 달러예금과 마찬가지로 환차익에 대한 세금이 없다는 것이다. 무엇보다 큰 장점은, 증권사 상품이기 때문에 그 달러를 이용해 바로 미국 주식에 투자할 수 있다는 것이다.

단점은 일단 증권사 상품이기 때문에 은행보다 접근성이 떨어지고, 상품에 대한 이해도가 떨어질 수 있다는 점, 달러예금처럼 예금자보호 대상이 아니라는 점, 달러예금과 같이 이자에 대해 15.4%의 세금이 붙는다는 점이다. 또 증권사 상품이기 때문에 실물 달러가 필요할 때 직접 증권사를 통해 달러를 현금으로 인출하기가 어렵다는 단점도 있다.

이미 언급했듯이, 투자처로서의 달러는 안전자산 개념의 포트폴리오 보유와 미국 주식에 투자한다는 것 두 가지 의미를 가진다. 단지 안전 자산으로서 달러를 보유하는 것도 좋지만, 궁극적으로는 달러를 통해 미국 주식에 투자해야 한다. 미국 우량주식에 중장기 투자를 할 수 있는 발판이 되는 것이 증권사 계좌에 달러를 갖고 있는 것이므로, 달러 예금보다는 달러RP를 통해 달러를 보유하다가 적절한 시기에 미국 주식을 매입하는 것을 목적으로 해야 한다. 예금보다 절차는 복잡하지만, 더 알아보고 공부한 만큼 수익은 늘어난다. 결론은? 달러RP다.

금

금도 달러와 함께 대표적인 안전자산이다. 지금 우리가 사용하는 종이 화폐는 금본위제하에서 금의 가치를 기반으로 한 차용증에서 시작됐다. 그만큼 금은 존재 자체만으로도 높은 가치를 지닌다. 한정된 매장량, 반짝인다는 특성, 시간이 지나도 변하지 않는다는 특성 등 귀중품으로서의 특징을 모두 가진 금속이기 때문이다.

만약 전쟁이 나거나 전 세계가 폐허가 된다면? 인류의 화폐는 금으로부터 다시 시작될 것이다. 따라서 경기나 국제정세가 불안한 시기일수록 금에 대한 선호도는 높아지기 마련이다.

2020년 3월, 코로나19 팬데믹 이후 금 가격이 급락했다. 국제정세가 불안한 상황인데 왜 안전자산인 금 가격이 떨어졌을까? 기업과 개인 모두 현금이 필요했기 때문에 금마저 팔아버린 것이다. 이후 금리 인하와 양적완화 조치로 달러가 하락하자 금 가격이 다시 급등하긴 했지만, 금을 완벽한 안전자산이라고 보기보다는 '인플레이션 헤지 자산+최후의 보루', 즉 마지막 안전자산이라고 보는 것이 좋을 듯하다. 여기서 인플레이션 헤지란 화폐 가치 하락으로 인한 물가 상승 때문에 생긴 자산의 손실을 피하기 위해 현금 대신 주식·부동산·금 등 화폐와 반대로 상승하는 자산을 매입하는 것을 말한다.

달러가 위기 시에 자산 가격 하락을 상쇄해주는 안전자산이라면, 금은 화폐의 증가에 따른 인플레이션을 상쇄해주는 역할을 하며 최악의 상황이 발생할 때 우리를 지켜줄 보험이라고 생각하면 쉬울 것이다.

금 가격은 왜 오를까?

투자처로서 금에는 두 가지 특성이 있다. 안전자산으로서의 특성과 달러 반대성이다. 금은 인플레이션을 헤지해준다. 즉 돈의 양이 증가하면 화폐(달러) 가치는 하락하지만 금은 그와 반대로 상승한다.

또 금과 달러는 같은 안전자산이긴 하지만 서로 대체재 역할도 한다. 애초부터 종이화폐가 금본위제에서 시작됐기 때문이다. 금은 매장량이 한정된 반면 종이화폐인 달러는 미국의 정책에 따라 언제든지 찍어낼 수 있고, 다시 회수할 수도 있다. 그 때문에 시중에 풀린 달러의 양에 따라 달러가 오르면 금 가격이 떨어지고 달러가 떨어지면 금 가격이 오르는 등, 금은 달러와 반대로 움직이는 경향이 있다.

이런 달러 반대성 외에도 금 가격은 수요와 공급, 원자재 가격, 금리 등에도 영향을 받는다. 〈그림 5-15〉를 보면서 굵직한 사건들에 따른 금 가격 변동을 살펴보자.

먼저 2008년 글로벌 금융위기(리먼 사태) 때를 보자. 경제가 무너지자 FED(미국 중앙은행)는 양적완화와 금리 인하를 통해 시중에 엄청난 달러를 공급했다. 달러가 어마어마하게 풀리면서 달러 가치가 폭락했다. 달러 가치가 폭락함에 따라 그 반대성을 가진 금 가격은 천정부지로 치솟았다. 게다가 불안해진 경제 상황 탓에 이 시기부터 안전자산인 금을 확보하려는 신흥국 중앙은행들의 적극적인 금 매입이 시작됐다. 당시 전 세계 금의 30% 이상을 보유했던 유럽 중앙은행이 금을 매도했고, 이를 신흥국에서 쓸어 담았다. 신흥국들이 엄청난 양의 금을 매수하자 급증한 수요에 의해 금 가격은 2011년 말 역사상 최고점인 온스당 1,900달러를 넘었다. 이후 2013년부터 시작된 출구 전략(양적완화로 풀렸던 달러를 회수하는 것)과 점진적 금리 인상으로 금 가격은 다시 하락했다.

그림 5-15 **금 가격의 움직임**

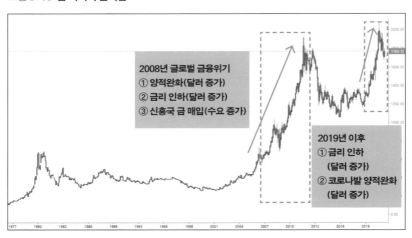

그럼 2019년 이후에 금 가격이 상승한 이유는 무엇일까? 글로벌 금융위기가 해소된 이후 지속적으로 올려왔던 금리와 미·중 무역전쟁 등으로 경기 상황이 좋지 않자 미국은 또다시 금리를 내리기 시작했다. 금리 인하로 달러가 풀리자 금 가격이 상승하기 시작했고, 2020년 코로나바이러스 확산으로 양적완화 조치가 이루어지자 본격적으로 급등해 2020년 8월 역사적 고점인 온스당 2,073달러를 찍었다.

이 사례를 통해 우리는 금 가격을 결정하는 세 가지 주요 요인을 알수 있다. 바로 안전자산 특성, 달러 반대성, 수급이다. 이 중에서도 특히 달러 반대성, 즉 달러 양의 변화가 금 가격 변동의 주원인이다. 그리고 금을 매수하는 주체의 강력한 수급이 있느냐가 금 가격의 상승폭을 결정한다.

현재 전 세계적으로 채굴되지 않은 금 매장량은 7만여 톤으로 추정된다. 연간 약 2,500~3,000톤의 채굴 속도를 고려할 때 20~30년이 지나면 채굴이 끝나게 된다. 이렇게 제한된 금의 채굴량과 지속적으로 늘어나는 화폐의 영향으로 금 가격은 향후 꾸준히 우상향할 가능성이 크다.

하지만 차트에서 볼 수 있듯이, 금은 우상향하더라도 출렁임이 있고 시세 변동 없이 가격을 유지하는 시간이 길 때도 있다. 이 말은 곧 금에 모든 자산을 올인했을 때 기회비용을 치러야 하거나 가격의 출렁임에 지쳐 손절매하게 될 수도 있다는 뜻이다. 주식 등의 자산은 폭등하는데 내가 투자한 금 가격만 지지부진하다면? 금은 이자가 없기 때문에 장기간 가격 횡보 시 상당한 기회비용을 발생시킨다. 게다가 변동성 때문에 금 가격이 하락한다면 그 상황을 버틸 투자자는 많지 않을 것이다. 따라서 금에 투자할 때는 안전자산 특성에 따라 적절한 비중을 편입하는 것이 적합하다.

금 또한 수비수다. 주식이나 부동산 같은 공격적 투자가 아니라 최후의 보험 개념으로, 그리고 인플레이션을 헤지하는 자산 개념으로 적정한 비중을 중장기 보유하는 것이 좋다.

우리나라의 금 가격은?

우리나라 금 가격은 국제 금 가격과 비슷하면서 또 다르다. 왜일까? 환율이라는 변수에 큰 영향을 받기 때문이다. 즉, '국내 금 가격=국제 금 가격×원/달러 환율'로 볼 수 있다.

당연히 국제 금 가격이 상승하면 국내 금 가격도 오른다. 하지만 국제 금 가격이 똑같아도 환율이 오르면 국내 금 가격도 함께 오른다. 국제정세 대비 우리나라의 상황이 더 좋지 않은 것과 같이 달러가 상승할 수 있는 조건이라면, 국내 금 가격은 더욱 치솟을 것이다. 이런 시기라면 금의 기본적 상승에 환율 상승분까지 더해져 국내 금 가격은 더욱 비싸진다.

금, 중장기 투자로 접근하자

최근 국제정세가 불안해지자 금과 달러의 투자에 공격적으로 나선 사람들이 많다. 이 중에는 큰 손해를 입은 사람도 매우 많다. 금의 본질적인 목적을 잊고 변동성을 이용해 투기적인 투자 수단으로 운용했기 때문이다. 손해 본 사람들은 한 시점에 큰 비중의 자산을 금에 '몰빵'한 경우가 대부분이다.

금과 달러는 사는 방법에 따라 차이는 있지만, 매수 관련 비용이 높기 때문에 잦은 매매는 독이 된다. 또 가격을 예측하기 어렵다는 특성도 있다. 안전자산에 투자할 때 가격을 예측한 높은 비중의 단기 투자는 실패할 가능성이 매우 크다.

금에 투자할 때는 되도록 투자 비중을 미리 정해놓고 몇 달에 나누어 분할해서 사 모은 후, 중장기로 길게 보유하는 방법을 추천한다. 그러면 인플레이션에 의한 화폐 가치 하락으로 금 가격의 장기적 우상향 추세에 올라탈 수 있으며, 불안한 정세의 리스크를 줄여주는 안전판 역할을 해줄 것이다.

금은 주식이나 부동산처럼 주요 투자처로 삼기 어렵다. 금은 주식처럼 배당도 없고 부동산처럼 월세도 안 나오며, 예금처럼 이자도 없다는 사실을 기억하기 바란다. 금투자에서는 내 자산을 방어하고 수익률을 높일 수 있도록 비중을 적절히 조절하는 것이 필수다.

금을 사는 두 가지 방법

금은 크게 두 가지로 구분할 수 있다. 실물금과 종이금이다. 실물금은 골드바, 돌반지, 금목걸이 등이고 종이금은 계좌, 증서의 형태로 살 수 있는 금을 말한다. 실물금과 종이금 모두 장단점이 있기 때문에 두 가지를 모두 보유하는 것이 좋다.

시중은행의 골드뱅킹, 증권사의 금펀드, 금ETF, 금 관련 기업에 주식 직접투자 등은 금투자 본연의 특성에서 벗어난 투자이거나 효율성이 떨어지기 때문에 다음 두 가지 방법으로 금을 사기 바란다.

표 5-6 **금에 투자하는 방법**

		KRX 금시장	은행 골드뱅킹	금펀드
거래단위		1g	0.01g	상품별로 상이
가격		공정가격(시장에서 형성되는 실시간 가격)	고시가격(원화로 환산된 국제가격을 고려한 은행 고시 가격)	상품별로 상이
장내 거래	수수료	증권사 온라인 수수료 (0.3% 내외)	통장거래 시: 매매기준율X1% 실물거래 시: 매매기준율X5%	선취수수료 (1~1.5%)
	세금	양도소득세 면제 부가가치세 면제	매매차익에 대한 배당소득세 (15.4%)	매매차익에 대한 배당소득세 (15.4%)
실물 인출	인출 비용	1개당 20,000원 내외	실물거래만 인출 가능 (실물거래수수료 5%에 포함)	실물 인출 불가
	부가가 치세	거래가격의 10%	거래가격의 10%	
금 인출		증권사 지점에서 인출(수령) 가능 (약 2일 소요)	은행 영업점에서 인출(수령) 가능 (약 1주 소요)	

● **종이금**(계좌, 증서 거래)

종이금은 실체가 없는 계좌, 증서 형태의 금을 말한다. 금통장이나 금펀드 등이 모두 종이금 형태라고 볼 수 있다. 결론부터 말하면 종이금은 한국거래소(KRX) 금시장을 이용하는 것이 가장 좋다. 가까운 증권사 또는 비대면으로 한국거래소 금시장 계좌만 개설하면 컴퓨터 HTS, 휴대전화 앱으로 일반 주식처럼 간편하게 매매할 수 있다 (증권사에 전화해서 거래할 수도 있다).

금은 특성상 어둠의 경로로 거래가 많이 되어왔기 때문에 금시장을 양성화하기 위해 2013년부터 수수료 등의 혜택을 주는 한국거래소 금시장이 만들어졌다. 1그램 단위 5만 원 내외로 소액투자도 가능하고, 매매 수수료도 사고팔 때 각각 0.3%로 저렴한 편이다. 우리나라에서 금을 사는 방법 중 가장 저렴하고 공인된 방법이기 때문에 일단 확실하다. 그리고 향후 실물금으로 인출할 수 있다는 장점과 금융소득종합과세에 합산되지 않는다는 세금 혜택도 있다(단, 실물금으로 인출 시 10%의 부가가치세가 붙는다).

단점은, 주식처럼 증권사 앱에서 소액으로 매매되기 때문에 주식 단타 거래를 하듯 매매 중독이 될 가능성도 있다는 점이다. 아무래도 거래가 쉽다는 것은 잦은 매매와 단기 투자를 하게 될 가능성이 크다는 뜻이기도 하다. 계좌를 통한 거래 방법은 가성비가 뛰어나기는 하지만 투기로 변질되지 않도록 주의가 필요하다.

계좌금은 거래 방식이 주식과 비슷하기 때문에 자칫 단기로 접근하다가는 휴대전화를 보면서 금 가격이 오르는지 떨어지는지 계속 확인하게 되고, 계좌에 파란불이 들어오면 '팔아야 하나? 물타기를 해야 하나?' 하면서 불안해진다. 반면 실물금은 가격이 오르나 떨어지나 그냥 보기만 해도 흐뭇하다. 종이금과 실물금 모두 보유하다 보면 실물금이 안전자산 개념으로 보다 오랫동안 가져갈 수 있다는 사실을 알게 될 것이다(마인드 통제가 안 된다면, 계좌금을 사놓은 다음 매매 프로그램 앱을 휴대전화에서 지워버리는 방법도 있다).

● **실물금**(은행, 금은방, 홈쇼핑 등)

많은 종류의 실물금이 있지만 우리가 사야 할 실물금은 한국거래소 금시장에서 사는 골드바다. 실물금 중 비용, 안정성 등의 측면에서 가장 효율적이기 때문이다. 실물금의 장점은 거래가 종이금보다 어렵기 때문에 자연스럽게 장기 투자를 하게 된다는 것이다.

또 전쟁과 같이 정말 심각한 상황, 긴급한 상황이 발생한다면 과연 종이금을 실물로 인출할 수 있을까? 실물금은 그냥 들쳐 메고 뛰면 되기 때문에 안전자산이라는 금 본연의 특성에 가장 가깝다. 또 일단 번쩍이고 무거운 금이 내 눈앞에 있기 때문에 내 자산이 늘어나고 돈이 모이고 있다는 사실을 실감할 수 있다는 것도 큰 장점이다.

하지만 단점도 있다. 가장 큰 단점은 비싸다는 것이다. 금 가격의 10% 부가세가 붙고, 사고팔 때 각각 5%의 수수료가 붙는다. 따라서 실물금은 무조건 한번 사면 끝까지 가져가는 중장기 투자로 접근해야 한다. 실물금을 자주 사고팔았다가는 수수료와 부가세에 자산이 녹아버릴 것이다.

일단 실물금은 부가세와 매매 수수료 때문에 사는 순간 이미 20% 손해를 본다. 그러니 실물금으로 시세차익을 보겠다는 마음보다는 자식에게 물려준다는 심정으로, 전쟁 나면 둘러업고 뛰겠다는 마음으로 길게 가져가야 한다.

또 실물금은 도난의 위험도 있기 때문에 보관에 주의가 필요하다. 그리고 홈쇼핑을 통해 사거나 금은방 등에서 가공된 형태의 금을 사는 것보다 통일된 형태의 골드바로 사는 것이 좋다. 아무래도 유통 단계를 더 거치거나 가공이 한 번이라도 더 되면 비싸질 수밖에 없기 때문이다.

금 포트폴리오, 이렇게 짜라

예를 들어 총자산의 10%만큼 금에 투자한다고 가정했을 때(물론 상황별로 비중은 달라진다) 5%는 종이금, 5%는 실물금으로 보유하면 좋다. 높은 수수료에도 불구하고 실물금을 포트폴리오에 넣는 이유는 반강제적 장기 투자가 가능하기 때문이다. 앞서 봤듯이 금 가격은 장기적으로 엄청나게 큰 폭으로 상승해왔다. 실물금은 웬만해선 팔지 않기 때문에 오히려 종이금보다 더 높은 수익을 가져다줄 수도 있다. 되도록 종이금과 실물금을 함께 보유하는 것을 추천한다.

금투자 방법

① 한국거래소 금시장에서 종이금 10%를 산다.
　한 번에 사지 말고 분할매수한다.
② 내가 산 가격에서 금 가격이 좀 올랐을 때 5%를 실물금으로 인출한다.
　시세차익으로 실물금 인출 수수료를 충당하는 것이다.
③ 금 가격 상승, 경기 상황에 따라 운용한다.
　5% 종이금은 금 가격 상승이나 경기 상황에 따라 일부 매매해서 시세차익을 거둬도 된다. 단, 5%의 실물금은 절대 팔지 않고 끝까지 보유한다.

금은 달러와 마찬가지로 포트폴리오에 반드시 포함시키는 것이 좋고, 경기 상황 등에 따라 비중을 적절히 조절하면 된다. 위기로 인한 인플레이션이 예상되거나 진행 중일 때 금의 비중을 늘리고 반대 상황일 때 줄이는 등 상황에 따라 유동적으로 운용하면 좋다.

○ 꿀팁 3 ○

돈 벌어주는 아파트는 따로 있다

부동산에 투자한다고 할 때 가장 쉽게 접하는 대상이 바로 아파트다. 누구나 아파트에 살고 싶어 하기 때문에 더 좋은 아파트에 대한 수요는 끝이 없다. 투자뿐 아니라 주거 목적으로도 꼭 필요하기에 가격이 오르는 아파트를 잘만 고른다면 손쉽게 투자수익도 얻을 수 있다. 기왕 살 거라면 가격이 오를 아파트를 고르자. 다음 체크리스트 아홉 가지를 기억하자.

① 일자리

일자리가 있는 곳은 계속 오른다(강남, 여의도, 마곡, 상암, 판교 등). 주거·상권·개발은 일자리를 중심으로 생기고, 자체적으로 일자리를 품지 못했다면 일자리까지의 교통이라도 좋아야 한다.

② 교통

부동산에서 가장 중요한 것 중 하나가 바로 교통이다. 교통이 좋다면 일자리와 가깝게 살지는 못해도 비슷한 효과를 볼 수 있다. 또 우리나라 집값은 서울, 특히 강남 접근성을 기준으로 매겨지기 때문에 서울 아파트를 살 수 없다면 역세권이나 버스환승센터, KTX·SRT 등의 노선에 가까운 곳이 좋다. 특히 앞으로 생길 지하철역 등의 교통 호재에 따라 미리 투자해놓는다면 틀림없다. 새로 생길 GTX 라인, 신안산

선, 신분당선 라인을 눈여겨보기 바란다.

③ 학군

서울 3대 학군인 대치동, 목동, 중계동은 하방경직성이 강하다. 즉, 집값 하락기에도 많이 떨어지지 않는다는 뜻이다. 왜일까? 수요가 꾸준하기 때문이다. 학군이 좋은 곳은 교통이나 인프라가 약해도 가격이 상승한다. 서울이 아닌 지방에도 학원가, 초품아(초등학교를 품은 아파트) 등 학세권은 있다. 학세권에 투자한다면 일자리, 교통 등이 약하더라도 평균 이상의 선택이 될 수 있다. 우리나라의 교육 체계가 바뀌지 않는 한 학군 선호 현상은 계속될 것이다.

④ 신도시

신도시는 대량의 공급이 일시에 이루어지기 때문에 초반에 공략한다면 반드시 기회가 있다. 또 신도시는 처음이 가장 싸다. 시간이 갈수록 인프라, 교통, 인구, 상권 등 모든 것이 좋아지기 때문이다. 경험상 1, 2기 신도시 모두 그랬고 3기 신도시 역시 그럴 것이다. 신축 프리미엄, 쾌적성, 정책지원 등으로 신도시 공략은 가장 좋은 선택이 될 것이다.

⑤ 인구가 늘어나는 지역

왜 인구가 늘어날까? 살고 싶은 지역, 즉 실거주 가치가 높은 지역이기 때문이다. 일자리, 관공서, 학군, 개발, 교통 등 호재가 진행되는 곳에는 반드시 사람이 모이고 반드시 가격이 오른다. 실제 세종시와 같이 인구가 급격히 증가하는 곳의 집값은 한순간에 크게 턴어라운드했다. 사람이 가치이며, 사람이 모이는 곳에 가치가 모인다.

⑥ 신축 아파트

아파트 투자의 최근 트렌드는 신축 선호다. 수도권 요지에 새로 아파트를 지을 땅은 점점 줄어들고, 신축 아파트는 귀해지다 보니 신축에 대한 선호도가 높아지고 있다. 입주 5년 이내 신축이 상승 시에 더 오르고 하락 시에도 덜 떨어진다. 주거 편의성과 쾌적성, 환금성에서도 유리한 것은 물론이다.

⑦ 대단지, 브랜드 아파트

아파트를 고를 때는 1,000세대 이상 대단지 아파트를 고르는 것이 좋다. 거기에 브랜드까지 있는 가장 좋은 아파트가 '대장 아파트'로 불리며 해당 지역의 시세를 리드한다. 이처럼 규모와 브랜드를 갖춘 아파트는 그렇지 않은 아파트보다 오를 때 더 오르고, 떨어질 때 덜 떨어진다. 이런 아파트가 주거, 환금성, 대출 용이성 등 모든 면에서 유리하다는 것을 기억하자.

⑧ 로열동·로열층

로열동·로열층(RR)은 가장 좋은 동의 가장 좋은 층을 말한다. 보통 로열동을 결정하는 1순위는 조망과 향, 2순위는 지하철·버스·출입구까지의 거리, 3순위는 도로(소음)로부터의 거리다. 로열층은 전체 층수의 3분의 2 정도 되는 층이다. 그럼 다음 그림에서 로열동은 어디일까?

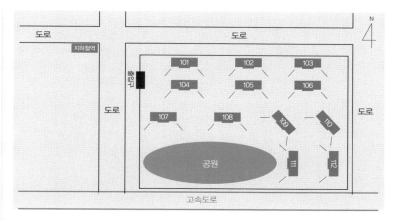

〈로열동은 어디일까?〉

앞서 말한 우선순위를 기준으로 찾아보자. 정답은 108동·109동인데, 이유는 다음과 같다. 공원 조망이 가능하고 남향·남서향이면서, 도로와의 거리도 있고 출입구까지 비교적 가깝기 때문이다. RR이라고도 하는 로열동·로열층은 살기도 좋고 팔리기도 잘 팔린다. 시간이 지날수록 RR과 그렇지 않은 곳의 차이가 줄어드는 경향이 있긴 하지만, 입주 초기일수록 RR 선호 현상이 더 심하게 나타나므로 더 좋은 가격을 받을 수 있다. 실거주 시의 쾌적성은 덤이다.

⑨ 기타

- 주차 편의성: 삶의 질과 직결되는 매우 중요한 부분이다. 주차난은 없는지 직접 확인하자.
- 용적률: 투자 목적으로 오래된 구축 아파트를 살 때는 용적률(대지 면적 대비 위로 지을 수 있는 비율)이 낮은 아파트가 좋다. 그래야 나중에 재건축을 할 때 사업성이 잘 나와 투자 가치가 높기 때문이다

(단 신축 아파트라면 용적률은 큰 의미가 없다).

- 면적: 30평형대가 선호도가 높고 가격 효율성도 높다. 매매도 잘 된다.
- 그 외: 동 간 거리, 구조, 인근 혐오시설, 서비스 공간 등 여러 가지 체크 사항이 있지만 앞서 제시한 사항만 잘 체크해도 좋은 아파트를 구할 수 있다.

💎 붕어빵엔 붕어, 투자엔 포트폴리오

포트폴리오란?

투자에서 포트폴리오란 투자한 자산들의 묶음을 말한다. 자산을 하나의 투자처에 올인하지 않고 예금·적금, 주식, 부동산, 채권 등으로 배분한 것인데 펀드를 생각해보면 쉽다. 하나의 펀드에 여러 종목의 주식과 채권 등을 담는 분산투자를 통해 안정성과 효율성을 높이는 것처럼, 자신의 자산을 여러 투자처로 분산하는 것이다.

살다 보면 해도 뜨고 비도 온다. 당신이 장사를 한다면, 해 뜨는 날 짚신만 팔거나 비 오는 날 우산만 팔겠는가? 둘 다 파는 게 좋지 않겠는가? 해가 뜨든 비가 오든 상관없이 꾸준한 수익을 올리기 위한 투자 바구니가 바로 포트폴리오다. 예를 들어 〈표 5-7〉과 같이 자산별 비중을 정하고 분산해서 투자하는 개념이다.

표 5-7 **포트폴리오 예시**

투자자산	금액	비중	비고
부동산	1억 6,000만 원	45%	대출 별도
주식	8,000만 원	25%	개별 종목, ETF
달러	3,200만 원	10%	미국 주식 매수 가능
현금	3,200만 원	15%	CMA 통장, 청약저축, 현금
금	1,600만 원	5%	종이금+실물금
합계	3억 2,000만 원	100%	

이는 단순 예시이고 포트폴리오, 특히 안전자산과 현금 비중은 각자의 상황과 경기 상황에 맞춰야 한다. 성향에 따라 포트폴리오에 무엇을 넣느냐가 달라진다. 위기에 대비하기 위해 현금과 안전자산을 늘릴 것이냐, 수익을 극대화하기 위해 주식과 부동산 같은 위험자산 비중을 늘릴 것이냐가 우리 자산의 운명을 결정한다. 위험자산과 안전자산의 비중 조절과 시기에 따른 포트폴리오 조절은 평생 투자를 해나가는 과정에서 끊임없이 고민해야 하는 가장 중요한 숙제다.

포트폴리오가 필요한 이유

본격적으로 재테크를 진행하는 단계에서 가장 중요한 것 중 하나가 바로 포트폴리오다. 즉 한 자산에 내 모든 돈을 넣는 것이 아니라, 위험이 분산될 수 있도록 현명하게 나누는 분산투자다. 투자에 앞서 포트폴리오를 고민하고 계획하는 것은 굉장히 중요하다.

〈그림 5-16〉을 보자. 이처럼 급변하는 시장에서 포트폴리오 없이 공

그림 5-16 **코스피 차트로 확인되는 높은 변동성**

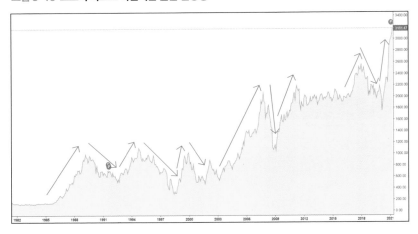

격적 투자만으로 살아남을 수 있을까? 자산 가격의 상승과 하락은 반복되며 필연적이다. 그리고 이 상승과 하락을 예측하는 것은 절대 쉬운 일이 아니다. 수십억, 수백억의 자산가들이 경제위기나 코로나19 팬데믹을 겪으면서 시장에서 조용히 사라졌다. 왜일까? 포트폴리오 없이 전 재산을 주식에만 올인하고 레버리지를 이용해 공격적인 투자를 했기 때문이다.

따라서 자산 가격의 상승이나 하락을 예측하고 공격적 투자로 일관할 것이 아니라 각 상황에서 어떻게 대응할 것이냐를 고민해야 한다. 또 어떤 시장 상황에서도 꾸준한 수익을 낼 수 있는 포트폴리오를 만드는 능력을 키워야 한다. 그것이 재테크의 성과를 결정하는 매우 중요한 요소이기 때문이다. 시장은 예측할 수 없기 때문에 대응해야 한다. 이를 가능하게 만드는 것이 바로 포트폴리오다.

포트폴리오의 특성

포트폴리오의 기본적인 특성은 이렇다. 포트폴리오에 포함된 자산, 즉 투자처의 수와 종류가 많아질수록 수익률은 낮아지고 안정성이 높아지는 효과가 있다. 반면 단일 종목에 올인할 경우 수익률이 더 높아질 가능성은 있지만 안정성이 떨어진다. 그 투자처가 잘못됐을 경우 자산이 반 토막 나거나 전부 날아갈 가능성도 있다. 다만, 지나치게 적은 금액으로 나누어 너무 다양한 자산을 편입하면 효율성도 떨어지고 규모의 경제(한 투자처에 많은 돈을 넣었을 때 효율성이 높아지는 것)도 이룰 수 없다. 관리의 효율성도 떨어진다. 여기저기 흩어져 있는 돈을 모아 자신이 잘 알고, 관리할 수 있는 적당한 수의 투자처로 포트폴리오를 구성하는 것이 효율적이다.

예를 들어 자산이 300만 원인데 이를 10개의 종목에 분산투자하는 것이 효율적일까? 굴리는 돈의 규모가 작을 때는 1~2개의 종목과 현금 정도로 포트폴리오를 구성하는 것이 효율적이다. 이후 자산 규모가 어느 정도 만들어졌을 때 다양한 자산으로 포트폴리오를 구성하면 된다.

또 예를 들어 직장인이 10~20개의 주식 종목을 굴리며 단타를 한다면, 이것이 과연 현명한 포트폴리오일까? 또 자영업을 하며 시간이 부족한 사람이 경매, 재건축, 상가, 주식, 펀드, 비트코인 등 수많은 자산을 동시에 잘 굴릴 수 있을까?

결국 투자는 자신이 잘 아는 곳에 집중하고, 자신의 그릇만큼 수익을 내는 과정이다. 경험과 공부를 쌓아나가고, 그릇을 늘려가는 과정에서 돈이 늘어나는 것이다. 그러므로 자신의 상황에 맞는 적절한 포트폴리오를 보유하는 것이 매우 중요하다.

위기를 기회로 만드는 포트폴리오

포트폴리오는 시장위험을 줄이는 데 큰 역할을 한다. 어떤 사람은 시장이 폭락할 것이 두려워 아예 자산에 투자하지 않고 현금만 보유하기도 한다. 경기 사이클에서 호황은 불황보다 길다. 짧은 불황을 걱정해 아예 투자를 하지 않는 것은 자산 가격 상승에서 소외되는 매우 좋지 않은 방법이다. 불황은 투자를 하지 않음으로써 방어하는 것이 아니라, 투자는 하되 안전자산과 현금성 자산의 비중을 조절함으로써 대비하는 것이다.

시장이 호황일 때 수익이 발생하는 자산과 불황일 때 수익이 발생하는 자산을 하나의 포트폴리오에 담으면 시장위험을 줄일 수 있다. 포트폴리오를 주식, 부동산과 같이 호황일 때 수익이 나는 자산으로만 구성하면 불황이 왔을 때 자산이 반 토막 날 것이다. 금, 달러, 현금 등이 그런 시장위험을 줄여줄 수 있는 대표적 안전자산이다.

경기에는 사이클이 존재한다. 호황이 있으면 불황이 오고, 불황이 지나가면 다시 호황이 온다. 우리나라에서는 10여 년 주기로 경제위기에 준하는 이슈가 발생했고, 그 위기는 길어도 4~5년이면 극복됐다. 즉, 불황보다 호황이 길다는 이야기다.

경기 변동, 특히 불황에 대비한 포트폴리오 없이 공격적으로만 하는 투자자는 불황이 닥쳤을 때 큰 손실을 볼 수밖에 없다. 반면 안전자산, 현금과 같은 포트폴리오를 가진 투자자는 불황이 오더라도 자산을 지킬 수 있다. 거기에 더해, 헐값이 된 자산을 살 기회도 갖게 된다. 안전자산과 현금을 통해 불황에 대비한 사람은 위기가 끝난 뒤 남들보다 훨씬 큰 자산을 일굴 수 있다.

포트폴리오는 각자의 성향, 지식, 적성 등에 따라 스스로 결정해 최적화해야 한다. 그러기 위해서는 각 자산의 특성을 알아야 하고 경기 변화에 따른 자산의 가격 변화도 이해할 수 있어야 한다.

많은 사람이 투자에 실패하는 가장 큰 이유 중 하나는 투자를 단기적으로 접근하기 때문이다. 대부분이 욕심을 내고 일확천금을 노리다가 실패한다. 몇 번 강조했듯이, 투자는 평생 하는 것이다. 본격적인 투자를 30세부터 한다고 했을 때 최소 50년 이상은 투자를 하게 된다. 생각보다 굉장히 긴 시간이다. 이렇게 긴 시간 동안 얼마나 많은 투자 판단을 할 것이며, 얼마나 많은 자산을 사고팔게 될까?

기나긴 재테크 인생에서 중요한 것은 수익률이 아닌 안정성이다. 안정적인 투자 판단이 반복되다 보면 자산은 어느새 급격히 불어나 있을 것이다. 투자에 이런 안정성을 부여해주는 것이 바로 포트폴리오다.

포트폴리오, 어떻게 짜야 할까?

이상적인 포트폴리오는?

누구에게나 해당하는 가장 이상적인 포트폴리오가 있을까? 정답은 '아니요'다. 이상적인 포트폴리오는 사람마다 시기마다 다르다. 소득과 지출 현황, 투자 성향, 지식, 나이 등이 저마다 다르기 때문이다. 이런 특성과 경기 상황에 따라 모든 사람의 포트폴리오는 달라질 수밖에 없다.

하지만 일반 직장인을 기준으로 봤을 때 '매달 일정 금액은 우량주(또는 ETF)에 적립식 장기 투자, 모아놓은 목돈은 부동산이나 주식에 운용, 일정 비중의 현금, 안전자산 보유'가 경험상 가장 심플하고 효율적인 포트폴리오다. 주식과 부동산 중 어느 쪽에 비중을 크게 둘 것이냐, 세부적으로 어떻게 굴릴 것이냐, 현금과 안전자산의 비중을 어느 정도로 잡을 것이냐는 각자의 상황에 맞게 결정해야 한다.

포트폴리오는 심플하게

포트폴리오에 반드시 포함해야 할 자산

- **위험자산(주식, 부동산)** 돈을 버는 공격수
- **안전자산(달러, 금)** 위기를 기회로
- **현금** 주력 투자용 예금은 No
- **보험** 꼭 필요한 것만
- **청약저축** 선택이 아닌 필수

우리는 전업 투자자가 아니므로 포트폴리오는 최대한 심플하게 구성하는 것이 좋다. 가장 직관적이고 심플한 것이 가장 효율적인 포트폴리오라고 할 수 있다. 심플하게 가장 효과적인 포트폴리오를 구성할 수 있으려면, 먼저 각 자산의 특성을 알아야 한다. 그래야 주식, ETF, 부동산 같은 위험자산과 현금, 예금, 채권, 금, 달러 같은 안전자산에 자금을 적절히 분산하고 시기에 따라 비중을 조절할 수 있다.

또 주식의 경우 너무 많은 종목이 포트폴리오에 들어 있는 것은 좋지 않다. 주식투자를 할 때는 해당 기업이 속한 산업의 현황이나 실적 추이에 대해서도 공부해야 하고 주가의 움직임도 계속 지켜봐야 한다. 그런데 하루 대부분을 본업에 충실해야 하는 직장인, 자영업자가 여러 종목을 동시에 관리하기란 현실적으로 어렵다. 업무도 놓치고 투자도 놓치는 경우가 대부분이다.

직장인이라면 심플하게 미래의 패러다임을 바꿀 몇 개의 우량주와 성장주(또는 ETF)를 골라 꾸준히 장기 납입하고 시간이 날 때 다른 중단기 투자를 병행하는 것이 좋다. 우량주식 또는 ETF에 대한 장기 투자는 안정성과 수익률 두 마리 토끼를 모두 잡는 방법이다. 우리나라의 삼성전자, 미국의 애플·아마존·구글·테슬라 등 우량 성장주들의 장기 수익률을 보라. 단기 투자로는 얻을 수 없는 어마어마한 수익률이다. 우량주식에 대한 장기 투자를 통해 복리의 효과를 누리는 것이 직업을 가진 개인 투자자에겐 가장 확실하고 효율적인 투자다.

서로 다른 성질에 배분하라

반대되는 성질의 자산이 많을수록 수익률은 낮아지지만 안정성이 커진다. 위험자산 비중이 커질수록 호황기에 수익률이 높아지지만, 불황이 찾아왔을 때는 큰 손실을 보게 된다. 반대로 안전자산만 있다면 호황기에 수익을 낼 수 없고 기회비용이 발생한다. 따라서 상황과 시기에 따라 위험자산과 안전자산의 비중을 얼마나 적절히 조절할 수 있느냐가 핵심이다.

만약 보유한 주식이 모두 한 업종 또는 한 테마에 몰려 있다면? 예를 들어 같은 전기차 섹터의 회사 여러 군데에 투자한다면, 그것은 자산배분이 아니다. 기업 실적에 따라 등락률은 다르겠지만 대부분 같은 방향으로 움직일 것이기 때문이다. 서로 다른 업종에 배분하고, 성장주와 배당주로 배분하고, 우량주와 고위험주로 배분하고, ETF와 개별 주식으로 배분하고, 경기민감주와 경기방어주로 배분하는 등 서로 다른 성질로 포트폴리오를 짜는 것이 리스크를 줄이는 방법이다.

부동산도 마찬가지다. 나름대로 포트폴리오를 구성한다고 서로 다른 지역의 상가 여러 채를 산다면? 지역 차이는 있을지 몰라도 상업용 건물로서의 리스크는 동일하다. 주거용과 상업용으로 배분하고, 시세차익형과 수익형으로 배분하고, 서로 다른 지역으로 배분함으로써 리스크를 줄이는 것이 의미 있는 포트폴리오를 만드는 방법이다.

시간과 노력을 배분하라

투입할 수 있는 시간과 노력을 배분해야 한다. 주식이 주력인 경우 부동산은 똘똘한 내 집 한 채 갈아타기만 함으로써 부동산투자에 들어가는 시간을 줄인다. 또 부동산이 주력인 경우 주식은 우량주와 ETF에 적립식 장기 투자를 하는 방법으로 주식에 들어가는 시간과 노력을 줄이고 남는 시간을 부동산 공부와 투자에 집중하는 식이다. 즉, 한쪽을 테크니컬하게 운용한다면 다른 한쪽은 쉽고 안정적으로 운용한다. 모든 것을 잘할 수 있는 사람은 없다. 따라서 집중할 주종목이 반드시 필요하고, 한 가지에 선택과 집중을 해야만 시간이 지날수록 내공과 성과가 쌓인다.

시기에 맞는 자산에 배분하라

시기에 따른 투자처의 선택도 중요한데, 지금과 같이 정부에서 정책적으로 주택에 대한 세금과 규제를 늘리는 상황에서 다주택을 통한 재테크는 비효율적이다. 비주거용 부동산이나 정부가 장려하는 주식투자의 비중을 늘리는 등의 선택과 같이, 시기별로 유망하고 메리트 있는 투자처를 골라 포트폴리오를 재편하는 과정이 반드시 필요하다. 이를 위해서는 자산시장과 경제 상황, 정부의 정책 등에도 관심을 가지고 꾸준히 공부할 필요가 있다. 결국 내 포트폴리오는 내가 만드는 것이기 때문이다.

투자 비중을 유지하라

자신의 상황과 성향을 고려해 포트폴리오를 주식 30%, 부동산 40%, 현금 20%, 안전자산 10%로 구성했다고 해보자. 주가가 상승해 주식 비중이 30%에서 50%가 됐다면, 20%를 매도하여 주식 비중을 다시 30%로 맞추고 매도한 20%의 현금을 처음의 비중에 맞춰 자산별로 배분한다. 물론 주식시장이 좋다면 늘어난 비중을 그냥 유지해도 좋고, 경기 상황에 따라 다른 자산의 비중을 늘려도 좋다.

중요한 것은 최초에 투자한 '원금' 기준으로 포트폴리오를 짜는 것이 아니라, 자산 가격의 변동으로 바뀐 '비중'을 기준으로 포트폴리오를 계속 조정해야 한다는 것이다. 예컨대 포트폴리오가 자산 가격 변동으로 다음과 같이 바뀌었다고 해보자.

① **변동 전** 주식 30%, 부동산 40%, 현금 20%, 안전자산 10%
② **변동 후** 주식 50%, 부동산 35%, 현금 10%, 안전자산 5%

주식 가격이 많이 올라 포트폴리오 전체에서 차지하는 비중이 커진 경우다. 이럴 때는 현재 경기 상황에 맞게 포트폴리오의 자산 비중을 재조정해야 한다. 비중이 달라졌기 때문에 팔 것은 팔고 살 것은 더 사는 것이다. 이를 리밸런싱(rebalancing, 자산 편입 비중 재조정)이라고 한다. 리밸런싱 작업을 통해 주기적으로 포트폴리오를 조정해주면, 가격이 오른 자산은 팔아서 시세차익을 얻고 가격이 내려간 자산은 더 사게 되는 효과가 있어 효율적인 포트폴리오 관리가 가능해진다.

포트폴리오의 핵심은 위험 관리

포트폴리오를 짤 때 중요한 것은 자신이 감당할 수 있는 리스크의 정도를 정하는 것이다. 예를 들어 포트폴리오에 고위험 상품의 비중이 높다면 현금이나 달러, 금과 같이 리스크를 줄여줄 수 있는 자산의 비중도 그만큼 높여 전체 리스크를 관리하는 것이 중요하다. 〈표 5-8〉을 보자.

A 포트폴리오와 같이 변동성이 큰 주식에 단기로 투자하는 고위험 자산 비중이 50%라고 하자. 고위험 주식으로 인해 포트폴리오의 위험도가 매우 높다. 이때는 나머지 50%의 비중을 채권과 같은 저위험 자산과 현금으로 보유하거나, 달러·금 등의 안전자산을 보유하는 방법으로 포트폴리오 전체의 위험도를 줄여줄 수 있다.

C 포트폴리오는 위험도가 높은 주식의 비중이 10%로 적은 편이다.

표 5-8 **자산 비중 조절을 통한 포트폴리오 위험 관리**

구분	A 포트폴리오	B 포트폴리오	C 포트폴리오
고위험 자산	50%	30%	10%
중위험 자산	–	–	60%
저위험 자산	10%	40%	20%
현금성/안전자산	40%	30%	10%
합계	100%	100%	100%

이런 경우 중위험 자산(우량주 장기 투자, 부동산투자 등) 비중을 60%까지 늘리는 방법으로 포트폴리오를 짠다면 전체적인 위험도가 적절한 수준으로 유지될 수 있다.

이런 방식으로 자신이 감당할 수 있는 수준의 리스크를 항상 비슷한 수준으로 유지하는 것이 자산 운용에서 굉장히 중요하다. 〈표 5-8〉의 포트폴리오 비중은 예시이며, 투자자의 소득 수준과 위험회피 성향, 경제 상황 등에 따라 달라진다.

만약 전업 투자자 수준으로 재테크에 투자할 수 있는 시간이 많고 지식과 경험도 갖췄다면, 그리고 소득이 높아 고위험 상품의 손실로 인한 타격에 덜 민감하다면, 고위험 자산 비중을 늘릴 수 있을 것이다. 그 반대의 경우라면 중위험·저위험 자산의 비중을 늘려야 할 것이다.

고위험, 저위험과 같이 위험의 정도로 포트폴리오를 구분하는 방법 외에 자산의 보유 기간으로도 포트폴리오를 짤 수 있다. '우량자산 장기 보유+단기매매'와 같이 기간을 통해 위험도를 관리하는 방법이다.

포트폴리오의 순서는?

포트폴리오를 만들 때도 순서가 있다. 종잣돈을 모으자마자 모든 돈을 고위험 주식에 투자한다면? 얼마 안 가 종잣돈이 몽땅 사라질 수도 있다. 종잣돈을 모으고 이제 실전투자를 시작하는 단계라면, 모은 돈을 다 투자하기보다는 일부를 가지고 저위험·중위험 자산과 장기 투자 위주로 투자 경험을 늘려가는 것이 좋다.

실전투자 경험이 늘어나면, 고위험 자산과 단기매매를 서서히 늘려가고 투자금도 함께 늘려가는 것이다. 실전투자 경험이 적은 상태에서 고위험 자산과 단기매매에 큰돈을 투자한다면 흔들리는 재테크를 할 가능성이 매우 크다.

재테크 초기 주식투자는 우량주의 적립식 장기 투자 중심으로 진행하고, 소액으로 중위험 주식투자를 병행하면 비교적 안정적이다. 부동산의 경우에는 아파트가 가장 접근하기 쉽고 안정적인 자산이므로, 아파트 투자를 병행하면 좋다. 부동산 중에서도 리스크가 높은 상가 등에 대한 투자는 지식과 경험이 없는 상태에서 무작정 덤볐다가는 낭패를 볼 수도 있으니 어느 정도 공부가 된 후에 진행하는 것이 좋다.

투자 방법에서도 일반 급매 투자와 같이 발품과 관심으로 가능한 투자가 있고 경매나 재건축·재개발과 같이 개별적으로 추가적인 공부가 필요한 방법도 있다. 따라서 난이도에 따라, 자신이 공부한 정도에 따라 쉬운 것부터 하나씩 경험해가는 것이 좋다.

이런 식으로 포트폴리오는 자신의 상황과 투자 성향, 현재 투자처, 경제 상황 등에 따라 자신에게 맞게 구성하는 것이 중요하다. '누구의 포트폴리오가 이렇다더라. 나도 똑같이 따라 해야겠다' 같은 생각은 좋지 않다. 포트폴리오에는 정답이 없다. 자신의 상황과 지식, 성향에 따라 그리고 재테크에 투자할 수 있는 시간적 여유 등에 따라 관리하고 감당할 수 있는 수준에서 짜야 하기 때문에 사람들의 포트폴리오는 저마다 다를 수밖에 없다.

포트폴리오의 중요성은 아무리 강조해도 지나치지 않다. 포트폴리오는 위기가 닥쳤을 때 자산을 안정적으로 지켜주는 구명정 역할을 한다. 결국 투자는 끝없는 고민과 시행착오를 통해 자신에게 맞는 최적의 포트폴리오를 찾아가는 과정이라는 것을 반드시 기억하자.

○ 꿀팁 4 ○

그들은 어떻게 건물주가 됐을까?

서울 요지에 범접할 수 없는 금액의 건물들을 소유한 사람들은 어떻게 그런 건물주가 됐을까? 물론 부모에게 상속받은 사람들도 있지만 그렇지 않은 사람 중에는 경제위기의 정점에서 자기 돈을 많이 들이지 않고 헐값에 건물을 매입한, 경기 불황의 정점에서 기회를 잡은 사람들이다. 남들은 일자리를 잃고 자산이 반 토막 나고 극단적 선택까지 하는 경제위기에서 이 사람들은 오히려 자산을 몇 배, 몇십 배로 불린 것이다. 어떻게 이런 일이 가능할까?

바로 달러, 금, 현금성 자산을 포트폴리오에 넣어두었기 때문이다. 경기 변동을 알아채고 자산시장에 거품이 끼었다고 판단되는 시점에 부동산, 주식 등을 과감히 처분하고 현금성 자산의 비중을 늘린 사람들, 달러를 통해 기회를 잡은 사람들이다.

포트폴리오의 핵심은 비중 조절이다. 그중에서도 현금과 안전자산의 비중이 핵심이다. 현금과 안전자산은 '위험 헤지+기회 제공'의 역할을 한다. 다음 그림에서 볼 수 있듯이 경기는 상승과 하락을 반복하며 순환한다.

여기서 핵심은 경기가 호황의 정점에 가까워질수록 위험자산은 줄이고 현금·안전자산을 늘리는 것이다. 반대로 경기가 불황의 정점으로 치달을수록 비축해놓은 현금·안전자산으로 주식·부동산 같은 위험자산을 매입한다.

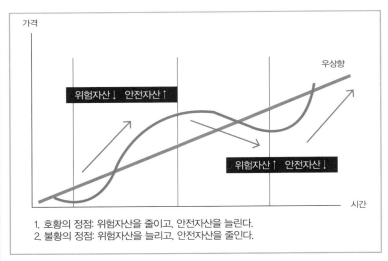

가격				우상향

위험자산↓ 안전자산↑

위험자산↑ 안전자산↓

시간

1. 호황의 정점: 위험자산을 줄이고, 안전자산을 늘린다.
2. 불황의 정점: 위험자산을 늘리고, 안전자산을 줄인다.

〈경기 사이클〉

하지만 사람들은 보통 이 반대로 한다. 그것이 본능이기 때문이다. 호황이 지속될수록 더 많은 수익을 위해 더 공격적으로 주식과 부동산을 매입하게 된다. 반대로 불황에서는 더 떨어질까 두려워 가지고 있던 주식을 최저점에서 손절매하고 만다.

레버리지도 마찬가지다. 호황이 장기화되고 정점에 다가갈수록 점차 레버리지를 줄이고, 불황이 정점을 찍고 경기가 회복되는 초입에서는 공격적으로 레버리지를 늘려야 한다. 호황에서 욕심을 버리고 불황에서 두려움을 버리는 것, 이처럼 본능에 역행하는 투자 마인드와 포트폴리오를 갖는 것이 중요하다. 지금의 호황장이 아닌 다음에 다가올 하락장을 준비하고, 지금이 하락장이라면 다음에 올 상승장을 준비하는 것이다.

위기는 반드시 반복된다. 현금·달러·금 등의 자산이 포트폴리오에 들어가 있는지, 경기 변동에 따라 자산 비중을 어떻게 운용했는지가 투자 인생을 결정한다.

그렇다고 불황만 기다리거나 안전자산에만 베팅하라는 얘기가 아니다. 호황이 불황보다 긴 자본주의 사회에서 그런 투자는 기회비용을 떠안는 일이다. 주식·부동산 같은 위험자산에 집중하면서 레버리지 규모를 적절히 조절하고, 안전자산과 현금의 비중으로 그 위험을 헤지하는 것이 현명한 재테크 방향이다.

재테크를 하면서 가장 중요한 것은 돈을 잃지 않는 것이다. 우리는 평생 재테크를 하며 수많은 투자 판단을 해야 한다. 이 과정에서 현명한 투자 판단을 더 많이 함으로써 돈을 잃지 않는 것이 평생에 걸쳐 꾸준한 복리 효과를 거둬 큰 부를 이루는 방법이다.

돈을 잃지 않게 해주고, 잃더라도 손실을 최소화하게 해주는 것이 포트폴리오의 역할이다. 누구나 돈을 버는 호황에서 돈을 버는 것도 좋다. 하지만 불황이 왔을 때 내 돈을 지키고 기회를 잡는 것은 그 못지않게 중요하다. 포트폴리오의 중요성, 절대 잊지 말자.

💎 반드시 당첨되는 청약 전략

청약통장, 선택이 아닌 필수인 이유

청약통장은 필수다

포트폴리오에 반드시 들어가야 하는 것이 있을까? 있다. 바로 청약통장이다. 청약통장의 장점은 일일이 나열하기도 어려울 정도로 많다. 대부분 로또 한 번쯤은 사봤을 것이다. 하지만 1등은커녕 2등, 3등도 쉽지 않았을 것이다. 청약이란 제도는 당첨이 확정된 복권을 주는 제도라고 생각하면 된다. 청약하는 아파트의 입지나 청약 타이밍에 따라 1등도 될 수 있고 2등도 될 수 있다. 청약을 잘만 사용하면 한 번에 몇천만 원에서 몇억 원 수준에 달하는 자산 퀀텀 점프(quantum jump, 단계적 발전이 아니라 비약적인 발전, 양자 비약)의 기회를 얻을 수 있다.

공공기관이나 민간 건설사가 아파트를 짓는데, 이때 아파트를 분양받고 싶은 사람이 신청을 해서 아파트가 다 지어진 후 입주할 수 있는 권리, 즉 분양권을 받을 수 있는 것이 청약이다. 새로 지은 아파트를 분양받는 데 필수적인 절차라고 생각하면 된다. 청약은 무주택자, 가점이 높은 사람에게 유리한 제도이므로 나이가 많고 부양가족이 많을수록 순위가 앞선다. 하지만 특별공급, 추첨제 등 자신에게 맞는 청약 전략만 잘 세운다면 누구에게나 청약 당첨의 기회는 열려 있다.

우리나라 청약통장 가입자가 2,700만 명을 넘어섰다. 경제활동을 하는 사람이라면 청약통장 하나씩은 다 가지고 있다는 얘기다. 그런데 의외로 청약에 대해 잘 아는 사람도 드물고, 잘 활용하는 사람은 더 드물다. 청약통장을 갖고만 있을 뿐 도대체 어디에 어떻게 써야 하는지, 가점 계산은 어떻게 하는지, 나는 어느 지역에 청약을 넣을 수 있는지조차 모르는 사람들이 대부분이다. 엄청난 금액의 당첨금이 보장된 복권을 가지고 있으면서도 사용하지 못하니 안타까울 따름이다.

보통 사회생활을 시작하고 얼마쯤 지나면 결혼을 하는데, 이때 재테크의 큰 갈림길에 서게 된다. 바로 내 집 마련이다. 이 출발점이 어땠느

나에 따라 재테크 인생의 방향이 크게 바뀌게 된다. 청약에 관심을 가지고 알아보는 사람과 관심도 없고 청약통장도 없는 사람의 내 집 마련 효율성은 큰 차이를 보이기 때문이다.

청약저축은 필수다. 일반 예금보다 금리가 좀더 높거나 소득공제 등 부수적인 혜택 때문만이 아니다. 몇백만 원에서 1,000~2,000만 원에 불과한 청약통장이 10배 이상의 수익을 가져다주는 로또가 될 수도 있다는 사실, 꼭 기억해야 한다.

청약통장이 만병통치약?

단, 한 가지 기억해야 할 것이 있다. 청약이 만병통치약이자 만능 해법은 아니라는 것이다. 수도권 요지의 분양 아파트는 대부분 가점제이기 때문에 해당 지역에 거주하고 가점이 높은 사람(부양가족이 많고, 무주택 기간이 길며, 청약통장에 가입한 지가 오래된 사람)에게 우선권이 돌아갈 수밖에 없다. 따라서 서울과 같은 지역에서 청약에 당첨되기 위해서는 상당히 높은 가점을 가지고 있어야 한다. 3~4명 이상의 다자녀가 아니라면 40대 이상은 되어야 그나마 당첨 가능성이 생길 것이다.

자신의 청약가점, 특별공급 해당 여부, 청약하고자 하는 지역 아파트의 커트라인 등을 알아야 당첨 가능성을 알 수 있고, 이 가능성을 알아야 내 집 마련 전략을 세울 수 있다. 반드시 청약을 공부해야 하는 이유다.

당첨 가능성은 작은데 무작정 청약만을 바라보다가 좋은 기회를 놓치는 이들도 꽤 있다. 자신의 상황에 맞게 전략적으로 청약에 임하라는 얘기다. 좋은 기회, 괜찮은 급매물이 있다면 청약통장을 쓰지 못했다고 아까워하지 말고 과감히 매수하는 것도 좋다. 청약만 기다리다가 절호의 내 집 마련 타이밍을 놓칠 수도 있기 때문이다.

또 청약통장은 가지고만 있다면, 언제든 기회는 다시 온다. 중요한 것은 청약통장을 최대한 일찍 가입해서 지속적으로 보유하는 것, 당첨이 되더라도 청약통장을 즉시 다시 만드는 것, 분양시장에 계속 관심을 가지는 것이다. 간혹 청약통장이 없어도 참여할 수 있는 '줍줍' 물량(미계약, 계약해지 건에 대해 청약통장 없이 분양 신청을 할 수 있는 물량)에 당첨될 수도 있고, 가점이 아닌 추첨제 물량에서 의외의 당첨 기회가 올 수도 있기 때문이다.

또 지금 수억 원 이상 시세 상승이 일어나고 있는 신도시의 경우 대부분 초기엔 가점이 적은 사람도 당첨이 가능한 미분양이었다는 사실을 기억하자. 청약통장을 보유하고 관심만 있다면 언제든 좋은 기회는 반드시 온다. 또 1주택자도 청약을 통해 내 집 갈아타기를 할 수 있다. 그러니 청약통장은 기본적으로 유지하는 것이 좋다.

청약의 장점

투자에서 가장 중요한 것, 수익률을 극대화하는 방법은 레버리지를 쓰는 것이다. 뒤에서 자세히 다루겠지만, 레버리지 투자란 내 돈이 아닌 남의 돈, 즉 대출을 사용해 내 돈을 최소화함으로써 투자 효율성을 극대화하는 방법이다.

예를 들어보겠다. 내 돈 3억으로 3억짜리 아파트에 투자해 3억이 올랐다면, 수익률은 100%다(3억÷3억). 그런데 내 돈 1.5억에 대출 1.5억을 받아 3억짜리 아파트를 샀는데 3억이 올랐다면? 수익률은 200%다(3억

÷1.5억). 이렇게 내 돈을 최소화하고 레버리지를 사용하면 내 돈만 가지고 하는 투자로는 얻을 수 없는 큰 수익을 얻을 수 있다.

청약의 장점이 바로 여기에 있다. 분양가 6억짜리 아파트에 청약을 한다고 해보자. 계약금이 보통 10%이니 6,000만 원이다. 청약에 당첨된다면 내 돈 6,000만 원만 가지고 6억짜리 아파트를 사는 효과가 있다. 보통 아파트가 완공되고 실제 입주하는 시기는 분양하는 시점의 2~3년 뒤다. 그러므로 나는 지금 6억이 없더라도 10%인 6,000만 원만 가지고 6억짜리 아파트를 갖게 되는 것이다. 대출을 받더라도 지금 6억짜리 아파트를 살 수 없는데, 2~3년이란 시간을 벌어 그동안 돈을 모아 입주할 기회가 생기는 것이다.

만약 대출가능금액(LTV)이 50%인 지역에서 청약에 당첨됐다고 가정해보자. 완공되는 시점에 아파트 시세는 올라가 있다. 대출은 보통 분양가가 아니라 잔금을 치르는 시점의 시세 기준으로 매겨지기 때문에, 올라간 시세만큼 대출을 더 받을 수 있다. 내 투자금이 줄어드는 효과가 있는 것이다.

또 분양가 6억짜리 아파트가 3년 뒤 입주 시점에 2억이 올랐다면? 나는 내 돈 6,000만 원으로 2억의 수익을 낸 셈이 된다. 신축 프리미엄, 분양가 상한제 등으로 입지가 양호한 지역 대부분의 청약 물량은 기본적으로 어느 정도의 시세차익이 가능하다. 실제 로또청약이라고 할 만큼 수억 원의 시세차익을 누릴 수 있는 물건도 많다. 당첨만 된다면 소액의 계약금으로 이런 큰 수익을 누릴 수 있는 투자라는 얘기다(물론 대출 및 잔금 등에 대한 자금 조달 계획이 준비되어야 한다).

그리고 입주 전 분양권 전매가 가능한 지역이라면 프리미엄(premium,

당첨된 분양권에 붙는 추가 금액)을 더해 다른 사람에게 팔 수도 있다(단, 분양권 전매에 대한 규제가 강화되는 추세다). 주변의 아파트는 현재 7억인데 6억에 분양한 아파트라면, 실제 시세인 7억과 분양가의 차액인 1억의 프리미엄이 생긴다. 계약금 10%인 6,000만 원만 가지고 6억짜리 아파트에 투자해 시세차익 1억(세금 제외)을 얻는 효과를 누리게 되는 것이다. 단, 가격이 오를 만한 입지나 호재를 가진 아파트에 투자하는 것이 핵심이다.

청약의 장점을 정리하면 다음과 같다.

- 첫째, 내 능력보다 높은 금액의 아파트를 적은 투자금으로 미리 살 수 있는 레버리지
- 둘째, 계약금만으로 아파트 전체 가격에 대한 프리미엄 수익을 얻고 팔 수 있는 레버리지
- 셋째, 누구나 조건만 된다면 큰 수익을 얻을 수 있는, 별다른 테크닉이 필요 없는 쉬운 투자

이렇게 엄청난 수익성과 효율성, 접근성을 가진 투자처로는 청약이 가히 최고라고 할 수 있다.

반드시 당첨되는 청약 전략 스물세 가지

조금만 손품을 팔면 인터넷을 통해 정보를 얻을 수 있는 1순위 조건 등의 기본적인 내용은 생략하고, 더 중요한 청약 당첨 실전 노하우를 소개한다.

청약저축은 무조건 월 10만 원씩

청약저축 납입 금액은 무조건 월 10만 원으로 하자. 대부분 가점제인 민간분양과 달리 LH, SH 등에서 하는 공공분양은 전용 40제곱미터 초과 물건의 경우 예치금 순으로 당첨자를 뽑는데, 1회당 최대 10만 원까지 인정해주기 때문에 같은 기간이라면 회차별 10만 원씩 넣은 사람이 유리하기 때문이다. 누구는 10만 원씩 15년 넣고 몇억의 시세차익을 보는 공공아파트에 당첨되지만, 2만 원씩 넣은 사람이 수도권 요지의 괜찮은 공공아파트에 당첨되려면 15년의 5배인 75년 이상을 넣어야 한다. 결국 2만 원이란 금액은 최소한 공공분양에서는 의미 없는 금액이란 얘기다.

청약의 목표가 정해져야 한다

청약의 목표가 내 집 마련인지, 분양권 전매인지, 실거주라면 입주 후 몇 년 뒤 팔 것인지, 입주 시 전세를 놓을 것인지 등 계획이 잡혀 있어야 한다. 분양권 전매와 실입주, 전세 등에 따라 필요 자금과 세금, 임차인 세팅 등 계획이 크게 달라지기 때문이다.

지역별 청약예치금을 미리 준비해라

관심 있는 아파트에 입주자 모집공고가 떠서 청약을 넣으려고 했지만 필요 예치금이 부족해 청약하지 못하는 경우가 많다. 좋은 기회는 언제 올지 모르기 때문에 입주자 모집공고가 뜨기 전에 지역별·면적별 필요 예치금을 반드시 채워놓기 바란다(예치 금액은 청약할 아파트 주소지가 아니라 자신의 거주지 기준이다).

표 5-9 **지역별·면적별 청약예치금**

구분	서울/부산	기타 광역시	기타 시·군
85m² 이하	300만 원	250만 원	200만 원
102m² 이하	600만 원	400만 원	300만 원
135m² 이하	1,000만 원	700만 원	400만 원
모든 면적	1,500만 원	1,000만 원	500만 원

* 기타 광역시: 인천, 대구, 광주, 대전, 울산
* 해당 구간 예치금 충족 시 하위 면적 모두 청약 가능

청약은 신중하게

인기 단지 청약이 끝나고 부동산 카페에 들어가 보면, 눈을 의심케 하는 질문들이 무성하다. 대출이 몇 퍼센트 되는지, 중도금대출은 되는 상황인지, 가점 계산이 맞는지 등 청약 전에 이미 파악했어야 하는 사항들을 청약을 넣고 난 후에야 질문하는 것이다.

당첨은 됐지만 가점 계산이 잘못되어 부적격 처리가 되거나 필요 자금을 잘못 계산해 계약해지를 하거나 하면, 추후 재청약이 일정 기간 제한되는 등의 페널티가 부여된다. 따라서 가점 계산 방법, 필요 자금, 대출 가능 여부, 전매 가능 여부 등은 청약 전에 반드시 확인해야 한다.

몇억의 시세차익과 내 집 마련의 꿈에 들떠 있었는데 한순간에 물거품이 되는 허망함을 느끼고 싶지 않다면, 반드시 청약 전 모든 사항을 확인하고 준비해야 한다.

필요 자금은 보수적으로 계산해라

요즘같이 대출 규제가 심한 시기에는 특히 필요 자금을 보수적으로 계산해야 한다. 일단 10% 계약금은 내 돈으로 지급해야 한다. 그리고 다

주택 여부, 규제 지역 여부 등에 따른 잔금대출 비율도 중요하다. 발코니 확장 같은 옵션, 입주 시점의 취득세, 중간에 분양권 전매를 한다면 양도세 등 자신의 상황에 따른 비용도 미리 체크해봐야 한다. 자금을 정확히 계산할 자신이 없다면, 내 돈 100이 필요하다고 생각될 경우 안정적으로 110 이상을 준비하는 것이 좋다. 계약금도 없이 무작정 진행하다가 당첨 후 계약을 하지 못해 청약통장 효력만 상실되고 재당첨 제한이 걸리는 등 차라리 안 하느니만 못 한 경우도 비일비재하기 때문이다.

중도금대출, 잔금대출 가능 여부를 확인해라

지역에 따라, 자신의 조건에 따라 중도금대출과 잔금대출이 얼마 나올지 미리 확인해보는 것은 매우 중요하다. 그에 따라 준비해야 하는 자금이 결정되기 때문이다. 너무 고가 아파트를 사는 경우나, 신용이 매우 안 좋은 경우, 다주택자 같은 경우가 아니라면 중도금대출은 웬만하면 가능하다. 하지만 잔금대출은 중도금대출에 비해 다소 까다롭다. 총부채상환비율(DTI), 총부채원리금상환비율(DSR) 같은 소득 대비 부채비율이 적용되기 때문에 다른 신용대출 등을 보유하고 있어 납입하고 있는 대출원리금이 과다한지, 소득 수준은 어떤지, 다주택자인지 등에 따라 잔금대출 가능 금액이 달라진다. 해당 지역 은행에 미리 상담을 신청해 대략 확인해보는 것이 좋다.

해당 물건 청약 조건을 확인해라

청약 순위, 가점 계산, 특별공급 해당 여부, 세대원 청약 가능 여부, 가점제·추첨제 물량, 전매가능일자 등 자신에게 맞는 조건을 미리 확인해야 한다. 분양 사이트 홈페이지의 모집공고문에 모든 내용이 들어 있다. 청약은 한 번 하고 말 것이 아니니까, 분양공고문을 한 번쯤은 처음부터 끝까지 읽어보자. 모호하거나 모르는 내용이 있다면, 청약현장 분양사무소나 한국부동산원 청약홈 사이트(applyhome.co.kr) 등에서 사전에 정확히 확인해두는 것이 좋다.

청약 여부는 직접 조사한 후 결정해라

청약은 반드시 직접 알아보고 판단하기 바란다. 분양단지 인근 시세를 인터넷으로 미리 확인하고, 현장에 가서 시세와 분위기 등을 확인하는 것이다. 모델하우스 내부만 보고 "집 좋네!" 하고 돌아오는 것이 아니라 아파트 주변 상권, 분위기, 공인중개사무소 이야기 등을 종합적으로 보고 듣고 오라는 얘기다. 이 과정이 반복되면 향후에는 청약할 아파트의 가치를 보다 쉽게 판단할 수 있을 것이다. 시행사, 분양팀, 유튜버 등다른 사람들 말에 내 돈 수억을 베팅하지 말고 스스로 판단하는 힘을 길러야 한다.

청약은 이런 곳에 해라

청약은 조금 비싸더라도 호재가 있고 가치 상승이 예상되는 곳, 발전 가능성이 있는 곳에 해야 한다. 교통 호재(GTX, KTX, 지하철, 버스환승센터 등), 학군(학교, 학원 등), 조망(바다, 호수, 산, 숲 등), 인근 개발 계획 등이 잡혀 있는 곳이 나중에 살기도 좋고 프리미엄도 높게 붙는다. 서울 강남과의 접근성을 기준으로 선택해서 점점 강남권에 가까워지는 방향으로 집을 갈아타는 전략을 짜면 좋다.

청약통장, 절대 해지하지 마라

가점 몇 점 차이로 몇억짜리 프리미엄이 붙는 아파트에 떨어지는 경우가 있다. 청약통장은 되도록 오래 보유해야 한다. 내 통장에 있는 300만 원은 3억 이상의 가치가 있다는 사실을 기억하고 절대 황금알을 낳는 거위의 배를 가르지 말기 바란다. 급전이 필요하다면 청약통장을 담보로 대출을 받을 수도 있다.

목표에 나를 맞춰라

청약은 지역에 따라, 민간·공공 구분에 따라, 청약하는 면적에 따라, 청약 방법(일반·특별공급 등)에 따라, 민간분양일 경우 가점제냐 추첨제냐에 따라 경우의 수가 매우 많다. 그러므로 청약의 목표를 미리 정해놓는 것이 매우 중요하다.

들어갈 지역을 미리 결정하여 규제 여부에 따라 자금 계획을 세우고, 공공아파트라면 매월 10만 원씩 많은 횟수를 납입해야 하며, 공공분양 조건(소득, 자산 기준 등)에 나를 맞춰야 한다.

또 특별공급에 해당하는 상황이라면 내 실수로 특별공급 자격이 중간에 박탈되지 않도록 조건을 청약 전까지 유지하는 노력도 필요하다. 특별공급도 생애 최초, 신혼부부, 다자녀가구, 노부모부양 등 종류가 많기 때문에 잘 찾아본다면 자신에게 맞는 특별공급 조건을 하나는 찾을 수 있을 것이다. 특별공급은 경쟁률이 일반청약보다 낮기 때문에 거기에 해당만 될 수 있다면 당첨에 매우 유리하다.

가점제 아파트에 청약할 예정인데 자신의 가점이 낮다면, 가점 항목이 가장 큰 부양가족 수를 늘리기 위해 부모님과 합가하는 등의 방법도 찾아보자. 특히 부양가족 인정은 일정 기간 주민등록상에 함께 올라 있어야 하는 등의 조건이 있으니 청약 전에 미리 준비해야 한다.

또 같은 청약 1순위라도 해당 지역 거주자에게 우선권을 준다. 수도권 요지의 경우 2년 이상 해당 지역(청약 아파트가 소재한 지역)에 거주해야 당첨 우선권이 있기 때문에, 꼭 당첨되고 싶은 지역이 있다면 미리 이사를 가서 거주 요건을 채우는 것이 좋다. 특히 서울과 같이 청약 경쟁이 치열한 곳에서는 당해 지역 거주자가 아니라면 당첨이 어렵다. 목표로 하는 곳에서 거주 요건을 채우고 청약을 진행한다면 훨씬 유리한 조건으로 당첨권에 가까워질 수 있다.

발품을 팔아라

나이가 젊어 가점은 적고, 소득 조건 때문에 공공분양은 안 되고, 특별공급에도 해당되지 않아 청약하는 족족 떨어진다면? 발품이라도 팔자. 미분양 세대, 미계약 세대 등 청약가점 상관없이 살 수 있는 단지를 적극적으로 찾아보는 것이다. 특히 청약통장 없이도 신청이 가능한, 매우 큰 시세차익을 볼 수 있는 미계약 물량도 가끔 나오기 때문에 평소 꾸준히 관심을 가져야 한다. 또 유사한 입지에 동시분양을 하는 단지가 나온다면 경쟁률이 분산되니, 동시분양 단지를 노리거나 추첨제 물량을 찾아보자. 좋은 기회는 발품을 파는 만큼 보이기 마련이다.

남들이 찾지 않는 곳에 기회가 있다

인기 지역, 인기 단지는 청약 경쟁률이 100:1을 넘는 경우도 많다. 이 높은 경쟁률을 뚫고 당첨이 되려면 반드시 전략이 필요하다. 해당 지역 특성에 따라 인기 있는 물건이 다르다. 일인가구, 다인가구 등 선호되는 면적과 타입 등을 사전에 조사해 비인기 물건에 청약하는 것이다.

비인기 물건은 중소단지, 비인기 브랜드, 비인기 동향(남향 외), 비인기 타입, 소형과 대형 평형, 저층, '2베이 > 3베이 > 4베이' 순, 판상형보다 타워형 등이다. 이런 비인기 물건에 청약하는 것이 당첨 가능성을 1%라도 높이는 길이다.

청약은 당첨이 목적이다. 그 집에 평생 살 것도 아니고, 꼭 좋은 뷰와 좋은 타입이 아니라도 살거나 파는 데는 지장이 없다. 물론 뷰나 로열층 등의 여부가 프리미엄 형성에 큰 비중을 차지하긴 하지만, 당첨이 안 되는 것보다는 덜 좋은 호수라도 일단 당첨되어 시세차익을 얻는 과정을 반복하는 것이 중요하다.

추첨제를 노리자

가점이 낮아 계속 떨어지고 있다면 추첨제를 노려보는 것도 좋은 전략이다. 추첨제는 가점 상관없이 순수 추첨에 의해 당첨자를 뽑기 때문에 운만 좋다면 가점이 낮아도 당첨 가능성이 있다.

〈표 5-10〉에서 볼 수 있듯이, 85제곱미터 초과 면적의 경우와 비규제지역으로 갈수록 추첨제 물량이 늘어난다. 해당 지역 거주자, 그리고 추첨제라도 무주택자에게 75%가 우선 배정되기 때문에 무주택자가 절대적으로 유리하긴 하다. 하지만 어쨌든 추첨은 확률이다. 즉 도전 횟수가 많아질수록 가능성이 올라간다. 자신의 조건에 맞는 방법으로 지속적으로 추첨제에 도전한다면 분명 당첨 기회를 잡을 수 있을 것이다.

표 5-10 **청약 시 지역별·면적별 추첨제 비중**

구분	85m² 이하		85m² 초과	
	가점제	추첨제	가점제	추첨제
수도권 공공택지	100%	–	50%	50%
투기과열	100%	–	50%	50%
조정대상	75%	25%	30%	70%
비규제	40%	60%	–	100%

※ 75%: 무주택자 우선 / 25%: 무주택자, 유주택자(처분조건부)

전략적 무주택을 유지해라

머지않은 미래에 자녀가 태어나는 등 급격한 가점 상승이 가능한 상태라면 전략적으로 무주택을 유지하는 것도 좋다. 단, 이 전략을 위해서는 자신의 상황을 정확히 알아야 한다. 가점 계산, 특별공급 해당 여부 등 자신의 상황을 정확히 판단하고 그에 맞게 무주택을 유지하는 것이다. 추첨제에서도 무주택자에게 우선 공급되니, 당첨 가능성에 따라 전략적 무주택을 선택하자.

당해 지역 거주는 필수다

수도권 요지의 인기 단지일 경우, 당해 지역(해당 청약 아파트가 소재하는 지역) 거주 조건을 충족하지 못하면 당첨되기 어렵다. 반드시 가고 싶은 단지가 있다면 미리 해당 지역에 거주하여 요건을 충족시키자(투기과열지구, 청약과열지구의 경우 2년 거주 시 당해 1순위).

요지의 아파트, 특별공급 등 어떤 청약도 당첨 확률을 높이기 위해 당해 거주는 기본이다. 당첨을 위해 전략적 거주 전략을 세우자.

가점은 내가 만든다

〈표 5-11〉에서 볼 수 있듯이 부양가족, 무주택 기간, 청약통장 가입 기간으로 총 84점 만점의 가점이 만들어진다. 1년에 3점씩(무주택 2점+청약 가입 기간 1점) 올라가며, 여기에 부양가족 점수가 가산되는 형태다.

　무주택 기간과 청약통장 가입 기간은 내가 통제할 수 없다. 어쨌든 시간이 가야만 점수가 올라가기 때문이다. 하지만 부양가족은 내가 결정할 수 있다. 자녀 수와 부모님 부양 계획 등에 따라 청약가점을 어느 정도는 통제할 수 있다. 만약 조금의 노력으로 당첨의 기회를 잡을 수 있는 수준의 점수라면 전략적인 부양가족 계획을 통해 가점을 올리는 방법도 생각해보자.

표 5-11 **청약가점제 항목별 배점**

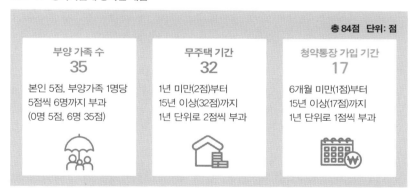

특별공급 해당 여부, 반드시 확인해라

특별공급은 세대당 평생 한 번 쓸 수 있는 조커와 같은 기회로, 해당될 수만 있다면 경쟁률이 낮아 당첨 확률이 올라간다. 특히 가점이 낮은 2030세대라면 반드시 해당 여부를 따져봐야 한다. 하지만 특별공급이 무엇인지, 어떤 종류가 있고 어떤 자격 요건을 충족해야 하는지 모르는 경우가 대부분이다. 신혼부부, 생애 최초, 다자녀, 노부모, 기관 추천 등 본인이 특별공급에 해당하는지조차 몰라 못 하는 경우가 90%다.

하지만 누구나 관심만 갖는다면 기회를 잡을 수 있는 것 또한 특별공급이다. 무주택자여야 하고, 소득과 자산의 제한은 있지만 의외로 범위가 넓다.

한국부동산원 청약홈 사이트에 각 특별공급에 대한 설명과 자격 요건이 게시되어 있으니 반드시 확인하자(청약제도안내 → 특별공급). 특히 신혼부부 특별공급이나 기관 추천 중 중소기업 특별공급은 의외로 해당하는 대상자의 범위가 넓으니 반드시 체크해보자. 여러 가지 특별공급에 동시에 해당한다면 그중에서도 청약 가능성이 큰 특별공급을 선택해야 한다.

줍줍 물량을 노려라

무순위 청약을 이른바 '줍줍(줍고 또 줍는다)'이라고 한다. 부적격이나 변심 등으로 인한 미계약분에 대해 추첨으로 당첨자를 뽑는 물량이다. 무순위 청약은 만 19세 이상이면 누구나 신청할 수 있고 재당첨 제한도 없으며, 심지어 청약통장도 필요 없다. 100% 추첨제로 누구에게나 공평한 기회가 주어지는 무료 로또와도 같은 기회다. 실제 약 5억의 시세차익이 기대되는 은평구의 모 아파트는 1가구에 대해 진행한 무순위 청약에 29.8만 명이 몰릴 정도로 열기가 뜨거웠다. 그만큼 당첨 가능성은 작지만 무료로 나눠주는 로또와 같은 곳에 도전해보지 않을 이유도 없다.

최근에는 해당 주택의 건설 지역 시·군에 거주하는 성인 무주택자로 신청 자격이 바뀌었다. 또 규제 지역에서 무순위 물량에 당첨됐을 경우 일반청약과 마찬가지로 재당첨 제한(투기과열지구 10년, 조정대상지역 7년)이 적용된다. 하지만 오히려 이 제한 때문에 무주택 실수요자의 줍줍 물량 당첨 가능성이 커졌다. 만약 무주택자라면, 본인 거주 지역 내의 줍줍 물량에 대한 관심이 필요하다. 발품을 많이 판 사람에게 기회가 돌아가고, 많은 기회에 베팅한 사람에게 당첨의 행운이 돌아간다. 무순위 청약 물량은 건설사 홈페이지, 신문 기사, 인터넷 카페, 분양사무소, LH청약 센터 등에서 확인할 수 있다.

당첨자 발표일이 같은 단지를 노려라

같은 날 발표하는 단지들이 있다면? 그 단지들 중 하급 단지에 청약해라. 대중은 당연히 상급 단지로 몰린다. 더 좋은 지역, 더 좋은 브랜드, 더 대단지를 찾아가게 되어 있다. 이때는 역발상이 필요하다. 우리는 당첨이 목적이기 때문에 하급 단지에 전략적으로 청약한다. 경쟁률이 낮아 당첨 가능성이 올라가기 때문이다. 당첨되지 않는 것보다 하급 단지라도 당첨되는 것이 10배, 100배 이익이라는 사실을 기억하자.

대규모 신도시 청약을 준비해라

대규모 신도시는 처음이 가장 싸다. 1, 2기 신도시와 그 외 택지개발지구들의 사례에서 모두 그랬다. 새로 개발되는 지역은 시간이 지날수록 인프라가 확충되고 사람이 모인다. 즉, 시간이 지나면 점점 좋아진다. 경기 상황 때문에 초반에 다소 고전했던 지역들도 있지만 결국 신도시를 초기에 잡은 사람들은 시간이 지나 큰 시세차익을 봤다.

게다가 대규모 택지개발지구는 물량이 많아 기회도 충분하다. 앞으로 남은 3기 신도시와 같은 신도시 청약에 기회가 있으니 전략적으로 당첨 가능성을 예상하고 준비하는 것도 좋다.

유주택자도 당첨될 수 있다

보통 유주택자라면 청약 당첨이 불가능한 것으로 생각하고 내 집 마련후 청약통장을 해지해버리는 경우가 많다. 하지만 내 집 마련 후에도 청약은 훌륭한 내 집 갈아타기 수단이 될 수 있다. 1주택 처분 조건부로 추첨 물량을 공략하면 된다(85제곱미터 초과 대형 면적, 조정·비규제지역 공략).

앞의 추첨제에서도 설명했듯이, 1주택자라도 처분 조건부로 추첨제에 청약하면 25%의 물량에서 경쟁해볼 수 있다. 물론 무주택자에 비해 가능성은 작지만 그렇다고 불가능한 것도 아니다. 1주택 처분 조건부 추첨제 청약 방식으로 큰 시세차익을 보며 내 집 갈아타기를 하는 경우도 실제로 많다.

자신의 상황에서 가능성이 있는 곳을 끊임없이 찾고 그곳에 집요하게 집중한다면 기회는 반드시 온다. 청약, 내 집이 있더라도 끝이 아니다!

계획하고, 기다리자

수도권 요지의 인기 지역 가점제 아파트의 커트라인을 보면 60점이 훌쩍 넘는 경우가 많다. 내가 당첨되기엔 너무나 먼 가점이라면? 가점은 부양가족 1명당 5점이 늘어나고, 부양가족이 없더라도 1년에 3점씩 숨만 쉬어도 올라간다. 청약하고자 하는 지역 인근의 아파트 가점 커트라인을 청약홈 사이트나 부동산 앱에서 확인하고 그 가점이 되려면 몇 년이 필요한지 자녀 계획 등과 함께 시나리오를 짜보자.

내 가점이 현재 40점이라고 가정하자. 앞으로 2명의 자녀를 둘 계획이라면 약 4년 후에는 무려 62점의 가점으로 올라가게 된다. '자녀 2명(10점)+1년당 3점씩(12점)'이다. 아파트 당첨 확률이 점차 올라가는 것이다. 이렇게 구체적인 계획이 있다면 기다리는 것도 좋은 전략이 될 수 있다.

청약은 목표와 전략이 있느냐 없느냐에 따라 당첨 확률이 크게 달라진다. 따라서 반드시 전략을 가지고 임해야 한다. 그리고 청약·분양권 투자는 한번 공부해놓으면 평생 써먹을 수 있는 매우 효율적인 분야다. 약간의 관심과 공부가 내 자산을 몇억 이상 불려줄 수도 있다는 사실을 기억하고, 한 번은 반드시 집중해서 청약을 공부하자.

💎 보험, 어떻게 들어야 할까?

보험은 반드시 필요할까? 잘 들면 필수, 잘 못 들면 필패하는 것이 보험이다. 일단 보험은 돈을 불리는 목적이 아니라 지키는 개념의 상품이다. 발생할 수 있는 위험(사고, 질병 등)을 보험료를 냄으로써 대비하는 것이다. 그 위험이 발생하지 않도록 사전에 방지하는 것이 아니라 발생 후 보험금을 받아 충당하는 개념이다.

아이러니하게도, 위험을 대비하는 보험 때문에 사람들이 사고나 질병에 더욱 관대해지고 보험이 없을 때보다 사고나 질병의 발생 확률이 더 높아진다는 연구 결과가 있다. 결론부터 말하면 꼭 필요한 실비보험·암보험 등만 선별적으로 들고, 운동하고 더 조심함으로써 사고와 질병을 예방하는 것이 재테크 관점에서 훨씬 효율적이라는 것이다.

보험과 도박의 공통점

보험과 도박에는 세 가지 공통점이 있다.

- 사행 계약이다.
  적은 비용(보험료나 판돈)으로 결과가 불확실한 큰돈(보험금이나 전체 판돈)과 교환이 가능하다.
- 다수가 소수를 위해 손실을 분담한다.
  보험은 소수 가입자가 타는 보험금을 많은 수의 가입자가 분담하고, 도박은 소수 승자가 따 가는 큰 이익을 많은 패자가 분담한다.
- 확률을 기초로 유지된다.
  내가 병에 걸리거나 당첨되지 않으면 보험금을 받을 수 없고, 도박에서 이기지 않으면 판돈을 날린다.

이처럼 보험은 도박과 비슷한 면이 많다. 보험이라는 상품 자체가 재테크 수단으로 보기엔 무리가 있다는 뜻이기도 하다. 보험은 돈을 굴리는 것이 아니라 '위험 대비'라는 본래의 목적에 맞게 활용할 필요가 있다.

그렇다면 보험은 어디까지 가입해야 할까?

보험 가입 노하우 열 가지

보험 가입 전, 다음 세 가지를 기억하자.

- 보험으로 재테크하지 마라.
- 소득 대비 비중을 조절해라.
- 가입 시기를 조절해라.

보험은 골키퍼다

축구 경기는 11명이 한다. 그중 골키퍼는 1명이다. 그런데 상대의 득점을 막겠다고 11명이 전부 골키퍼로 뛰면 경기에서 이길 수 있을까? 보험은 지키는 상품이지 자산을 불리는 상품이 아니다. 주위를 보면 변액보험, 종신보험, 암보험, 연금보험 등 수많은 보험에 월급의 반 이상을 쏟아붓는 사람이 꼭 있다. 보험으로 부자가 된 사람의 이야기를 들어본 적이 있는가? 부자가 되고 싶다면 보험으로 재테크하지 마라.

보험은 담백하게

월급이 200만 원인데 보험으로 50만 원 넘게 나간다면? 소득에 맞춰 꼭 필요한 보험만 선택하자. 무리해서 보험을 들어놓았다가는 나중에 소득이 줄어 보험을 해지하고 손해 보는 경우도 생길 수 있다. 보험이 많으면 혜택도 중복되고, 기억하기도 어렵다. 결국 찾아 먹지도 못하고 해지하게 되는 불상사가 발생한다. 보험 비중이 높다면 반드시 조정이 필요하다.

지금이 아닌 미래를 기준으로

보험에 가입할 때는 지금이 아닌 미래를 봐야 한다. 지금의 건강과 소득도 중요하지만 미래의 소득과 지출, 상황을 고려해 미래에도 유지가 가능한지를 따져봐야 한다. 또 보험은 일찍 가입할수록 싸다는 특성이 있다. 하지만 아직 젊다면 종잣돈을 먼저 모으는 것이 좋다. 보험을 빨리 가입해 얻는 유익보다 종잣돈을 빨리 모았을 때의 유익이 10배, 100배 더 크기 때문이다. 즉 기회비용을 생각하라는 얘기다.

종잣돈을 모으는 젊은 시기엔 조금만 운동하고 관리해도 건강을 지킬 수 있다. 이때는 되도록 꼭 필요한 실비보험 정도만 들고, 종잣돈을 모은 후에 암보험 등 필요하다고 생각되는 것을 추가하면 좋다.

특히 막 취직해 갑자기 큰 수입이 들어오기 시작한 사회 초년생 시절에는 보험 들어달라는 부탁과 유혹을 이기지 못해 이 보험, 저 보험에 멋모르고 가입하곤 한다. 결국 90%는 해지하게 되니, 길게 미래를 보고 신중히 가입하기 바란다.

지금 당장 계약서를 꺼내라

가입한 보험상품의 보장 내용을 다 기억하는가? 그게 아니라면 지금 당장 계약서를 꺼내 보장 내용을 정리하자. 보장받지 못해 허공으로 날아가는 보험금의 규모가 생각보다 매우 크다. 주식은 매도의 예술, 보험은 보장의 예술이다. 기껏 비싼 보험료를 내면서 언제 어떻게 보장받는지도 모르고 있다면, 보험사에 기부를 하고 있는 것과 마찬가지다.

특약을 바꿔라

보험이 여러 개라면 분명 중복되는 보장이 있다. 또 특약이 과다한 경우 일부 정리함으로써 효과를 볼 수 있다. 자신의 상황에 맞춰 특약을 넣고 빼고 한다면 비용을 크게 아낄 수 있다. 특히 유아보험의 경우 아이가 커가면서 잘 걸리는 병이 달라지므로 특히 더 관리해줘야 한다.

무작정 해지하지 마라

보험은 최근에 가입한 보험일수록 보장은 줄고 보험료는 커진다. 즉 구관이 명관인 상품이다. 급전 들어갈 곳이 생겼는데 꼭 필요한 보험이라면 계약유지 제도를 이용하자.

일정 기간 돈을 내지 않아도 기존에 쌓인 해지환급금에서 보험료를 차감해서 계약을 유지하는 납입유예, 보장 범위를 줄여서 보험료를 낮추는 방법, 소득이 일시적으로 감소하는 경우 보험계약대출로 납부되는 자동대출납입제도, 또는 지금까지 납입한 보험료를 담보로 대출받는 약관대출 등을 이용해 급전을 대체하고 보험을 유지할 수 있다.

환급형보다 순수 보장성으로

만기에 낸 보험료를 나중에 일정 부분 돌려받는 환급형은 비싸다. 게다가 돈의 가치는 시간이 갈수록 하락하기 때문에 비효율적이다. 순수하게 보장에만 집중된 보험이 가장 효율적이다. 골키퍼는 골대만 잘 지키면 된다.

정기보험 vs. 종신보험

누구나 한 번은 죽는다. 즉 100%의 확률이다. 죽을 때 보험금을 주는 종신보험은 그래서 가장 비싼 상품이자 중도해지율이 40%에 달하는 상품이다. 내가 젊고 건강하다면, 가족에게 꼭 사후 보험금이 필요한 상황이 아니라면 종신보험은 잘 고민해보고 선택하는 것이 좋다.

상황상 꼭 필요하다면 종신보험 대신 정기보험이 대안이 될 수 있다. 보험 기간이 한정되지 않고 피보험자가 사망할 때까지 평생 보장하는 것이 종신보험인 데 반해, 일정 기간으로 한정해 그 기간에 사망한 경우에만 보험금을 지급하는 상품이다. 그래서 정기보험이 종신보험보다 많이 싸다.

종신보험의 장점도 있다. 자녀에게 상속될 자산이 많은 경우 종신보험에 매달 납부할 보험료만큼 자녀에게 증여해 그 돈으로 자녀가 보험료를 내게 하거나, 용돈 등 자녀의 재원으로 보험료를 납부하게 하여 부모 사망 시 자녀가 수령한 종신보험금을 상속세 재원으로 사용할 수도 있다. 자녀에게 물려줄 자산이 많은 경우, 자산을 상속받은 자녀가 내야 할 상속세를 충당하지 못해 문제를 겪는 경우가 상당히 많은데 이런 방법을 통해 해결할 수도 있다.

각자 상황에 따라 선택하되, 무조건 젊은 시절부터 큰 금액으로 종신보험에 가입하는 것은 비효율적인 경우가 있으니 잘 따져보고 선택하자.

변액보험, 과연 필요할까?

변액보험은 보험으로 재테크하는 대표적인 상품이다. 내가 낸 보험료로 주식, 채권 등에 투자해 굴리는 상품인데 보험사에서 공제하는 사업비 비중이 높아 비효율적이고, 실제 수익률이 높지 않다는 통계가 많다. 차라리 그 돈으로 주식이나 ETF에 직접 투자하는 것이 효율적이다. 높은 비용률은 낮은 수익성과 직결된다는 것을 기억하자.

연금저축보험 or 연금저축펀드?
앞서 자세히 비교했듯이, 비용률과 수익성 측면에서 연금저축펀드의 압승이다. 고민하지 말고 연금저축펀드를 선택하자.

보험을 대체하는 방법

현명한 보험 가입을 위해 보험을 대체하는 두 가지 방법을 소개한다.

운동해라
통계적으로 보험을 가진 사람의 질병 발생, 사고 발생 가능성이 더 크다. 보험을 믿고 덜 운동하고 덜 조심하기 때문이다. 보험이 없으면 병원비 걱정에 더 운동하고 더 조심하게 될 수밖에 없다. 운동은 통제 불가능한 위험을 통제 가능한 위험으로 바꿔준다. 위험이 닥친 후에 보장받지 말고, 위험이 닥치기 전에 대비하자!

의료비 통장을 만들어라
갑작스러운 사고나 질병이 발생했는데 보험이 없다면 난감해진다. 이때를 대비해 CMA 계좌 등으로 의료비 통장을 만들자. 보험료를 내는 만큼 매달 의료비 통장에 돈을 입금하고, 병원비가 필요할 때 여기서 빼 쓰는 것이다. 돈은 많이 쌓였는데 사고나 질병이 발생하지 않는다면? 일정 부분을 인출해 투자에 충당하면 된다.

결론이다. 자신의 상황에 맞는 보험을 실속 있게 들자! 그리고 꼭 가입해야 하는 보험이라면 보험다모아(e-insmarket.or.kr) 사이트에서 보험사별 조건을 비교해보고 직접 가입하는 것도 비용을 줄이는 방법이다.

　보험으로 부자가 된 사람은 없다는 사실을 명심하고, 확률적으로 내가 낸 보험료 이상의 보험금을 타 간 사람도 많지 않다는 사실도 함께 기억하자(보험은 태생이 그렇게 설계된 상품이다).

💎 투자에 이기는 마인드를 가져라

투자에서 성공하려면 마인드 세팅이 가장 중요하다. 투자의 기술적·지식적인 부분은 공부와 경험을 통해 충분히 익힐 수 있지만, 현명한 투자 마인드는 아무리 오래 투자한 사람이라도 제대로 잡혀 있지 않은 경우가 많다. 마라톤에 비유할 수 있는 수십 년이라는 시간이 지나고 투자 인생의 끝에서 웃을 수 있는 중요한 투자 마인드를 소개한다.

　투자를 하는 동안 이 원칙들을 기억하고 다짐함으로써 머리와 가슴에 녹여낸다면, 투자가 합리적인 방향대로 진행될 것이고 현명한 투자 판단이 쌓여 큰 부를 축적할 수 있을 것이다. 계속해서, 반복해서 읽고 기억하기 바란다. 먼 훗날 투자가 잘 안 되고 슬럼프에 빠지는 시기가 온다면, 이 마인드 세팅 원칙을 다시 읽고 초심으로 돌아가기 바란다.

투기 vs. 투자

많은 사람이 투자가 아닌 투기를 한다. 지금 이 순간에도 많은 사람이 단기에 큰 수익을 노리고 엄청난 신용대출을 받아 주식을 사고 있다. 열 번의 판단을 한다고 할 때, 투자에서는 네 번 지더라도 여섯 번 이기면 승리한다. 하지만 투기를 한다면 아홉 번을 이겨도 한 번만 지면 패배한다.

투기의 특성은 도박성, 일회성, 단기성이다. 공부하지 않고 잘 알지도 못하는 곳에 운에 맡기는 투자를 하는 사람이 의외로 많다. 큰 수익을 노린 도박성 투자는 만약 이길 경우 크게 딸 수 있다. 하지만 단기간의 큰 수익을 한번 맛보게 되면 그 중독성에서 절대 헤어나오지 못한다.

올바른 투자 원칙과 투자 습관을 가지는 것이 그래서 중요하다. 한번 투기의 맛을 보면 계속 그 방향으로 가게 된다. 이것은 진리이며 어쩔 수 없는 인간의 본능이다. 그런데 이 일이 반복된다면? 100%의 확률로 실패한다. 주사위를 던졌을 때 가장 큰 숫자인 6만 계속해서 나올 수는 없기 때문이다.

'초심자의 행운'이라는 것이 있다. 주식, 도박 등에서 실력이나 경험이 없는 초보가 큰 성공을 거두는 것을 말한다. 하지만 말 그대로 일회성 행운일 뿐 절대 지속되지 않는다. 특히 주식에서 별다른 분석도 없이 목돈을 투자했는데 우연히 주가가 크게 상승해 수익을 내는 경우가 있다. 이 때 그 투자자는 굉장한 자신감과 자만심에 빠진다. 그래서 다음번 투자는 이성적 투자가 아니라 감정적 투기가 될 가능성이 매우 커진다.

투자를 할 때는 항상 겸손해야 하고, 이성적·원칙적으로 접근해야 한다. 한번 투기적인 방법으로 목돈을 벌면, 차근차근 수익을 쌓아가는 안정적 투자로 절대 되돌아오지 못한다. 작전주에 한번 발들인 사람이 작전주만 쫓아다니는 이유이고, 지금 잘하고 있더라도 항상 투기성을 경계하며 자신을 돌아봐야 하는 이유다.

만약 지금 원금을 잃고 있고, 시간이 지나도 자금 사정이 나아지기는커녕 점점 안 좋은 방향으로 가고 있다면 자신에게 다음 질문을 던져보자.

"이 투자에서 어떤 결과가 나오더라도 감당할 수 있는가?"

"여기에 투자한 확실한 근거가 있는가?"

"결과에 대해 논리적인 예측을 할 수 있는가?"

"'에라 모르겠다, 한번 베팅해보자!'라고 생각한 것은 아닌가?"

한 번이라도 '아니요'라는 답이 나왔다면 당신은 지금 투자가 아닌 투기를 하고 있는 것이다. 투기는 반드시 실패한다. 역사적으로 수없이 많은 사람의 실패가 이를 증명한다. 느려도 좋다. 반드시 이기는 방향으로 나아가기 바란다.

조급하면 진다

수평적 사고가 아닌 수직적 사고를 해라. 수평적 사고는 우리나라 사람들의 특징이다.

'내 나이 벌써 서른다섯…. 남들 다 결혼했는데 나만 늦었네.'

'서른 살 정도 되면 돈 얼마는 모아야 하는데, 이 월급에 언제 모으지? 누구는 얼마 모았다던데….'

이렇게 자신의 상황이 아닌 다른 사람의 상황이나 생각이 판단의 기준이 되는 것이 수평적 사고다. 하지만 우리는 수직적 사고를 해야 한다. 다른 사람과 비교하는 것이 아니라 자신의 상황에 맞게 생각하는 것이다.

'내 수입이 이 정도니 5년 정도면 이만큼 모을 수 있겠다. 그때까지 열심히 돈을 모아 서른다섯 살에 결혼하고 마흔 살까지 재테크로 얼마를 모으겠다.'

이처럼 자신의 상황과 수입, 부양가족 등에 따라 자신의 기준으로 판단하는 것이다.

남들보다 부양해야 할 가족도 많고, 부모님의 병원비나 학자금대출 등으로 재테크의 시작이 늦어진 경우 수평적 사고를 하는 사람은 조급해진다. '남들은 이만큼 모아서 벌써 집 사고 좋은 차 타는데 난 이게 뭐지?' 하며 자괴감에 빠지거나 '남들보다 뒤처졌으니 빨리 돈을 불릴 수 있는 고수익 투자처에 투자해야겠어'라며 공격적이고 투기적인 방향으로 간다. 아니면, 그냥 포기해버리기도 한다.

남들보다 늦었다는 것은 전혀 문제가 되지 않는다. 문제가 되는 것은 충분히 더 노력할 수 있고 더 좋은 판단을 할 수 있는 상황이 되는데 그러지 못하는 경우다. 이런 경우만 아니라면 절대 조급해질 필요가 없다.

수입이 아무리 적더라도, 종잣돈을 모으는 시간이 남들보다 오래 걸리더라도 의미 있는 한 덩어리의 종잣돈만 모으면 그 시점부터 눈덩이를 굴리는 스타트라인에 동등한 자격으로 서게 된다. 그때부터는 자신의 공부와 노력이 눈덩이의 속도와 크기를 결정하는 것이다.

하지만 남들보다 적은 소득, 부모님께 드리는 용돈이나 병원비, 자취 비용 등으로 돈이 잘 모이지 않아 고민하고 좌절하고 조급해하는 이들을 너무나 많이 봐왔다. 이들의 특징은 안타깝게도 그 상황을 벗어날 방법도 모르고, 잘 벗어나지 못한다는 것이다. 이런 경우라면 앞서 언급했듯이, 반드시 틀을 깨야 한다. 틀을 깨는 과감한 결단을 내려야 한다. 그런 다음에는 조급해하지 않고, 조금 늦더라도 올바른 방향으로 나아가면 된다.

지금 이 순간부터 그냥 시작하면 된다. 지금부터 10년 뒤 부자가 된다면 그것이 과연 늦은 것일까? 돈을 많이 버는 대기업 직원이나 사업가들도 소비를 통제하지 못하고, 투기적인 재테크로 20년이 지나도록 돈을 모으기는커녕 빚만 지고 있는 경우를 쉽게 찾아볼 수 있다. 조급함이 오히려 부자가 되는 시점을 늦출 수 있기 때문에, 조급함을 조심해야 한다.

시작이 늦다고 인생이 늦어지는 것은 절대 아니다. 중요한 것은 방향이다. 방향만 맞는다면, 반드시 도달하게 되어 있다. 잘못된 방향으로 가거나 뒤로 가지 말고, 올바른 방향을 선택하고 꾸준히 나아가기만 하면 된다.

벌써 50이 지나 뒤늦게 재테크 공부를 시작해 10년 만에 경제적 자유를 이룬 사람들도 많다. 수많은 사람이 내게 질문한다.

"지금 30인데 모은 돈이 없어요."

"벌써 40인데 늦은 것 아닐까요?"

"나이 50 아줌마라 아는 것도 없고 뭘 해야 할지 막막한데, 어떡하죠?"

나이가 20이든, 50이든 부자가 되는 단계는 달라지지 않는다. 그냥 성공 재테크 1단계부터 시작하는 것이다. 1만 개의 계단을 올라야 다다를 수 있는 곳이 있는데, 이미 도착한 사람들은 어떻게 그곳에 갈 수 있었을까? 그 사람들도 1만 개 중 첫 번째 계단부터 밟아서 올라갔다. 내 나이가 많다고 해서 누가 날 정상까지 데려다주진 않는다.

자신의 상황이 좋지 않고 시작이 늦더라도, 차근차근 정해진 단계를 밟아가자. 조급할수록 잘못된 방향으로 가게 될 가능성이 커진다는 사실을 기억하자. 열심히 재테크를 공부하고 경험하고 조급하지 않게 차근차근 수익을 쌓아나가는 경험을 하다 보면, 일찍 출발한 이들보다 오히려 빠르게 부를 축적할 수도 있다. 늦었다고 조급해하지 말고 정해진 단계를 잘 밟아가는 것, 성공 재테크 4단계를 철저히 이행하는 것이 핵심이다.

투자를 하면서 조급해질 때는 언제일까? 바로 남의 돈, 대출로 투자할 때다. 일반적으로 담보대출이 크게 문제 되는 경우는 드물다. 물론 엄청난 비중의 대출을 끼고 상가와 같은 고위험 상품에 아무런 지식 없이 투자한 후 불경기가 닥쳐 시세가 하락하면서 파산, 경매까지 가는 경우도 종종 있다. 하지만 적정한 수준의 담보대출이라면 급격한 경기 변동이 생기지 않는 한 크게 위험하지 않다. 오히려 담보대출을 통한 적정한 대출은 부자가 되는 데 반드시 필요하다. 문제가 되는 경우는 고금리 신용대출을 무리하게 받아서 주식과 같은 고위험 상품에 투자할 때다. 이 경우는 이자 납입과 원금 상환에 대한 부담 때문에, 또 높은 금리 때문에 대출을 장기간 유지하기가 쉽지 않다.

이런 시간의 압박감 속에서는 중장기 투자가 어려운 것은 물론 압박감으로 인해 판단력도 흐려지고, 이성이 아닌 감정적 판단을 하게 된다. 자연히 투자에 실패하게 될 가능성이 커진다. 특히 주식투자에서 단기적 수익을 바라는 사람들은 조급한 성향이 강하다. 이런 사람은 조금만 올라도 떨어질 걱정에 팔고, 가격이 많이 내려가도 손절매하지 못한다. 조급함은 이성을 흐리게 하고 투자 판단을 반대로 하게 만든다.

만약 당신이 투자에 자꾸 실패하거나, 자산이 계속해서 줄거나, 슬럼프라는 생각이 든다면 조급함 때문에 마음이 흔들리고 있을 가능성이 크다. 조급한 투자는 자기 패를 보여주고 시작하는 게임이라는 것을 꼭 기억하자!

돈을 잃지 마라

돈을 잃지 않는 것, 원금을 지키는 것은 투자에서 굉장히 중요하다. 투자, 재테크는 하루 이틀 하고 끝낼 것이 아니라 수십 년 이상 해나가야 하는 평생의 숙제이기 때문이다.

투자에서 돈을 한 번 잃었을 때의 영향이 얼마나 클까? 50%의 손실을 본 후 다시 50%의 수익을 내면 손실이 복구될 수 있을까? 1,000만 원으로 주식투자를 시작했는데 50%의 손실이 났다고 가정해보자. 원금이 500만 원이 됐다. 여기서 다시 50%의 수익을 낸다면? 250만 원의 수익을 더해 750만 원이 된다. 결국 처음 손실 본 50%를 회복하기 위해서는 50%가 아니라 100%의 수익을 내야 한다. 게다가 손실로 인해 생기는 조급함과 망가지는 투자 마인드는 잃은 돈보다 더 회복하기 어렵다.

준비만 되어 있다면, 돈 벌 기회는 수없이 많다. 남들이 돈 버니까, 지금 시장이 좋으니까 투자한다? 아니다. 투자의 기준은 외부 환경이나 시장 상황이 아니라, 자신이 준비됐는지 아닌지가 되어야 한다. 준비되지 않은 상태에서 투자로 돈을 잃는다면, 정작 기회가 왔을 때 잡을 수 없다. 게다가 복리 효과는 원금 손실이 나는 그 즉시 사라져버린다.

투자를 한다면서 '까짓것 한번 해보자!'라는 생각을 갖는 순간 당신은 이미 투기에 가담한 것이다. 투자는 정확한 원칙과 근거, 이성적 판단으로 해야 한다. 투기에 가담해 원금까지 잃는 상황은 목에 칼이 들어와도 피할 수 있어야 실패하지 않는다.

마라톤 경주에서 중요한 것은 빠른 속도로 달리는 것이 아니라, 긴 시간을 꾸준한 속도로 달리는 것이다. 물론 가끔은 큰 수익도 필요하다. 하지만 높은 수익에 베팅하는 것은 실력이 쌓여 가능성이 큰 투자를 스스로 판단할 수 있을 때 하는 것이다. 실력이 없다면 고수익에 올인해서 원금을 잃는 것보다 장기간 꾸준한 수익을 얻는 것이 훨씬 현명한 선택이다. 안정적이고 꾸준한 수익이 반복되면 복리의 힘이 그 돈을 어마어마하게 불려줄 것이다. 원금을 지켜라.

나만의 투자 원칙을 세워라

워런 버핏, 조지 소로스, 피터 린치, 존 템플턴 등 우리가 알고 있는 수많은 투자 달인의 공통점이 뭘까? 바로 자기만의 확고한 투자 원칙을 가지고 있다는 것이다. 워런 버핏의 유명한 투자 원칙을 들어봤을 것이다.

"첫 번째, 절대 돈을 잃지 마라. 두 번째, 첫 번째 원칙을 지켜라."

투자의 대가들은 자신이 만들고 정립한 투자 원칙을 평생 지켜왔다. 그들은 설령 투자 원칙을 지켜서 손해를 보더라도 원칙에서 벗어난 행동은 절대 하지 않는다. 왜일까? 순간의 이익을 위해 투자 원칙에 위배되는 행동을 단 한 번이라도 하게 되면, 돈을 잃지 않더라도 이미 실패한 투자라는 것을 알기 때문이다. 투자 원칙을 버리는 순간 지금은 돈을 잃지 않더라도 반드시 실패는 다가온다. 그만큼 스스로 세운 투자 원칙과 기준은 매우 중요하다.

투자자문계의 두 파벌과 관련하여 유명한 일화가 있다. 앤드루 토비아스(Andrew Tobias) 파는 "계란을 한 바구니에 담지 마라"라고 주장했고, 제럴드 러브(Gerald Loeb) 파는 "계란을 한 바구니에 담아라"라고 주장했다. 너무나도 상반된 주장이다. 하지만 중요한 것은 누구의 원칙이 맞냐 틀리냐가 아니라, 그들에게 확고한 투자 원칙이 존재한다는 사실이다. 평생 재테크를 해나가는 과정에서 지켜갈 자신만의 원칙이 있느냐 없느냐가 그 사람의 투자 인생을 결정한다.

전설적인 주식 트레이더이자 추세매매의 대가 제시 리버모어(Jesse Lauriston Livermore)의 일대기를 보면 투자 원칙이 얼마나 중요한지를 알 수 있다. 가난한 농부 집안에서 태어난 그는 10대 초반 단돈 5달러를 손에 들고 집을 나왔다. 그 후 여러 차례의 파산을 거쳐 1929년 가을 대폭락장에서 1억 달러(1,200억 원)의 수익을 올렸다. 전무후무한 단기 수익률이었다. 하지만 그는 결국 권총 자살로 생을 마감했다. 왜일까?

그는 투자 원칙을 가지고 있었는데, 남들 이야기와 정보를 배제하고 투자에 임한다는 것이었다. 그가 대규모의 손실을 본 것은 정보에 좌지우지되지 않는다는 자신의 원칙을 깬 후였다. 원칙을 깨고 실패한 후 결국 비참한 결과를 맞게 된 것이다. 이렇게 투자의 대가들도 자신의 투자 원칙을 지키지 못해 돌이킬 수 없는 큰 실패를 경험하곤 한다.

당신 역시 재테크를 해나갈 앞으로의 수십 년 동안 수많은 유혹을 만나게 될 것이다. 주위에서 들려오는 작전주식 정보, 높은 확정수익을 보장한다는 리딩방의 유혹, 연속 상한가를 맞고 있는 급등주의 유혹 등. 이 유혹을 이기는 방법은 단 하나, 나만의 투자 원칙을 세우고 목숨처럼 지키는 것이다.

'나는 절대 주식 단타 거래는 하지 않는다', '시가총액 얼마 이하 주식엔 투자하지 않는다', '적자 기업엔 투자하지 않는다', '내가 가보지 않은 지역 부동산엔 투자하지 않는다', '절대 오피스텔에는 투자하지 않는다' 등과 같이 맞냐 틀리냐를 떠나 자신의 신념과 가치관에 맞지 않는 투자는 설령 돈이 된다고 할지라도 절대 투자하지 않겠다고 하는 것이 투자 원칙이자 신념이다.

현명한 투자 원칙이 서 있는 사람은 설령 작은 전투에서 한두 번 실패할지라도 큰 전쟁에서는 절대 지지 않는다. 또 여기저기서 달콤하게 들려오는 유혹에 흔들리지 않을 수 있다. 특히 개인들의 투자는 심리에 많이 좌우되기 때문에, 그때그때 마음 가는 대로 투자한다면 무조건 수익과 반대로 가게 되어 있다(고점에서 사고 저점에서 판다). 하지만 투자 원칙을 세워놓았다면, 판단을 내려야 할 상황에서 자신의 투자 원칙을 곱씹어보고 그에 맞게 판단할 수 있다. 본능과 심리를 투자에서 배제할 수 있는 것이다. 그러니 반드시 나만의 투자 원칙을 만들어 노트에 적고, 필요할 때마다 꺼내 봐야 한다.

그럼 투자 원칙을 어떻게 만들어야 할까? 투자 대가들의 책과 어록에서 배울 수도 있고, 스스로 투자를 경험해가며 직접 정립해나갈 수도 있다. 가장 좋은 방법은 투자 대가들의 투자 원칙을 실전에서 하나씩 적용해보고, 자신에게 맞는 것을 자신의 상황에 맞게 조금씩 변형해나가는 것이다.

투자 원칙 없이 투자한다는 것은 언제라도 터질 수 있는 시한폭탄을 안고 있는 것과 다름없다는 사실, 꼭 기억하기 바란다. 원칙을 지켜라. 그 원칙이 흔들리기 쉬운 인간의 본능을 누르고 이성적 투자를 할 수 있도록 만들어줄 것이다. 혹시 일시적인 손해를 보게 되더라도, 결국 투자 인생에서 승리하게 해주는 것은 흔들리지 않는 투자 원칙이다.

3단계

굴
리
기

포트폴리오 조절은 평생 고민해야 하는 가장 중요한 숙제다.
해가 뜨든 비가 오든 상관없이
꾸준한 수익을 올려주는 포트폴리오를 만들어라.

6장

성공 재테크 4단계
부의 시스템을 만들어라

◆ 부의 파이프라인 만들기

우리는 보통 60세까지 월급을 받으며 일한다. 50~60세까지 직장에 인생을 바치며 번 돈으로 생활비와 자녀 학비, 결혼 자금을 대고 나면 남는 건 얼마의 퇴직금과 은행 대출이 덜 끝난 집 한 채 정도다. 하지만 더 비참한 것은 은퇴를 하고도 일을 계속해야 하는 경우가 많다는 것이다.

60세 은퇴를 가정할 때 보통 월 300만 원의 생활비가 필요하다고 한다. 하지만 노후에 이 돈을 마련한다는 것은 쉬운 일이 아니다. 국민연금만으로 생활비를 마련하는 것은 불가능에 가깝고, 생활비를 마련하기 위해 60세까지 힘들게 일하고도 은퇴하지 못해 또 다른 일을 찾게 된다. 나이가 들어 몸은 약해지고 급여도 적다. 그나마도 일할 곳을 찾기가 쉽지 않다.

결국 은퇴 후 근근이 먹고살거나, 퇴직금으로 치킨집을 차렸다가 결국 실패해 퇴직금마저 날리는 경우도 비일비재하다. 드라마 속 이야기가 아니라, 우리 주위에서 실제 벌어지고 있는 냉정한 현실이다. 당신은 이런 미래를 바라보고 평생 직장에서 남을 위해 일할 것인가? 그게 싫다면 적게 일하고 많이 버는, 돈이 돈을 버는 시스템을 반드시 만들어야 한다.

부의 시스템을 만들기 위해서는 먼저 생각의 틀을 깨야 한다. 대부분 사람은 어렸을 때부터 돈을 버는 방법, 자본소득에 대해 배우지 못했고 이런 이야기에 거부감을 가지고 있다. 하지만 고정관념을 깨야 한다. 학벌·토익점수·자격증·직장에 목매는 것이 아니라 스스로 돈을 벌 수 있는 금융 지식을 갖는 것, 평범한 사람도 부자가 되는 방법을 찾고 고민하는 것, 지금까지의 틀을 깨고 새로운 방향으로 나아가는 실행력을 갖추는 것에 집중해야 한다. 이것들이 바로 당신의 미래를 바꿀 원동력이다.

그러려면 먼저 안정적인 것들을 버려야 한다. 수익은 리스크 테이킹, 즉 위험 감수에 대한 대가다. 짊어진 위험이 클수록 더 큰 수익을 얻고, 위험 부담 없이 안정적인 것만 추구해서는 수익을 얻을 수 없다. 이는 곧 은행 예금과 월급이 주는 안정감에서 벗어나야 함을 의미한다.

금수저가 아니라면, 대부분 사람은 직장인이거나 자영업자다. 요즘 직장인들은 40~50세부터 은퇴를 걱정한다. 경기 상황은 점점 안 좋아지고, 권고사직과 해고로 인해 정년을 보장받지 못하는 시대다. 만약 정년까지 직장을 다닐 수 있다고 하더라도 그 후엔 어떻게 할 것인가? 자영업자도 마찬가지다. 경기 변동과 유행에 매우 민감하고, 사업장이 5년 넘게 유지되는 경우가 매우 드물다. 오히려 직장인보다 더 불안한 상황에 처해 있는 자영업자도 많다.

100세 시대인 지금, 안정적인 삶을 위해 무엇을 해야 할까? 매달 받는 월급과 예금이자가 안정적인 것인지, 그것들을 버리고 틀을 깨는 것이 안정적인 부자의 길인지 잘 생각해보자.

내가 직접 일하지 않아도 내 자본과 자산이, 내 콘텐츠와 사업이 일하는 시스템을 만들어야 한다. 흔히 '부의 파이프라인'이라고 부르는 돈의 통로를 만드는 것이 우리의 최종 목표가 되어야 한다. 이 시스템은 거창한 것이 아니다. 부동산 또는 주식 매각을 통한 시세차익, 부동산 임대수입과 주식의 배당수익처럼 자산에서 파생되는 현금흐름을 지속적으로 모아가는 것이다. 또 내가 생산자가 되어 만들어낸 콘텐츠와 내 사업이 나 대신 일하게 함으로써 현금흐름을 만들어낼 수도 있다. 이런 방식의 현금흐름이 모일수록 내가 일하는 시간은 적어지고, 나를 위해 쓸 수 있는 시간은 늘어난다. 이 시간은 다시 현금흐름을 만드는데 재투자되고 현금흐름은 더욱 늘어난다.

이 시스템, 즉 현금흐름은 소액 또는 무자본으로도 충분히 만들 수 있으며, 중요한 것은 현금흐름의 파이프라인이 크냐 작냐가 아니라 작더라도 돈이 나오는 파이프라인을 일단 하나씩 만들어가는 것에 있다.

처음엔 누구나 막막하다. 하지만 주식의 시세차익, 배당금도 좋고 부동산 월세도 좋다. 전자책을 써도 좋다. 한 가지라도 현금흐름을 만드는 경험을 해보면, 그다음부터 하나둘 늘려가는 것은 어렵지 않다. 이런 현금흐름이 하나둘 모여 급여를 대체할 수 있는 수준이 된다면 그때부터는 속도가 붙는다. 직장과 자영업에 쏟던 노력과 시간을 온전히 나에게 쏟을 수 있기 때문이다.

일단 작더라도 자산을 통한 시세차익과 현금흐름을 키워가는 것, 자산을 차곡차곡 쌓아 직장을 그만둬도 될 만큼의 수입을 만드는 것, 그리고 그 현금흐름을 더 늘려 일하지 않아도 될 만큼의 수입을 만드는 것이 우리의 목표다. 지금 자신의 상황이 어떠냐는 중요하지 않다. 중요한 것은 지금 당장 시작하는 것이다.

💎 부의 시스템이란?

성공 재테크의 마지막 4단계이자 우리의 궁극적인 목표가 바로 부의 시스템, 즉 현금흐름을 만드는 단계다. 부의 시스템이란 내 돈이 돈을 벌고, 내 자산이 돈을 벌고, 내가 구축한 사업과 콘텐츠가 돈을 버는 것, 즉 돈이 나오는 현금흐름을 말한다. 그리고 부의 시스템을 구축한다는 것은 이런 현금흐름을 차곡차곡 쌓아가는 것을 말한다.

현금흐름의 종류

- 자본 현금흐름
- 콘텐츠 현금흐름
- 플랫폼·사업 현금흐름

현금흐름을 만드는 방법은 위와 같이 세 가지로 나눌 수 있다. 먼저 자본 현금흐름은 주식 시세차익과 배당소득, 부동산 시세차익과 월세소득을 말한다. 콘텐츠 현금흐름은 콘텐츠(글, 영상, 강의, 책, 저작권 등)에서

발생하는 현금을 말하고, 플랫폼·사업 현금흐름은 사람과 사람, 사람과 제품·콘텐츠를 연결해주는 플랫폼이나 사업을 통해 얻는 현금흐름이다.

이 세 가지 현금흐름에는 공통점이 있다. 바로 내가 생산자가 되어 다른 사람에게 효용을 제공한다는 것이다. 주식을 사서 그 기업이 일하게 하는 것, 부동산 임대를 주어 그 부동산이 일하게 하는 것, 내 글과 강의·영상·창작물이 온라인에서 일하게 하는 것, 직원을 고용해 그들이 일하게 하거나 중개 회사, 오픈마켓, 전자책 판매 플랫폼 등 내가 만든 플랫폼이 스스로 일하게 하는 것 등 모두 내가 생산자가 되어 다른 사람들에게 효용을 제공하는 것이다.

여기서 중요한 것은 '시스템'으로, 내가 없더라도 사업이 돌아가야 하고 현금흐름이 창출되어야 한다. 즉 치킨집, 편의점과 같은 자영업이나 근로소득으로 일하는 근로자는 내가 일하지 않으면 돈을 벌 수 없기 때문에 시스템이 아니다(단, 엄청나게 높은 소득을 올리는 근로자와 자영업자의 경우는 높은 소득을 이용해 비교적 쉽게 다른 현금흐름을 만들 수 있기 때문에 논외로 한다). 내가 아프거나 사정이 생겨 일을 멈추는 순간 수입은 그 즉시 끊기게 된다. 그래서 우리는 궁극적으로 내가 일하는 시간은 줄이고 현금흐름을 만들어낼 방법을 찾아야 한다.

그럼 어떤 방법으로 부의 시스템을 만들어야 할까? 틀을 깨자. 안정에서 불안정으로, 고용되는 삶에서 고용하는 삶으로, 소비자에서 생산자의 삶으로 말이다.

💎 투자와 사업, 무엇을 해야 할까?

투자 vs. 사업

투자와 사업, 이 중 무엇을 통해 부의 시스템을 만들어야 할까? 궁극적으로는 이 두 가지 모두를 하면 좋다. 하지만 내 시간과 노력은 정해져 있고, 한 번에 두 가지 모두에서 성공하기란 쉽지 않다.

그렇다면 투자와 사업, 어떤 분야가 더 성공하기 쉬울까? 1장에서 소개했던 부자 보고서 내용을 다시 떠올려보자. 부자들의 자산 축적 1순위는 사업, 2순위는 부동산투자였다. 그런데 이 자료를 해석할 때 주의할 점이 있다. '1순위가 사업이니 사업이 돈 벌기 가장 안전하고 좋은 방법'이라고 생각해서는 안 된다는 것이다.

사업은 성공했을 때 돈을 벌기 가장 좋은 방법이다. 하지만 실패했을 때는? 사업과 재테크 중 어떤 것의 실패 확률이 높을까? 굳이 자료를 찾아보지 않더라도 직관적으로 알 수 있다. 사업은 성공했을 때 큰돈을 벌 수 있는 만큼, 실패했을 때의 타격도 매우 크다. 반면 재테크는 내가 투기만 하지 않고 정상적인 범주에서 어느 정도의 지식을 쌓았다면 크게 실패하지 않는다. 여기서 주목해야 할 것은 성공의 '확률'이다.

사업은 일단 자본이 들어가고 실패했을 때의 타격이 크다. 특히 유자본 사업일 경우 사업주 입장에서 많은 돈을 들여서 세운 사업체를 포기한다는 것은 쉽지 않다. 보통 사업을 포기하지 못해 계속 빚을 지면서, 있는 돈 없는 돈 끌어모아 최악의 상황까지 간 후에 무너지고 만다. 사업적 재능과 타고난 능력에 운까지 필요한 것이 사업이다. 사업 성공이 생각처럼 쉬운 일은 아니라는 것이다. 물론 성공만 하면 큰돈을 벌 수 있다. 하지만 확률적으로 생각해보자. 확실한 아이템이 있고, 사업에 성공할 수 있는 경험과 능력이 있다고 스스로 확신하더라도 현실은 녹록지 않다. 또 사업은 특성상 잘될수록 확장을 하게 되는데, 늘어난 규모와 고정비 때문에 큰 출렁임 한 번에 무너지기도 한다.

그리고 여기서 말하는 사업, 현금흐름을 만들 수 있는 사업이란 자영업(치킨집, 편의점 등)을 말하는 것이 아닌 진짜 사업을 말하는 것이다(내가 없어도 돌아가는 사업). 분명 누구나 쉽게 이루고 성공할 수 있는 분야는 아니다.

반면 투자, 재테크는 어떨까? 투자는 전문 지식이 없는 보통 사람이라도 공부를 하면서 기본을 다지고 관심만 가진다면, 또 정해진 단계만 차근차근 밟아나간다면 성공할 가능성이 매우 크다. 포트폴리오라는 개념이 있기 때문에 경기가 침체되거나 악화되는 시기에도 비교적 안전마진을 가져가며 무리만 하지 않는다면 실패할 확률이 낮다. 즉 방법을 잘 알고 원칙을 지켜 투자했을 때는 성공 확률이 사업에 비해 상당히 높다는 것이다.

또, 투자에 비해 사업은 기복이 크다. 초기에 사업으로 잘나갔던 사람들이 외부로 보이는 모습은 성과가 최고조에 달해 있을 때이지, 그 추세가 꺾이고 몰락할 때가 아니다. 사업으로 한때 잘나갔던 사람들, 큰 돈을 번다고 대중에게 소개된 사람들 중 그 많던 수입을 계속해서 유지하는 사람은 분명 많지 않다는 사실을 기억해야 한다.

반면 투자는 보통 월급과 같은 꾸준한 수입원을 가지고 장기적으로 진행하기 때문에 일단 안정적이다. 투자로 돈을 불리는 단계도 정해져 있고 비교적 심플하기 때문에, 노력이 비교적 수익에 안정적으로 반영되는 분야이기도 하다. 상식적인 보편타당성이 존재한다는 것이다. 또한 재테크를 해나가는 동안 지식과 노하우, 거기 쏟은 자신의 노력은 계속 쌓인다. 일회성이 아니며 휘발성이 없다. 그리고 가장 큰 장점, 재테크의 수익이 복리로 쌓인다.

투자와 사업 두 가지 모두 레버리지(남의 돈, 남의 시간, 남의 노력을 이용하는 것)를 극대화해야 하는, 분명 쉬운 일은 아니다. 하지만 일반적으로 볼 때 투자가 사업보다 성공 확률과 안정성 측면에서 유리한 것이 사실이다.

재테크를 일찍 시작할수록 복리의 힘이 내 편이 되고, 안정적으로 높은 효율성을 낼 수 있다. 먼저 재테크로 세팅해서 돈이 나와 함께 일하게 해라.

그렇다면 무자본 사업은?

최근 무자본 사업도 매우 일반화되고 있다. 무자본 사업이라고 하면 말 그대로 자본금 없이 콘텐츠나 유통 구조, 인터넷, 지식을 기반으로 수입을 창출하는 방법이다. 아이디어를 이용한 인터넷 사업이나 스마트스토어 같은 인터넷 쇼핑몰, 전자책 판매, 코칭, 컨설팅, 재능·노하우 판매 또는 유튜브·블로그 등을 이용해 자신을 브랜딩하고 콘텐츠를 확장하는 방법 등이 있다. 범위에 제한이 없고 효율적이다(효율성을 극대화하기 위해서는 궁극적으로 온라인의 확산성을 이용하는 방향으로 가야 한다).

최근 많은 사람이 뛰어들고 있으며, 무자본 사업으로 큰 성과를 내고 직장을 그만두는 이들도 많다. 재능과 센스가 있는 사람에게는 매우 추천할 수 있는 분야이고, 초기 투입 비용이 거의 없거나 적기 때문에 실패에 대한 리스크도 적다는 장점이 있다.

무자본 사업 역시 자기만의 콘텐츠와 아이디어가 있다면 현금흐름을 만드는 데 굉장히 좋은 도구다. 유튜브, 인스타그램, 블로그, 페이스북 등과 같은 온라인 매체를 이용한 콘텐츠 사업은 본업과 연계하여 시너지를 낼 수도 있다. 특히 무자본 사업은 자신의 지식이나 아이디어, 재능을 바탕으로 생산한 콘텐츠가 기본이 되는 경우가 많다. 자기만의 콘텐츠를 꾸준히 쌓아가다 보면, 쌓인 콘텐츠가 나를 브랜딩화해 수익화로 연결된다.

결국 하는 일의 특성이나 개인의 지식·재능이 바탕이 되는 경우가 많기 때문에 성공 가능성에 개인차가 있다. 무자본 사업으로 성과를 낼 수 있는 사람도 있고 그렇지 않은 사람도 있는 것이다. 반면 재테크는 방법을 알고 단계만 밟아간다면 누구나 어느 정도의 성과를 낼 수 있기 때문에 접근성이 좋고 안정적이다. 재테크로 먼저 세팅하고 복리 효과를 누리며, 그 성과를 바탕으로 무자본 사업을 진행한다면 매우 큰 시너지 효과를 낼 수 있다. 재테크와 무자본 사업, 이 두 가지는 어떤 것이 더 낫다는 개념이 아니라 상호 보완적인 요소로 보는 것이 맞다. 그리고 두 가지 모두 부의 시스템을 만드는 데 적극적으로 사용해야 하는 요소다.

투자와 사업, 두 마리 토끼를 잡고 싶다면?

하지만 아무것도 준비되지 않은 상태에서 재테크와 무자본 사업을 병행하는 것은 비효율적이다. 우리의 시간과 노력은 제한돼 있기 때문이다. 무자본 사업은 돈이 들어가지 않는 대신 시간과 노력, 아이디어를 투입해야 한다. 직장에서 야근과 회식에 쫓기느라 많은 시간을 낼 수 없는 직장인이 재테크와 무자본 사업까지 병행하는 것은 비효율적이며, 한다고 한들 깊이가 얕아질 수밖에 없다.

본업을 하면서도 나를 위해 쓸 수 있는 시간이 많다면 두 가지를 병행해도 상관없다. 하지만 보통의 경우 그렇지 못하기 때문에 먼저 재테크를 통해 현금흐름을 쌓는 것을 목표로 하고, 어느 정도 여유가 생겼을 때 무자본 사업을 통해 다양한 현금흐름을 추가해나가는 것을 추천한다. 이것이 돈과 시간의 복리 효과 측면에서 효율적이다. 안정적인 자본소득은 당신의 무자본 사업 역시 안정적으로 만들어줄 것이다.

재테크와 경제에 대한 지식을 갖추고 어느 정도의 자산 포트폴리오를 만들어놓은 다음 무자본 사업을 병행하는 것이 왜 효율적일까? 일단 주식과 부동산투자 포트폴리오를 짜놓으면, 그 포트폴리오를 만들기까지의 과정이 어렵지 이후에는 시간을 여유롭게 쓸 수 있기 때문이다. 투자 포트폴리오를 만든다는 것은 경사가 가파르고 눈이 많은, 장애물이 없는 언덕 위에서 눈덩이를 아래로 밀기 직전까지의 과정이다. 언덕 아래로 눈덩이를 민 다음에는 눈덩이가 스스로 굴러가기 때문에 간혹 길을 막는 돌덩이는 없는지, 갑자기 옆에서 뭐가 튀어나오진 않는지 관리하는 정도의 노력만 하면 된다.

또 좋은 자산은 한번 사놓으면 가치가 올라가고 인플레이션의 영향으로 기본적인 가격 상승까지 더해지기 때문에, 일단 우량자산에 먼저 투자를 해놓은 이후에 무자본 사업을 시작하는 것이 복리 효과 측면에서도 효율적이다.

이렇게 일단 자본 현금흐름을 만들고, 그 현금흐름을 바탕으로 시간과 자금 측면의 여유를 활용해 무자본 지식 사업으로 확장한다면 시간 사용 효율성과 현금흐름을 극대화할 수 있다. 실제 재테크와 사업(무자본 사업)을 병행하여 시너지를 내는 경우는 매우 많다.

재테크와 사업을 병행하는 사례

- 내가 투자한 상가에서 직접 사업을 하는 경우
- 투자한 주식에서 배당금을 받으며 책을 쓰고 강의를 하는 경우
- 내 재테크 지식을 바탕으로 유튜브·블로그를 하는 경우
- 내 투자 사업을 SNS를 통해 홍보하여 시너지를 내는 경우
- 부동산 월세를 받으며 스마트스토어를 운영하는 경우
- 투자와 투자 강의를 병행하는 경우
- 투자를 하며 그 투자 노하우를 전자책으로 판매하는 경우

이 사례들 외에도 경우의 수는 무궁무진하다. 각자의 상황과 가진 장점, 그리고 본업에 맞춰 자신에게 맞는 포트폴리오를 만드는 것이 중요하다.

정리하면, 먼저 재테크를 통해 자본 현금흐름을 만드는 것이 안정적이며, 시너지를 내기 위해 무자본 사업을 병행하여 현금흐름을 늘려가는 것이 좋다는 결론이다. 투자에 무자본 사업을 병행하는 것은 경기변동에 따른 투자자산의 가치 하락을 줄여주고 보완해주는 훌륭한 안전판의 역할도 할 수 있다.

나는 투자 활동과 더불어 재테크를 기반으로 한 유튜브·블로그 활동

(광고 수입), 기업을 대상으로 교육용 콘텐츠 납품, 강의, 재테크 컨설팅, 책 출판, 유튜브 관련 전자책 출간 등 재테크와 콘텐츠 사업을 병행하고 있다. 나에게 가장 최적화되고 효율적인 방향으로 재테크에서 무자본 사업까지 확장해나간 것이다.

결국 어떤 방향으로 수익을 확장할 것인지, 자신이 처한 상황에서 재테크와 무자본 사업을 병행할 방법은 무엇인지, 성공한 사람들의 사례를 통해 힌트를 얻고 끊임없이 고민해야 한다.

💎 부의 시스템, 왜 재테크로 만들어야 할까?

앞에서 여러 번 이야기했듯이, 예금은 재테크가 아니다. 예금이자는 이미 물가 상승률에도 미치지 못한다. 1965년 짜장면 1그릇의 가격은 15원, 현재는 5,000원으로 약 50년이 지나는 동안 330배 이상 올랐다. 자산 가격의 상승률은 그 이상이다. 약 30년간 1,100배가 넘게 오른 삼성전자 주식을 보면 알 수 있다. 게다가 늘어나는 유동성은 은행에서 잠자고 있는 우리 돈을 점차 휴짓조각으로 만들어가고 있다.

우리는 자본소득이 노동소득을 추월한 시대에 살고 있다. 일반인이 월급을 모아 서울에 작은 아파트라도 한 채 사려면 몇 년이나 모아야 할까? 2020년 1월 기준 13.6년이다. 단 한 푼도 쓰지 않고 숨만 쉬며 살아도 14년 가까이 모아야 서울에 작은 아파트 하나를 겨우 마련할 수 있다는 얘기다.

부동산 가격은 폭등하고 화폐 가치는 폭락하고 있다. 넘치는 유동성과 인플레이션으로 자산 없이 순수 노동만으로는 집 한 채 살 수 없는, '자산을 소유한 사람'과 '자산을 소유하지 못한 사람'으로 양극화된 사회를 우리는 살아가고 있다. 게다가 안타깝게도 이 양극화는 시간이 갈수록 더 심해질 것이다.

그래서 우리는 자산을 가져야만 한다. 현명한 투자를 통해 더 싼 가격에 더 좋은 자산을 보유해야 한다. 어찌 보면 재테크, 투자의 목적이 돈을 벌기 위해서라기보다 현재 자본주의 사회에서 살아남기 위해서라고 보는 게 맞을 수도 있겠다.

자산을 소유했느냐 아니냐가 내 미래의 부를 결정함은 물론, 내 자녀 세대의 부의 수준까지 복리로 영향을 미치기에 부의 양극화는 더더욱 심해질 것이다. 우리 부모님 세대의 판단이 지금 세대의 부의 수준을 바꿔놓았듯이 말이다. 순전히 부의 측면에서만 본다면 학벌이나 자격증보다 금융 지식이 더 중요한 시대에 우리는 살고 있다.

우량자산을 선택하는 방법을 공부해야 하고 그 자산을 어떻게 굴려야 할지를 공부해야 한다. 금융 지식과 자산의 보유가 나와 내 자녀, 후손들의 부를 결정할 핵심 요소가 될 것이다.

사람에게는 관성이 있다. 투자를 하는 사람은 계속 투자를 하고, 투자를 하지 않는 사람은 계속 투자를 하지 않는다. 한번 전세로 사는 사람은 계속 전세로 사는 경향이 있어서 전세라는 틀을 깨고 집을 사기 어려워한다. 반면 한번 집을 산 사람은 계속 집을 사며, 다시 전세로 옮겨가기 어렵다.

이렇게 무언가 상위 단계로 올라가기 위해서는 내 생각과 돈에 대한 틀을 깨야만 한다. 우리의 생존을 위해, 그리고 심화되는 양극화 사회에서 살아남기 위해 재테크를 알아야 하고 투자를 해야 한다. 이것은 선택이 아니라, 필수다. 미래를 현금에 맡기지 마라. 자산을 가져야 한다. 현금의 가치는 시간이 갈수록 줄어들 것이고, 반대로 자산의 가치는 갈수록 커질 것이다. 이것이 바로 재테크가 가장 효율적인 수단이며, 다른 수단이 아닌 재테크를 통해 부의 시스템을 만들어야 하는 이유다.

또 사업 현금흐름은 경기와 매출에 따라 변동성이 크다. 어느 순간 내 사업이 위축되거나 망한다면 내가 만든 현금흐름 시스템도 함께 무너진다. 하지만 투자를 통해 안정적인 우량자산에서 나오는 시세차익, 월세, 배당금과 같은 자산 현금흐름은 큰 부침이 없으며 사업소득에 비해 안정적이다. 사업소득을 통한 시스템을 어느 정도 구축했다면, 반드시 재테크를 통해 자본소득을 통한 시스템을 동시에 만들기 바란다. 그것이 안정적으로 현금흐름을 확장하고 지키는 방법이다.

💎 부의 시스템, 이렇게 만들어라

부의 시스템을 만들기 위한 네 가지 핵심 개념

- 생산자가 되는 것
- 레버리지를 이용하는 것
- 확산성의 도구를 이용하는 것
- 시간과 복리를 이용하는 것

부의 시스템을 만든다는 것은 내가 생산자가 되고, 레버리지를 이용해

내가 투입하는 인풋(자본, 노력, 시간)을 극대화하고, 확산성의 도구(인터넷)를 이용해 내 아웃풋(생산물, 결과)을 최대한 많은 사람에게 확산시키고, 시간과 복리를 내 편으로 만들어 내 생산물의 결과를 극대화하는 과정이다.

생산자가 되어라

부의 시스템을 가진 사람과 그렇지 못한 사람의 가장 큰 차이가 무엇일까? 바로 생산자인가, 소비자인가 하는 점이다. 부의 시스템을 가지기 위해서는 반드시 생산자가 되어야 한다. 다른 사람이 생산한 것을 소비하는 것이 아니라 내가 생산한 것을 남들이 소비하게 해야 한다. 이것이 부의 시스템을 만드는 핵심 개념이다.

내가 생산자가 되어 다른 사람들의 집과 사업장에 임차하는 대신, 내가 집과 사업장을 그들에게 제공해야 하고(부동산 시세차익, 월세소득), 기업에 고용되어 일하는 대신 그 기업에 투자 자금을 제공해야 하며(주식 시세차익, 배당소득), 다른 사람들에게 일자리를 제공하여 그들을 고용해야 한다(사업소득). 또 나의 콘텐츠를 생산하여(책, 전자문서, 영상, 글, 노하우 등) 다른 사람들이 소비하게 함으로써 현금흐름을 만들어야 한다. 이렇게 내가 생산한 생산물을 하나씩 늘려가는 것이 부의 시스템을 일구는 과정이다.

내가 가진 부동산과 주식이 일하게 하고, 내 돈이 일하게 하며, 내가 고용한 다른 사람이 일하게 하는 것, 또 내가 아닌 나의 콘텐츠가 일하는 것이 현실이 되면 나는 직접 일하는 시간을 줄임으로써 시간을 벌 수 있다. 이렇게 번 시간을 나를 위해 재투자할 수 있고, 그로 인해 더 많은 부가가치가 창출된다. 시간의 재투자와 더 많은 시간이 생기는 선순환이 만들어지는 것이다.

하지만 지금 우리가 돈을 버는 구조를 생각해보자. 대부분 생산자가 아닌 소비자의 삶이다. 근로자, 직장인의 경우 남이 차려놓은 회사에 고용되어 그들을 위해 일한다. 나를 위한 부가가치는 창출되지 않고, 아무리 열심히 일하더라도 돌아오는 보상은 한정되어 있다.

자영업의 경우도 마찬가지다. 사장이라고 불리긴 하지만, 결국은 내가 나를 고용한 것이고 내가 일하지 않으면 사업장이 돌아가지 않는다. 결국 생산자가 아닌 소비자의 삶에서는 내 시간을 남을 위해 써야 하기 때문에 부의 시스템을 만들기 어렵다. 부의 시스템이란 결국 시간을 통제하는 것이다. 그렇게 만든 시간을 나에게 최대한 많이 투자하는 것이 핵심이다.

하지만 대부분의 보통 사람들은 직장생활을 하고 자영업을 하는 것을 당연시한다. 소비자의 삶을 너무나 당연시하기에 생산자가 된다는 것에 부담을 느끼고 틀을 깨지 못한다. 이 틀을 깨지 않는 이상 삶은 크게 달라지지 않는다.

생각의 틀을 깨야만 한다. 남들에게 편익과 효용을 제공하는 생산자의 길을 걷겠다고 마음먹지 않는다면 부의 시스템은 만들기 어렵다는 사실을 기억해야 한다. 생산자가 되어라. 그리고 당신이 아닌 당신의 돈과 사업, 콘텐츠가 일하게 해라. 당신이 효용을 제공하는 사람의 수가 늘어날수록, 효용의 크기가 커질수록 부의 크기는 제한 없이 늘어날 것이다.

현금흐름을 만들어라

부의 시스템은 현금흐름을 차곡차곡 쌓아가는 것이라고 했다. 주식과 부동산을 사 모음으로써 시세차익과 배당금, 월세 등 현금흐름을 발생시키는 자산을 늘려가야 한다. 투자자산인 부동산, 주식의 경우 월세와 배당금이라는 기본적인 현금흐름을 가져다준다. 그리고 이것이 중장기 투자가 되면 부동산 가격이 상승하고 기업도 성장하면서 해당 자산의 가치가 증가한다. 이것은 자연스러운 시세차익으로 이어진다.

그래서 기술적으로 시세차익을 노리는 단기 투자도 필요하지만, 기본적으로는 우량자산을 중장기로 가져가야 한다. 부동산, 우량주식은 길게 본다면 단기에 사고파는 매매보다 중장기로 보유했을 때의 수익률이 훨씬 높다.

그리고 앞으로 정책이 어떻게 바뀔지는 지켜봐야겠지만, 현재 부동산의 경우 거래세·보유세 등 세금 비중이 점차 증가하고 있기 때문에 많은 물건을 자주 매매하는 방식은 자산 증식에 좋은 방법이 아니다. 현금흐름이 발생하는 우량한 자산을 싸게 매입해 장기 보유하는 방향으로 투자 전략을 짜야 한다.

이렇게 자산에서 발생한 현금흐름을 모아 또 다른 자산에 재투자한다. 또 장기적으로 시세차익이 난 자산은 매각하여 더 좋은 입지의 더 좋은 자산으로 갈아탄다. 이런 과정을 반복하다 보면 어느새 자산이 눈에 띄게 불어나 있을 것이다. 이렇게 늘어나는 수익을 이용해 투자처를 늘려가며 돈을 계속해서 굴림으로써 복리 효과를 얻는 것이 핵심이다.

보통 직장인을 보면 이런 경우가 많다. 영혼까지 끌어모아 대출받아 집 한 채를 사고, 평생 그 집의 대출원리금을 갚아나간다. 물론 집값은 오른다. 하지만 30년 뒤에 남는 것은? 집 한 채뿐이다.

이런 방식으로 무리한 대출을 받아 투자를 했는데 모든 현금흐름이 집의 대출원리금을 갚는 것과 생활비에만 쓰이고 남는 돈이 없을 때는 문제가 될 수 있다. 게다가 그 집이 좋은 입지가 아니어서 집값도 오르지 않는다면 문제는 더욱 심각해진다.

이런 상황에서는 모든 현금흐름이 대출 상환과 생활비로 소비되고 남는 돈이 없기 때문에 다른 투자를 하거나 돈을 굴릴 수가 없다. 만약 집값이 무조건 오르기만 한다면 이 방법도 효율적이라고 할 수 있다. 하지만 집값은 무조건적인 상승이 아니라 경기 흐름에 따라 하락기와 정체기, 상승기와 경제위기도 겪으며 우상향한다. 내 돈이 집 한 채에 모두 묶여 있다는 것은 집값이 상승하지 않고 하락하거나 정체되는 경우, 경제위기가 오는 경우 다른 투자에 대한 기회비용이 발생한다는 얘기다(물론 소득이 높아서 추가 현금흐름을 모아 다른 투자를 할 수 있다면 상관없다).

또 다른 문제는 소득 대부분이 대출 상환에 들어가다 보니, 병이나 어떤 사정이 발생해 소득이 줄거나 끊기는 경우 대출 상환이 어려워질 수 있다는 것이다. 실제 모 지역에서 이런 사태가 발생했다. 무리한 대출로 산 집의 가격이 내려가고 회복되지 않자 은행은 대출 원금의 일부 상환을 요구하고 연장을 해주지 않았다. 결국 소유자는 대출금을 갚지 못해 집이 경매로 넘어가 집도 잃고 신용도 무너지는 상황에 처했다.

현금흐름을 창출하지 못하고 집 한 채에만 매몰되는 사람은 이른 은퇴를 하지 못한다. 현금흐름 없이 집 한 채만 가진 사람이 경제적 자유를 이뤘다고 할 수 있을까? 비록 집값이 올랐다고 해도 말이다. 집이 한 채라면 더 좋은 입지로 계속해서 갈아타는 효율적인 투자를 해야 하고, 다른 자금으로는 적극적인 주식투자 등을 통해 자산을 굴려야 한다. 집 한 채에만 매몰되면 새로운 수익 창출 기회를 잃을 수 있고, 현금흐름이 부족해 위기 상황이 왔을 때 자신의 상황이 악화될 수도 있다. 돈은 계속 굴려야 하며 현금흐름을 만들어야 한다. 그리고 그 현금흐름으로 추가적인 투자처를 계속 만들어나가야 한다.

대출받아 내 집을 사지 말라는 것이 아니다. 아니, 오히려 내 집은 반드시 필요하다. 하지만 그 집도 전략적으로 점차 좋은 입지로 갈아타고 굴리는 방향으로 나아가야 하는 것이지, 입지도 좋지 않은 집에 눌러앉아 평생 대출금만 갚아서는 안 된다는 얘기다. 그러다 보면 결국 하우스푸어가 될 수도 있다.

보통 이런 사람들은 은퇴 시점이 되면, 노후에 쓸 자금을 마련하기 위해 결단을 하게 된다. 한 채 남은 집을 팔고 가격이 더 싼 하위 입지(수도권에서 지방으로 가는 식), 더 적은 평수의 집으로 옮긴 후 남은 차액으로 수익형 부동산을 산다든지 하는 방법으로 노후 자금을 만들려고 시도하는 것이다. 하지만 평생 해온 것이라곤 월급 받아 빚 갚은 것이 전부이기 때문에 재테크·투자에 대한 경험과 지식도 많지 않다. 그래서 한 채 남은 집을 현금흐름으로 바꾸는 작업마저 쉽지 않다. 그러다 보니 '고수익 보장'이니 '노후 현금흐름 마련에 최적'이니 하며 유혹하는 분양형 호텔, 레지던스 등에 현혹되어 피해를 보는 경우도 많다.

나이가 들수록 자산보다 안정적인 현금흐름이 더 필요하며, 이에 맞춘 재테크 전략을 세워야 한다. 젊을 때는 다양한 자산에 투자할 수 있지만, 나이가 들수록 반드시 현금흐름이 발생하는 자산을 소유해야 한다.

젊은 시절에 해야 할 일은 재테크 지식을 계속해서 업그레이드해나가는 것, 돈을 계속 굴려나가는 것, 현금흐름을 차곡차곡 쌓아나가는 것이다. 현금흐름이 있어야 직장을 그만두고 그 시간을 또 다른 현금흐름을 만드는 데 쓸 수 있다. 일정한 현금흐름이 없는 상태에서 지금 일을 과감히 그만두고 다른 일을 선택할 수 있을까? 위험하다.

하지만 부동산이나 주식 등의 자본소득, 콘텐츠소득 등에서 발생하는 현금흐름이 쌓이면 직장과 월급에 대한 부담이 줄어 새로운 시도를 할 수 있다. 더 많은 시간을 공부에 투자하여 전업 투자자가 된다든지, 사업을 시작한다든지 하는 시도 말이다. 결국 부의 시스템을 만들고 그 부를 계속 늘려나가는 핵심은 현금흐름을 쌓아 시간을 벌고 그 시간을 다시 자신에게 투자하는 선순환을 만드는 데 있다.

주식, 부동산 등 현금흐름을 발생시킬 수 있는 자산을 소유해라. 투자 현금흐름에 더해 여유가 생긴다면 지식 창업, 콘텐츠 판매 등 무자본 사업 현금흐름을 추가로 늘려가라. 처음부터 1,000만 원의 현금흐름을 만드는 것은 어렵다. 10만 원, 100만 원, 300만 원, 500만 원… 식으로 현금흐름을 점차 늘려가는 것이다. 이렇게 하나하나 모여가는 현금흐름은 시너지를 낼 것이며, 속도는 점점 빨라질 것이다.

확산성의 도구를 이용해라

여기서 확산성이란 온라인을 말한다. 즉, 오프라인이 아닌 온라인에서 일하라는 얘기다. 강의가 본업인 A라는 사람이 있다고 해보자. 그는 오프라인에서 강의 활동을 하는데 강의 장소를 대여해야 하고 그 장소까지 이동해야 하며, 한 번에 10명 정도의 수강생만 받는다. 그리고 그 강의는 일회성으로 끝난다.

여기서 알 수 있듯이, 오프라인에는 다음과 같은 특성이 있다. 강의 한 번으로 끝나는 휘발성(소멸성)과 한 번에 10명, 많아야 20~30명 정도로 인원이 제한되는 폐쇄성이다.

그런데 이 강의를 온라인화하면 어떻게 될까? 일단 시간과 장소의 제약이 없어진다. 또 한 번만 동영상 강의를 만들어놓으면 그 강의는 일회성으로 끝나지 않고 영원히 남는다. 그 강의를 유튜브로 옮겨 수익을 확장할 수도 있다. 게다가 1:1이나 1:다수가 아니라 동시에 1:무한대의 수강생과 만날 수 있다.

이런 온라인의 확산성을 이용하라는 것이다. 강의뿐만이 아니다. 오프라인 매장을 운영하고 있다면 판매·마케팅 창구를 온라인화하는 것, 종이책을 집필하고 있다면 전자책을 쓰는 것 등 지금 하고 있는 일을 온라인화하는 방법은 수없이 많다.

온라인을 통한 확산성은 무자본 사업뿐 아니라 본업이나 부업, 취미 등 모든 활동에 적용할 수 있다. 지금 시대에 온라인의 확산성을 활용하지 않고는 큰 부를 이루기 어렵다. 내가 하는 모든 일에서 최대한 많은 사람에게 내가 만든 생산물을 확산시킬 방법을 끊임없이 고민하는 것, 이것이 부를 급격히 증식시키는 비결이다.

나를 갈아 넣어라

종잣돈 모으는 단계를 설명하면서, 앞으로 굴릴 작은 눈덩이를 만드는 처음 3년 동안 자신의 모든 것을 갈아 넣어야 한다고 여러 번 강조했다. 굴릴 눈덩이를 최대한 일찍 최대한 크게 만들수록, 부의 규모를 더 빠르고 더 크게 키울 수 있기 때문이다.

보통 사람은 나이가 들어가면서 월급이 늘어나고 씀씀이가 커진다. 늘어나는 월급에 맞춰 자금상의 여유가 생기기 때문에 하고 싶은 것, 즐기고 싶은 것에 대한 욕구도 함께 커진다. 이 시점이 바로 부의 갈림길이다. 자신의 소비와 생활을 통제할 수 있는 사람과 그렇지 않은 사람의 부의 크기가 여기서 갈리는 것이다.

초기에 인생과 재테크의 방향을 잡는 데 자신을 갈아 넣고 올인한 사람은 이후부터는 천천히 가더라도 매우 효율적으로 부를 쌓을 수 있다. 하지만 초반에 방향을 잡지 못하고 종잣돈을 모으지 못한 사람, 지식과 경험을 쌓지 못한 사람은 나중에 아무리 열심히 노력해도 전자를 따라잡기 어렵다.

세상에 열심히 하지 않는 사람은 없다. 잘나고 뛰어난, 나보다 똑똑하고 상황이 좋은 사람들 속에서 그들과 똑같이 한다면 내가 그들을 이길 수 있을까? 첫 출발을 최대한 일찍 해야 하며, 최대한 일찍 자신을 갈아 넣어야 한다. 특히 종잣돈을 모으며 소비통제를 하는 동안 자신을 절실히 갈아 넣은 사람은 성공 확률이 매우 높아진다.

돈 많기로 유명한 한 래퍼의 가사에 이런 내용이 있다. '내가 망할 것 같아? 뭐 망해도 상관없지. 지금 가진 걸 다 갖다 팔아도 네가 평생 벌

돈보단 많아.'

그런데 과연 그럴까? 과소비와 잘못된 생활 습관으로 무너진 사람은, 돈에 대한 가치관이 변하지 않는 이상 가진 걸 모두 팔아 다시 일어나더라도 결과는 달라지지 않는다. 부자가 아닌데 부자처럼 소비하지마라. 돈을 사용 수단으로 여기지 말고 생산 수단으로 만들어라. 버는돈을 계속 쓰는 것이 아니라 지속적으로 내 생활을 갈아 넣어 굴러가는눈덩이를 키워나가라. 계속 이도 저도 아닌 삶을 사느냐, 아니면 짧은시간 집중해서 나를 갈아 넣고 이후에 편하고 여유 있는 삶을 사느냐.당신의 선택지는 이미 정해져 있다.

◈ 내가 직장을 그만둔 이유

부의 핵심은 시간이다

부의 시스템은 틀을 깨는 것이다. 안정을 떠나 불안정으로 가는 것이고,고용되는 것에서 고용하는 것으로 포지션을 바꾸는 것이다. 또 남이 생산하는 것을 돕는 것이 아니라 나의 것을 생산하는 것이다. 부의 핵심이 레버리지라는 측면에서 보면, 직장생활은 내가 다른 사람의 시스템에 들어가 그들의 레버리지가 되어주는 것이다. 즉 내가 레버리지하지못하는, 부자가 되기 어려운 삶이다. 부자가 되는 삶에 가까워지기 위해서는 내가 만든 시스템 안에서 다른 사람의 돈과 노력, 시간을 레버리지해야 한다.

하지만 누구나 처음엔 직장생활을 할 수밖에 없다. 시스템을 만들 수 있는 돈과 지식, 노하우, 경험, 아무것도 없기 때문이다. 직장에 다니며 돈을 모으고 지식과 사회생활 경험을 쌓아가며 자기만의 시스템을 만들어야 한다.

직장생활에는 굉장한 장점이 하나 있다. 일정한 월급이 꾸준히 들어온다는 것이다. 이 꾸준한 월급으로 최대한 빨리 종잣돈을 모아야 하고, 그 돈으로 최대한 일찍 현금흐름을 만들어 나 자신을 위해 일할 준비를 해야 한다. 절대 월급이 주는 안정감에 취하면 안 된다. 다른 사람과 다른 사람이 만든 시스템을 위해 일하지 말고 나를 위해, 내 시스템을 위해 일해라.

우리는 늙어서까지 일하면 안 된다. 나이가 들어서는 가족들과 시간을 보내고 자아실현을 하며 내 시간이 있는, 여유 있는 삶을 살아야 한다. 그러기 위해서는 최대한 일찍부터 나를 위해 일을 시작해야 한다.

대부분 직장인은 업무와 야근, 회식, 사내 인간관계 등에 치여 온전히 자기만의 시간을 갖기 어렵다. 그나마 야근이 없는 날엔 상사와의 회식이 기다리고 있고, 집에 가면 파김치가 되어 자거나 TV나 스마트폰을 보며 늘어져 있기 쉽다.

이런 생활 속에서 온전히 나만의 시간을 만들어 재테크를 공부하고 현금흐름을 만든다는 것은 쉽지 않다. 물론 시간을 내기 쉽고, 업무 시간 중에도 틈틈이 시간을 뺄 수 있는 사람이라면 퇴사하지 않고도 시스템 소득을 만들 수 있다. 하지만 오랜 직장생활을 경험해본 입장에서 대부분 직장인의 상황은 그렇지 못하다는 것을 잘 안다. 그래도 현금흐름을 만들기 위한 준비를 조금씩이라도 해나가야 한다.

나 또한 직장을 그만둔 이후 많은 것이 달라졌다. 가장 큰 변화 중 하나는 회사를 위해 사용하던 많은 시간이 온전히 나만을 위해 주어졌다는 것이다. 출퇴근 시간, 업무 시간 등 하루 대부분이 나를 위한 시간이 됐다.

또 다른 중대한 변화는 그동안의 인풋을 아웃풋으로 바꿔 남들에게 효용을 제공하는 생산자의 삶으로 들어섰다는 것이다. 회사에서 업무를 할 시간에 투자를 위한 기업 분석을 할 수 있게 됐고, 회사 업무를 위한 조사가 아니라 내 투자를 위한 부동산 임장을 할 수 있게 됐으며, 내 지식과 노하우를 책·강의·영상 등의 콘텐츠로 바꿀 수 있는 시간이 생겼다. 시스템을 만드는 데 핵심 요소인 시간을 확보함으로써, 거둘 수 있는 성과가 정해진 소비자에서 무한대의 부가가치를 만들어낼 수 있는 생산자의 삶으로 바뀐 것이다.

결국 직장을 그만둔다는 것은 생산자로의 변화, 선순환의 시작을 의미한다. 모든 직장인은 언젠가 은퇴한다. 아니, 은퇴당한다. 게다가 불안한 고용 탓에 은퇴 시점이 점점 당겨지고 있으며, 나이가 들수록 언제 돌아올지 모를 내 차례를 기다리며 퇴사 압력에 불안해진다.

그렇지만 사람들은 먼 미래에 다가올 운명을 기다리는 것보다 지금 당장의 불안정을 더 두려워하고, 직장을 떠나 능동적인 삶을 살아야 한다는 것을 두려워한다. 결국 남들과 다른 삶을 살아야 한다는 두려움을 피해 현실에 안주한다. 어차피 맞서야 할 현실이라면 조금이라도 젊고 팔팔할 때 맞서자. 나이가 들어 겪게 되는 시행착오의 대가는 젊은 시절에 비교할 수 없이 크다.

나이가 들고 약해지고 무기력해지는 시기, 무언가를 새로 시작하기엔 다소 늦은 시기에 내 모든 것을 바쳐온 직장에서 쫓겨나는 것보다 최대한 일찍 능동적으로 나만을 위해 일할 수 있는 준비를 하는 것이 현명한 선택이 아닐까?

만약 회사를 나오는 것이 현실적으로 어렵다면, 회사생활을 제외하고 나만을 위한 시간을 무조건 만들어야 한다. 퇴근 후나 주말 등을 이용해 공부하고 투자하며, 조금씩 나만의 현금흐름을 만들어갈 시간을 확보해야 한다. 그 과정을 도식화한 것이 〈그림 6-1〉이다.

어려운 일이지만 시간과 여건, 자신의 능력이 허락돼 직장생활과 생산자의 길을 병행할 수 있다면 회사를 그만두지 않아도 된다. 회사생활을 즐기며 동시에 생산자로서의 길을 걷는 사람도 많다. 부자가 되는 원리를 이해하고 그것을 자신의 상황에 맞게 적용할 수 있다면 직장생활을 하면서도 부자의 길로 갈 수 있으니까.

부자가 되는 길에 하나의 정답이란 없다. 각자가 처한 상황, 가진 생각과 가치관이 모두 다르기 때문에 천편일률적으로 모두에게 같은 방

그림 6-1 **퇴사 전후의 과정**

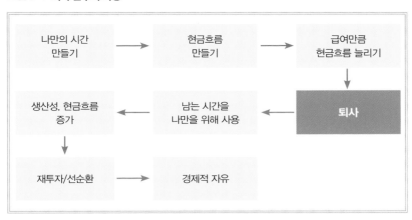

법이 적용될 수도 없다. 부자가 되는 원리를 알고 그 원리를 자신의 상황에 맞게 적용할 수 있다면, 부자가 되는 수많은 방법 중 자신에게 꼭 맞는 해답을 반드시 찾을 수 있으리라 확신한다.

그 해답의 중심에는 시간이라는 개념이 있고, 그 시간을 나를 위해 얼마나 쓸 수 있느냐 하는 원칙 안에서 당신 자신의 해답을 찾아야 한다. 내 시간을 남을 위해 쓴다면 큰 부자가 될 수 없다. 나의 노력과 시간은 남을 더욱 부자로 만들어줄 뿐이다. 이런 관점에서 직장생활은 부의 시스템을 만드는 것과는 정반대의 개념이다.

날 위해 일하는 시간을 만들어라. 자본소득을 만들고 콘텐츠소득을 만드는 데 그 시간을 투입해라. 날 위해 사용하는 시간이 늘어날수록 생산성은 올라가고 부의 크기는 늘어난다. 최대한 나를 위한 시간을 확보하고, 생산자의 삶을 사는 데 그 시간을 갈아 넣어라. 당신의 인생은 반드시 바뀔 것이다.

월급이 주는 안정감의 두 얼굴

나는 직장생활을 냄비 속 개구리에 비유한다. 냄비 속에 있는 개구리에게 뜨거운 물을 부으면 개구리는 놀라 뛰쳐나갈 것이다. 하지만 서서히 물의 온도를 높이면 따뜻한 물이 주는 안정감에 취해, 개구리는 자기 몸이 익어가는 줄도 모른 채 헤엄치며 서서히 죽어간다.

직장인들은 보통 5일 일하고 2일 쉰다(심지어 6일 이상 일하는 경우도 많다). 게다가 직장생활이 즐거워 일하는 사람은 많지 않다. 대부분 퇴근 후 저녁과 주말 이틀, 그리고 휴가를 기다리며 직장생활을 이어간다.

평생을 직장에 헌신하고 은퇴 후 남는 것은 무엇일까? 이미 다 커버렸지만 어색하고 멀어진 자녀들…. 또 내 커리어는 어떨까? 회사에서는 모두가 우러러봤고, 밖에서 명함을 내밀면 대단한 사람으로 대우해주었지만, 정작 회사를 떠나 명함이 사라지면 내가 대단한 사람이 아니었다는 사실을 깨닫는 데 오랜 시간이 걸리지 않는다. 내가 아닌 회사의 가치를 올리기 위해 일해왔기 때문이다. 게다가 접대와 야근, 스트레스로 약해진 건강은 또 어떤가. 가족과 보내는 시간과 건강, 이 두 가지가 쌓이지 않으면 노후에 절대 행복할 수 없다. 어쩌면 우리는 직장에 헌신함으로써 가장 중요한 이 행복의 요소들을 놓치고 있는지도 모른다.

무엇보다 비참한 것은 은퇴 후 급격히 감소하는 수입과 은퇴 후 직장을 떠나 혼자 할 수 있는 것이 많지 않다는 사실을 깨닫는 것이다. 나를 위해서가 아니라 다른 사람을 위해 일해온 결과다.

직장생활의 또 다른 단점은 지속성이 떨어진다는 것이다. 물론 은퇴 후에도 업무의 연장선상에서 커리어를 이어가는 경우도 있긴 하지만, 대부분 사람은 어느 시점이 되면 직장을 떠나 그와 전혀 상관없는 일을 하게 된다. 그러니 최대한 젊고 건강할 때 다른 사람의 시스템에서 나와 자신만의 시스템을 만들어야 한다. 이미 은퇴를 한 이후에 준비하면 늦는다.

직장에서 회사를 위해 하는 노력과 보내는 시간을 온전히 자신을 위해 사용한다면 어떻게 될까? 적어도 내가 아는 대부분 직장인은 엄청난 능력을 갖추고 있다. 직장생활에 치여 자신의 가치를 잊고 있을 뿐이다. 직장생활을 10년 이상 해본 입장에서, 누군가가 직장을 나와 자신을 위해 시간과 노력을 쏟는다면 누구라도 직장인 시절보다 최소 10배 이상 빠르게 성장할 수 있다고 확신한다.

직장에서 나와 자신이 직접 생산자가 되어 자기 일들을 위임하고, 다른 사람을 고용하며, 시간을 온전히 자신만을 위해 쓴다는 것은 레버리지당하는 삶에서 레버리지하는 삶으로 변화하는 것을 말한다.

우리가 얻을 수 있는 근로소득은 퇴직 시점까지이며, 따라서 한계가 있다. 그마저도 불안정하다. 하지만 자본소득, 콘텐츠소득, 사업소득은 나이와 상관없이 계속되며 확실하다. 나이가 들었다고 누군가가 나를 쫓아내지도 않는다.

나를 위해 일하는 시간을 늘려가자. 그러기 위해서는 공부를 해야 하고, 나를 갈아 넣어야 하며, 틀을 깨야 한다. 지금처럼 산다면 불가능하다는 얘기다. 온전히 나를 위해 일하는 시간이 늘어날수록 경제적 자유는 더욱 빨리 다가올 것이다. 월급이 주는 안정감에 취하지 말고, 자신을 불안함 속으로 밀어 넣자. 경제적 자유는, 틀을 깨고 불안함 속에서 자기 일을 시작하는 데서 출발한다.

나를 위한 시간, 어떻게 만들어야 할까?

직장생활이나 자영업을 하면서 돈도 많이 벌고 시간도 많은 사람은 드물다. 보통 고소득일수록 그 일에 투자해야 하는 시간이 늘어나기 때문이다. 본업을 가진 상태에서, 그 일을 내 시스템으로 바꿀 수 있다면 금상첨화다. 실제 직장생활에서의 일을 가지고 나와 자기만의 사업을 만드는 이들도 많다. 이 경우는 일의 연속성, 효율성 측면에서도 매우 좋다. 하지만 그럴 수 없다면 어떻게든 오롯이 나만을 위한 시간을 만들어내야 한다.

직장생활을 할 때는 일을 열심히 하든 덜 열심히 하든, 잘하든 덜 잘하든 매월 비슷한 급여를 받는다. 굉장한 장점이다. 이 장점을 이용해 자신의 업무에 대한 기본적인 능력을 최대한 일찍 갖추고, 그 외의 시간은 온전히 나를 위해 사용해야 한다.

퇴근 이후, 주말, 간혹 내는 휴가 때도 쉬는 것이 아니라 내 현금흐름을 만들기 위한, 내 시간으로 사용해야 한다. 그런데 이 시간조차 여의치 않다면 어쩔 수 없다. 잠을 줄여야 한다. 새벽에 일어나 출근 시간 전까지 자신을 위해 공부하고 준비하는 사람들도 많다.

업무 때문에 이 시간조차 낼 수 없다면? 급여가 좀 적더라도 시간을 낼 수 있는 직장으로 옮기는 것도 방법이다. 당장의 급여는 줄겠지만, 시간이라는 핵심을 얻기 위해 틀을 깨는 것이다.

업무 시간 외에 최대한 많은 시간을 확보하여 그 시간에 자기계발을 하고, 퇴근 후 동료들과 술 마시며 시간을 보내는 것이 아니라 스터디를 하고 강의를 듣자. 주말엔 쉬는 것이 아니라 임장을 나가고 책을 읽자. 좋은 주식을 찾는 데 시간을 쏟고, 발품을 팔아 좋은 부동산을 급매로 매입하고, 자기만의 콘텐츠를 만들어라. 자산의 시세차익이 생기고, 월세수입과 배당수입이 생기고 콘텐츠수입이 생길 것이다. 이 현금흐름을 50만 원, 100만 원 계속 늘려나가라.

또 하나 중요한 것이 종잣돈이다. 종잣돈은 투자, 사업, 생산자로의 변화 등 모든 상황에 필요한 마중물이 되어준다. 최대한 일찍 종잣돈을 만들고 이를 통해 현금흐름을 만들어야 한다. 그 시기가 이르면 이를수록 생산자의 삶을 살 수 있는 시점을 앞당길 수 있다.

부자가 되는 방법은 많다. 퇴사만이 답도 아니고 부의 시스템을 만들기 위해 반드시 퇴사해야 하는 것도 아니다. 하지만 여건상 나만을 위한 시간을 낼 수 없어 변화할 수 없는 상황이라면 반드시 틀을 깨야 한다. 그것이 이직이 됐든, 생활 패턴의 변화가 됐든, 퇴사가 됐든 지금 당장 시작해야 한다.

각자 마련할 수 있는 시간의 양과 만들어낼 수 있는 현금흐름의 종류는 모두 다르다. 지속 가능한 현금흐름이라면 투자소득, 사업소득, 부수입 어떤 것이든 상관없다. 또한 변화의 시기가 좀 늦더라도 조급할 필요 없다. 중요한 것은 내가 부자가 되기 위해 마음을 먹었느냐, 부자가 되는 길로 방향을 틀었느냐, 그 길로 가는 첫걸음을 내디뎠느냐다.

이렇게 나를 위한 시간이 조금씩 늘어나고, 결국 모든 시간을 온전히 나만을 위해 사용할 수 있게 된다면, 당신이 만들어낼 수 있는 부가가치와 현금흐름은 점점 커질 것이다. 당신은 생산자로서의 삶을 살게 될 것이고, 머지않아 부자의 인생을 살게 될 것이다.

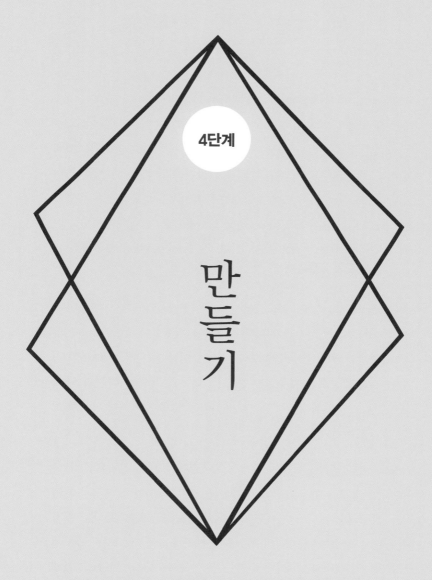

4단계

만들기

안정에서 불안정으로, 고용되는 삶에서 고용하는 삶으로,
소비자에서 생산자의 삶으로 부의 시스템을 만들어라.

성공 재테크의 시작이자 누구나 밟아야 할 첫 번째 단계는, 바로 종잣돈 모으기다. 소비통제와 절실함을 통해 3년간 모을 수 있는 최대한의 종잣돈을 모은다. 종잣돈을 많이 모으는 것도 중요하지만, 기회비용이 커지지 않도록 이 시간이 너무 길어지면 안 된다. 되도록 예금·적금만으로, 종잣돈이 모이는 일정이 틀어지지 않도록 철저히 마인드 컨트롤을 하며 돈을 모은다. 이렇게 모은 종잣돈과 그 과정에서 느낀 첫 번째 성취감은 당신의 투자, 사업, 인생 모든 측면에서 훌륭한 마중물이 되어줄 것이다.

두 번째, 재테크를 공부하고 자신에게 맞는 재테크를 찾는 과정이다. 종잣돈을 모으는 3년 동안 재테크 공부를 병행한다. 기회는 아는 만큼 보이고, 기회가 많을수록 수익 낼 확률이 높다. 하지만 대부분 사람은 직접 공부하는 것을 싫어하고 쉽게 돈 벌 방법을 찾는다. 내가 공부하고 분석해서 투자하는 게 아니라, 남이 좋다는 곳에 돈을 넣고 큰 수익을 바란다.

이런 투자는 투기나 도박과 같으며 일회적이다. 다른 사람의 말에 혹해 운 좋게 한두 번 큰 수익을 내더라도 딱 그때뿐이다. 부자가 되어가는 재테크의 과정은 한두 번의 도박이 아니라 수십, 수백 번의 투자 판단을 통해 결정되는데, 이런 귀동냥 투자로는 절대 지속적으로 성공하지 못한다. 게다가 이런 투자는 열 번 중 한 번만 잘못돼도 재테크 인생 전체를 실패로 이끌 수 있다.

재테크는 평생 해야 하는 것이니만큼 투자 판단과 포트폴리오 구성, 수익 내는 방법, 자산을 파는 시점 등 이 모든 것을 스스로 판단해야 한다. 성공적인 재테크 인생은 투자자의 재테크 지식과 경험, 준비 상태에 달려 있다.

세 번째, 종잣돈이 마련됐고 지식 측면의 투자 준비도 끝났다면 본격적으로 굴려야 한다. 3년간의 준비 기간에 익혀온 지식과 경험을 바탕으로 본격적인 투자를 시작한다. 실전투자 경험이 적은 상태에서는 소액으로 경험을 쌓아나가며 내 그릇을 키워야 한다. 그릇이 커감에 따라 서서히 투자금을 늘려나가는 것이다.

또 중요한 것은 일정 수준의 리스크를 유지하며 급격한 자산 가격 하락이 오더라도 대비할 수 있는 포트폴리오를 만드는 것이다. 경기가 움직이는 상황에 따라 현금성 자산 비중을 늘리거나 줄이는 것, 각 시기의 정책·규제·경제 상황에 맞는 투자처를 고르는 것, 장기 투자와 단기 투자를 적절히 배합하는 것, 부동산·주식·안전자산 등 서로 다른 성격의 자산을 적절히 배분하는 것 등 자신에게 맞는 포트폴리오를 꾸준히 찾아가야 한다. 호황의 파도를 타고, 위기에서도 기회를 찾을 수 있는 현명한 포트폴리오가 꾸준한 자산 증식의 핵심이다. 이렇게 자산을 끊임없이 굴리고, 우량자산을 모아가라. 그러면서 시간과 복리를 내 편으로 만들어라.

또 실전투자 과정을 진행하며 나만의 투자 원칙과 투자 마인드를 세워가기 바란다. 경제 상황은 계속해서 변하며, 수익도 나고 손실도 난다. 슬럼프가 올 때도 있고, 큰 실패를 경험하게 될 수도 있다. 결국 평생에 걸친 마라톤 같은 과정에서 나를 잡아주는 것은 투자 원칙과 마인드다. 욕심내지 말고, 조급해지 말고, 스스로 세운 투자 원칙에 따라 차근차근 한 걸음씩 나아가기 바란다. 이 투자 원칙이 당신의 돈을 잃지 않도록 지켜주는 기준점이 될 것이다.

마지막 네 번째, 우리는 더 적게 일하고 더 많은 돈을 버는 부의 시스템을 만들어야 한다. 그 핵심은 생산자가 되는 것, 자산을 소유하는 것, 시간을 통제하는 것(나를 위해 시간을 사용하는 것)이다. 남들이 생산한 것을 소비하거나 다른 사람에게 소속되어 그들을 위해 일하는 것이 아니라, 자신을 위해 일하고, 그 효율성 덕에 확보된 시간을 자신에게 재투자하는 것이다. 레버리지를 통해 자산을 불려나가고 다른 사람들에게 내 생산물, 즉 효용을 제공하며 그 현금흐름을 계속 모아간다. 이것이 부의 시스템을 만드는 핵심이다.

무자본 사업과 병행할 수도 있다. 비교적 안전한 재테크를 통해 기본적인 현금흐름을 쌓아 복리 효과를 누릴 수 있는 기반을 다져놓고, 무자본 사업 등으로 현금흐름을 늘려나가는 것이다. 그렇게 해서 어느 정도의 현금흐름이 확보되면, 남을 위해 일하는 삶이 아닌 나를 위해 일하는 삶으로 바뀌나간다. 생산성은 점점 높아질 것이고, 추가로 확보되는 시간은 또다시 나를 위해 투자하는 선순환이 만들어진다. 이는 곧 더 많은 현금흐름이 발생함을 의미한다.

부의 시스템을 만들려면 스스로 마인드를 바꾸고 틀을 깨는 실행이 있어야 한다. 이 파트를 통해 마인드를 바꾸고 틀을 깨겠다는 결심을 했다면, 삶에서 하나씩 실천해나가기 바란다. 그 과정에서 점차 더 나은 길을 찾아낼 것이고, 막연해 보였던 부의 시스템이 어느새 현실화되어 있을 것이다.

RICH
RICH
RICH
RICH

3부

달라질
세상 속
부의 흐름

레버리지
사용법

우리가 살아갈 미래의 모습은 어떨까? 부의 측면에서 생각해본다면 **이미 진행 중인 양극화가 앞으로는 더욱 극심한 초양극화로 이어질 것이다.** 자본주의의 특성인 화폐량의 증가, 은행을 통한 돈의 복제 등에 의해 자산의 인플레이션은 끝없이 발생할 것이고, 이는 자산을 가진 사람과 그렇지 않은 사람을 시작으로 지역별·소득별 격차를 발생시킬 것이다.

3부에서는 미래에 어떤 식으로 양극화가 진행될지, 우리는 어떤 전략을 가지고 재테크에 임해야 할지를 생각해볼 것이다. 또 양극화의 시대에 어떤 자산에 어떤 방식으로 투자해야 할지도 함께 알아보고자 한다.

자산에 유입되는 유동성, 자산의 인플레이션은 확장과 수축을 반복한다. 한번 낀 거품은 언젠가 꺼지기 마련이지만, 이런 과정을 거치면서 자산의 가격은 결국 우상향한다. 이런 자산 인플레이션 세상에서 살아남기 위해서는 '레버리지'라는 도구를 현명하게 사용할 수 있어야 한다.

레버리지라는 도구 없이 부를 급격히 늘린다는 것은 불가능하다. 나에게 주어진 레버리지에는 어떤 것이 있는지, 어떻게 효율적으로 사용할 수 있는지, 어떤 시점에 레버리지를 늘리거나 줄여야 할지 이 파트를 통해 확실히 익히기 바란다.

레버리지는 부의 시스템을 만드는 과정에서도 필수적 요소다. 대출뿐 아니라 부와 성공으로 이끄는 레버리지의 활용법을 통해 다가올 미래에 대비하자. 결국 자산을 급격히 늘려 빠르게 부를 얻는 비결은 레버리지에 있다. 이 양날의 검을 얼마나 잘 활용하는지에 따라 미래가 달라질 것이다.

7장

부자 되는
레버리지 사용법

💎 부의 비밀, 레버리지!

부자가 되는 데 반드시 필요한 것 중 하나가 바로 레버리지다. 특히 재테크에서 레버리지는 대출을 말하는데, 자본주의 사회에서 자산을 극대화하는 레버리지 사용 방법을 소개하겠다.

부자가 되는 방법에는 많은 길이 있다. 특히 지금 시대는 다양성이 인정받고, 인터넷이라는 확산성을 지닌 도구 덕에 많은 정보를 쉽게 얻을 수 있으며, 부를 만드는 방법도 많아졌다. 부자가 되는 이 수많은 방법을 잘 뜯어보면 한 가지 공통점을 찾아볼 수 있는데, 바로 레버리지다.

혹시 예금과 적금을 꾸준히 해서 부자가 된 사람의 이야기를 들어본 적이 있는가? 또는 꾸준히 월급을 모아 부자가 된 경우나, 치킨집·편의점 등의 자영업으로 돈방석에 앉았다는 이야기를 들어본 적이 있는가?

물론 아주 없지는 않겠지만, 흔한 일은 아니다. 왜냐하면 레버리지를 사용하지 않는 방법들이기 때문이다.

지금부터 부의 시스템을 만들 수 있는 핵심 요소인 레버리지에 대해 설명하고, 투자 레버리지의 대명사인 대출을 다루는 방법을 중점적으로 이야기하겠다.

레버리지란?

레버리지란 영어 단어 'leverage'의 뜻 그대로 지렛대를 말한다. 지렛대는 어떨 때 쓰는가? 내 힘만으로는 들어 올릴 수 없는 무거운 물체를 들어 올릴 때 쓴다. 즉, 레버리지는 〈그림 7-1〉과 같이 내가 가진 힘을 확대해주는 도구다.

레버리지를 사용하면 적은 돈으로도 큰 수익, 큰 성과를 낼 수 있다. 즉, 레버리지는 부자가 되는 데 너무나 중요한 핵심 요소다. 부의 시스

그림 7-1 **레버리지의 원리**

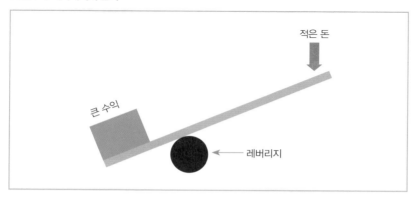

템을 만드는 핵심 요소를 하나만 말하라면 레버리지를 꼽을 만큼 중요하다.

엄청난 고소득 직종이 아닌 이상, 우리가 매월 얻을 수 있는 수입은 몇백만 원 정도로 비슷하다. 그런데 누군가는 이 몇백만 원으로 큰 부자가 되고, 누군가는 그냥 그렇게 살아간다. 이 차이는 왜 발생할까? 바로 레버리지 때문이다.

레버리지는 남의 돈, 남의 시간, 남의 노력이다. 나의 돈과 시간, 노력은 한정돼 있기 때문에 남의 돈과 시간, 노력을 내 것에 더해 내 성과를 최대치로 끌어올려야 한다. 이 레버리지는 전세보증금이 될 수도 있고, 은행 대출이 될 수도 있다. 또 사람과 시간도 중요한 레버리지가 될 수 있다. 다른 사람을 고용해 덜 중요한 일을 시키고, 그 시간에 나는 더 중요하고 가치 있는 일을 하는 것이다. 사람과 시간에 대한 레버리지도 부자가 되는 데 굉장히 중요한 요소다.

그리고 지금 시대에 중요성이 갈수록 커지는 레버리지가 있다. 바로 온라인, 즉 인터넷이다. 온라인의 특징은 바로 '확산성'이다. 내가 인스타그램에 올린 한 장의 사진, 블로그에 올린 하나의 글, 유튜브에 올린 하나의 영상이 수천, 수만, 수십만의 사람들에게 전파될 수 있게 해준다. 즉, 내 작은 인풋을 거대한 아웃풋으로 바꿔주는 레버리지다. 투자, 사업, 콘텐츠 모든 분야에서 온라인이라는 레버리지는 필수가 되어가고 있다. 특히 유튜브, 블로그 등은 확산성뿐만 아니라 자신을 알릴 수 있는 좋은 퍼스널 브랜딩 도구다. 그래서 유튜브와 블로그는 본업과 관계없이 필수적으로 하는 것이 좋다.

그리고 성공한 사람, 성공을 향해 가는 사람, 나보다 더 나은 사람, 나에게 동기부여를 해줄 수 있는 사람, 나에게 긍정적 희망과 용기를 주는 사람을 곁에 두어라. 그들의 좋은 영향력을 통해 내 인생을 레버리지할 수 있을 것이다. 이처럼, 시작이 미약한 사람이 부자가 되는 방법이자 우리가 반드시 사용해야 하는 것이 바로 레버리지다.

부자들은 왜 대출 끼고 건물을 살까?

레버리지를 활용해 투자하면 어떤 결과가 나올까? 예를 들어 내 돈 3,000만 원으로 투자했을 때와 내 돈 3,000만 원에 대출 7,000만 원을 합해 총 1억 원을 투자했을 경우, 시세의 등락에 따라 수익률에 어떤 변화가 있는지 살펴보자.

〈표 7-1〉에서처럼 똑같은 30% 수익이 나더라도 레버리지를 사용해 투자했을 때는 내 투자금 대비 수익률이 100%로 올라간다. 내 돈 3,000만 원으로 30% 수익이 났을 때 900만 원을 벌 수 있는 상황에서, 대출 7,000만 원이라는 레버리지를 사용함으로써 수익이 3,000만 원으로 확

표 7-1 **레버리지 예시**

구분		수익률		비고
레버리지	투자금	시세 30% 상승 시	시세 30% 하락 시	
O	1억 원 (내 돈 3,000만 원+ 대출 7,000만 원)	3,000만 원 수익 (수익률 100%)	3,000만 원 손실 (수익률 -100%)	수익, 손실 확대
X	3,000만 원 (내 돈 3,000만 원)	900만 원 수익 (수익률 30%)	900만 원 손실 (수익률 -30%)	

대된 것이다. 3,000만 원으로 굴릴 것인가, 1억으로 굴릴 것인가? 누가 더 빨리 부자가 될까? 이것이 바로 월 소득이 한정된 일반 직장인이 부를 키우기 위해 반드시 레버리지를 써야 하는 이유다.

또 5억짜리 건물을 사는 것과 10억짜리 건물을 사는 것은 효율성 측면에서도 차이가 있다. 내 돈만 가지고 5억짜리 건물을 사는 것보다 보증금과 대출을 끼고 10억짜리 건물을 사는 것이 효율적이다. 앞서 말한 수익의 확대 효과 외에도 더 좋은 입지에 있는 건물을 살 수 있을 뿐 아니라 더 큰 건물을 소유하게 됨으로써 발생하는 규모의 경제 효과도 누릴 수 있다. 더 큰 규모의 건물을 살수록 관리 효율성이 올라가고 건물을 통해 발생하는 부가수익 등이 생기는 장점도 있다. 또 대출을 끼고 건물을 샀을 때 대출이자 등의 비용은 세금 측면에서도 유리하다.

그런데 여기서 주의할 것이 있다. 시세가 올랐을 때 수익이 30%에서 100%로 확장되는 것처럼, 시세가 하락할 때도 손실이 -30%에서 -100%로 확장된다는 사실이다. 즉 레버리지는 양날의 검이다.

갭투자를 통해 주택을 수십 채씩 보유했던 엄청난 자산가들이 한순간에 파산하고 극단적인 선택을 했다는 뉴스를 접한 적이 있을 것이다. 레버리지가 극대화된 갭투자는 경제위기나 자산 가격이 하락할 때 내 투자금 대비 손실 비율도 함께 커진다. 또 레버리지가 클수록 자산 가격 하락 시 은행도 돈을 떼일 가능성이 커지기 때문에 담보물의 시세가 하락하면 원금 상환을 요청하게 된다. 무리한 레버리지로 손실이 극대화된 상태에서 원금을 상환하는 건 불가능하다. 결국 자산은 경매로 넘어가게 되고, 무리하게 레버리지를 사용한 투자자는 파산하고 만다. 갭투자로 큰 수익을 본 사람일수록 수익을 극대화하기 위해 추가적인 예비비나 현금흐름 없이 무리하게 자산의 숫자만 늘리는 경향이 있다. 그러다 보니 급격한 시세 하락이 왔을 때 손실이 확대되어 한순간에 파산하고 몰락하는 경우가 많다.

레버리지는 부자가 되는 데 반드시 필요한 핵심 요소이지만, 경기 흐름과 안정성을 생각하지 않은 무리한 레버리지는 나를 한순간에 무너뜨리는 양날의 검이 될 수 있다는 사실을 반드시 기억해야 한다.

레버리지 투자, 핵심은 바로 이것

레버리지 투자의 핵심은 시세가 하락하더라도 버틸 여력을 확보하는 것이다. 그래서 레버리지 투자를 할 때는 가진 돈을 올인하는 것이 아니라, 자산 가격이 하락하고 내 수입이 감소하더라도 최소 6개월에서 1년간은 대출이자를 내며 버틸 수 있을 정도의 예비 현금흐름은 비축해두는 것이 좋다. 레버리지를 썼다는 것 자체가 이미 내 능력 이상으로 남의 돈을 끌어들인 것이기 때문에 예비비마저 없다는 것은 '모 아니면 도' 식으로 전쟁에 임하는 것과 같다.

자본주의는 주기적으로 쌓인 거품을 걷어내야 하는 숙명을 가진다. 그것이 곧 경제위기다. 또 모든 자산은 사이클이 있어서, 항상 올라만 가는 것이 아니라 상승과 하락을 반복한다. 이 하락기를 무사히 버티기 위해서는 레버리지를 안정적인 수준에서 사용하고, 현재 경기 상황을 이해할 수 있는 지식이 필요하다. 앞으로 수십 년간 안정적인 투자를 해나가려면 레버리지를 현명하게 써야 하고, 그러기 위해서는 지나친 욕심을 버려야 한다.

하지만 자신이 감당할 수 있는 범위에서, 또 시세가 안정적으로 상승할 가능성이 크다고 판단되는 경우라면 최대한의 레버리지를 과감히 사용하는 것도 전략적인 선택이 될 수 있다.

실제 투자 사례를 보자. 투자자 A는 무주택 상태로, 자본금 3억으로 아파트 매입을 계획하고 있었다. 이 투자자는 대출이 40% 나오는 지역에서 가능한 대출 2억을 받아 5억짜리 아파트에 투자해 실입주를 계획하고 있었다. 그런데 다른 지역에, 마찬가지로 대출은 40%지만 전세를 70%까지 맞출 수 있는 곳이 있었다. A는 10억짜리 아파트를 7억의 전세를 끼고 매입했다. 전세를 끼고 샀기 때문에 본인은 월세로 살아야 한다는 부담과 70%의 레버리지를 쓴다는 부담을 안고 과감히 결정한 것이다.

얼마 안 가 그 아파트는 단기간에 20%가 상승해 2억이 올랐다. 만약이 투자자가 40%의 레버리지를 끼고 5억짜리 아파트를 샀다면? 20% 상승한 1억의 시세차익만 봤을 것이다. A는 가능한 최대 레버리지인 70%의 전세보증금을 끼고 과감히 투자했기 때문에 그보다 1억의 시세차익을 더 볼 수 있었다. 아파트 가격이 계속 상승한다면 이 격차는 시간이 갈수록 더욱 벌어질 것이다.

하지만 레버리지는 규모가 커질수록 리스크도 올라가기 때문에 감당할 수 있는 범위에서 정확한 분석을 통해 리스크가 적은 자산에 과감한 레버리지를 투여하되, 적절한 시점에 줄여야 한다.

보통 사람들은 대출을 두려워한다. 전통적으로 우리 세대의 부모님들은 자식들에게 '빚지지 마라', '대출받지 마라'고 가르쳤다. 하지만 지금 시대에 대출을 거부하고 두려워해서는 절대 큰 부자가 될 수 없다.

대출받는 것에 거부감을 가진 사람의 마인드는 바꾸기가 쉽지 않다. 만약 당신이 그런 마음을 가지고 있다면, 대출에 대한 고정관념을 버려야 한다. 부자가 되기 위해 넘어야 할 중요한 관문이다.

자본주의 사회에서는 대출과 자산을 가진 사람, 레버리지를 현명하게 잘 사용하는 사람이 이긴다. 양날의 검에 찔릴까 두려워 검을 버릴 것이 아니라 실력을 키워 그 검을 자유자재로 사용할 수 있는 투자자가 되어야 한다.

레버리지의 위험을 줄이는 방법

레버리지의 위험을 줄이기 위해서는 다음 세 가지를 기억해야 한다.

위험이 낮고 가능성이 큰 곳에 투자한다

열심히 공부해서 실력을 갖춰 레버리지 위험을 줄이라는 말이다. 최대한 좋은 물건, 미래가치 상승 가능성이 큰 곳에 투자한다면, 가격이 하락하더라도 하락폭이 적을 것이고 미래에 가치 상승 가능성은 커질 것이다. 이것은 공부와 발품에 달렸다. 결국 실력을 키우는 것이 레버리지의 위험을 줄이는 가장 좋은 방법이다.

주식에는 절대 레버리지를 쓰지 않는다

주식은 태생적으로 높은 리스크와 변동성을 가진 상품이다. 이 높은 변동성으로 순식간에 반대매매를 당하거나 손실이 극대화되어 복구할 수 없는 피해를 보는 사람이 굉장히 많다. 대출금으로 절대 주식에 투자하지 않는다는 원칙을 세우고 반드시 지키자.

시기별로 레버리지를 조절한다

호황이 짙어질수록 레버리지를 줄이고 불황이 짙어질수록 레버리지를 늘려야 한다. 사람들은 보통 이 반대로 하는데, 거품이 최고조에 달하고 모두가 자산 가격 상승의 환상에 빠져 있을 때 거품은 꺼진다. 따라서 호황의 정점이 레버리지를 줄여야 할 때라는 얘기다. 반대로 모두가 좌절하고 절망에 빠져 있는 시점, 바닥을 찍고 경기가 턴어라운드하는 시점이 레버리지를 서서히 늘려가야 할 때다.

앞으로 재테크를 하면서 레버리지를 사용할 때는 이 세 가지를 반드시 기억하기 바란다. 항상 볼 수 있는 곳에 적어놓고 자신의 원칙으로 만들지 않는다면 반드시 잊게 되고, 결국 본능에 따라 투자하게 된다. 본능이 아닌, 이성과 원칙에 따라 투자하는 현명한 투자를 하기 바란다.

레버리지 효과, 이 정도라고?

오히려 돈이 남는다!

실제 투자에서 레버리지의 위력은 어느 정도일까? 레버리지가 극대화되는 투자 중 하나인 경매를 예로 들어보겠다. 경매는 시세보다 싸게 사기 때문에 일단 시세차익을 보면서 시작한다. 또 실제 시세와 감정가보다 싸게 산다는 것은 실제 시세와 감정가대로 대출을 받았을 때 내 돈이 적게 들어간다는 의미기도 하다.

그렇다면 어느 정도의 레버리지가 가능할까? 〈표 7-2〉는 실제 모 지역의 빌라 매입 사례이다.

표 7-2 **빌라 매입 시 레버리지 활용 사례**

구분	금액	비고
낙찰가	6,000만 원	
대출	− 5,000만 원	시세 7,000만 원 (낙찰과 동시에 시세차익 1,000만 원)
비용	500만 원	
보증금	− 1,000만 원	
내 투자금	500만 원	

시세 7,000만 원인 빌라를 6,000만 원에 낙찰받았고 대출 5,000만 원이 나왔다. 취득세·기타 비용으로 500만 원이 들었다면 순수하게 내 돈은 1,500만 원이 들어가게 된다. 여기에 임차인을 세팅해서 보증금 1,000만 원을 받는다면? 내 돈은 최종적으로 500만 원이 들어간 셈이다. 500만 원으로 7,000만 원짜리 빌라의 주인이 된다니 엄청나지 않은가? 게다가 월세까지 받고 나니 대출이자를 내고도 돈이 남는다.

하지만 이것은 아무것도 아니다. 대출받고 보증금을 받아 내 투자금은 단 한 푼 들지 않고 오히려 돈이 생기는 경우도 있다. 이것이 바로 레버리지의 힘이다.

물론 주택에 대한 대출 규제가 심해지고 있어 현재 수도권 요지는 이만큼의 대출이 어렵지만 비규제지역이나 주택이 아닌 물건들은 여전히 큰 레버리지가 가능하다(경매를 하라거나 빌라를 사라는 말이 아니라 레버리지의 효과를 보여주는 사례다).

지식을 갖추고 발품을 파는 사람, 준비된 사람에게는 언제나 기회가

기다리고 있다. 준비하고 좋은 기회를 찾는 것, 그리고 좋은 기회를 발견했다면 적절한 레버리지로 공략하는 것이 우리가 앞으로 해야 할 일이다.

대출이 줄어든다

대출 7,000만 원을 이용해 1억짜리 부동산에 투자했다고 가정해보자. 이 경우 내가 대출을 갚지 않더라도 시간이 지날수록 대출금은 줄어든다. 도대체 무슨 말일까? 자본주의 사회에서 인플레이션은 지속적으로 발생한다. 자산 가격은 상승하고 화폐 가치는 하락한다. 시간이 갈수록 돈의 가치가 하락하기 때문에, 내가 받은 대출금 7,000만 원은 5년, 10년 뒤 6,000만 원, 5,000만 원으로 그 실질가치가 하락한다. 미래 시점에 대출을 갚는다면, 그 시점의 현금 가치로 7,000만 원보다 더 적은 돈이 필요하다는 뜻이다. 이것 또한 레버리지의 장점이다. 레버리지를 사용해 투자했다면 자산 가치의 상승과 대출금의 현금 가치 하락이라는 두 가지 효과를 이중으로 얻을 수 있다.

투자금이 늘어난다

내가 7,000만 원의 대출을 받아 투자한 1억짜리 부동산 가격은 시간이 갈수록 올라간다. 또 7,000만 원 대출금의 실질가치는 점점 하락한다. 1억짜리 부동산이 1억 3,000만 원이 됐다면, 2,000만 원의 추가대출을 받을 수 있다. 시세차익 3,000만 원에 추가로 조달할 수 있는 돈 2,000만 원이 더 생기는 것이다.

그럼 이 대출금으로는 무엇을 할까? 추가로 현금흐름을 만들 수 있는 자산에 투자하면 된다. 자산 가격 상승에 따라 조달할 수 있는 돈은 점점 늘어나고 갚아야 할 대출의 가치는 점점 줄어든다.

자본주의 사회에서 레버리지가 왜 필수인지 이해가 됐으리라 믿는다. 부자가 되는 데 필수 요소인 레버리지를 잘 다룰 수만 있다면, 빠르고 효율적으로 부자가 될 수 있다.

고정관념을 깨면 새로운 레버리지가 보인다

투자에서는 보통 남의 돈인 대출을 레버리지의 대명사로 생각한다. 하지만 대출을 받기 이전에 해야 할 것이 있다. 내가 가진 돈을 극대화하는 것이다. 바로 잠자는 내 돈을 깨우는 것! 대출을 사용하는 레버리지와 내 돈을 극대화하는 레버리지가 결합되어야 최대의 효율을 끌어낼 수 있다.

지금부터 소개할 이 방법들을 통해 종잣돈이 없는 상황에서 투자용 자본금을 한순간에 마련할 수도 있고, 대출 상환 자금으로 사용할 수도 있다. 잘만 찾아보면 누구에게나 잠자고 있는 돈이 있는데, 이 잠자는 돈을 깨우는 방법을 알아보자.

가장 쉬운 종잣돈 마련 방법, 전세보증금

가장 대표적인 레버리지가 바로 전세보증금이다. 종잣돈이 없는 사람은 큰 전세에서 작은 전세로 옮기거나 월세로 옮기고 남은 보증금을 투자에 사용할 수 있다. 또는 가능하다면 금리가 낮은 전세대출을 이용할 수도 있다. 실제로 전세보증금을 이용해 부를 일군 사람이 매우 많다.

대부분 사람은 결혼하고 애 키우다 보면 가진 돈은 없고 전셋집 하나 남는 경우가 많은데, 이 전세보증금이 훌륭한 종잣돈이 될 수 있다.

내가 아파트에 3억 전세로 살고 있다고 해보자. 집 규모를 줄이긴 어렵고 같은 평형의 월세로 옮기고자 한다면, 보증금 3,000만 원/월세 90만 원 수준의 아파트로 옮길 수 있다(지역과 시기에 따라 다르다). 그럼 곧바로 수중에 2억 7,000만 원이라는 종잣돈이 생긴다.

2.7억의 위력을 실감하기 위해 시뮬레이션을 해보자. 내 돈 2.7억으로 대출 2.3억을 끼고(보증금 미고려) 5억짜리 다가구주택에 투자한다면? 수익률이 5%일 때는 월 200만 원, 6%일 때는 월 250만 원의 수익금이 생긴다. 추가로 발생하는 대출이자와 관리 비용을 고려하더라도 훌륭한 투자다.

또 전세가율 70%짜리 아파트에 투자한다면, 9억짜리 아파트를 내 돈 2.7억에 전세 6.3억을 끼고 살 수도 있다. 엄청나지 않은가? 생각의 변화 하나로 이런 큰 위력을 가진 종잣돈을 즉시 만들어낼 수 있는 것이다.

물론 이 방법을 실행하려면 결단이 필요하다. 보증금을 사용할 수 있게 되는 만큼 집 규모가 줄거나, 월세 등으로 주거비가 급격히 올라가는 단점이 있기 때문이다. 이것 또한 내 돈을 극대화하는 레버리지이기 때문에 위험도가 올라가고 손실이 확대될 수도 있는 대출 레버리지의 단점은 동일하게 나타난다. 따라서 시기와 투자처를 현명하게 선택해야 하고, 자신이 투자 준비가 된 상태에서 사용해야 한다.

퇴직금

퇴직금을 반드시 50~60세 퇴직 이후에만 받아야 할까? 아니다. 이것 또한 고정관념이다. 퇴직금도 전세보증금과 같이 훌륭한 종잣돈이 될 수 있다.

1년 이상 일한 직장인이라면 일정 조건 충족 시 누구나 퇴직금을 받을 수 있다. 퇴직금은 회사에서 적립해서 운용하는데, 종류에 따라 운용 방법이 달라진다. 확정기여형(DC)과 같이 근로자가 운용할 수 있는 자금이라면 모를까, 가입 비중이 높은 확정급여형(DB)은 수익률이 예금 이자 수준으로 매우 낮고 수수료는 높은 비효율적인 투자 중 하나다.

예금은 재테크가 아니다. 퇴직금 또한 이런 방식으로 굴린다면 수천만 원에서 억대에 달하는 종잣돈을 평생 예금에 넣어놓는 것과 다를 바가 없다. 이 돈을 퇴직연금 계좌에 적립하지 않고 미국 우량주에 수십 년간 넣어놓는다면? 그 기회비용을 생각하면 머리가 아찔하다.

물론 퇴직금은 대략 '3개월간 평균급여×근속연수'로 계산되기 때문에 급여가 올라가고 연차가 늘어날수록 급격히 유리해지긴 한다. 하지만 그동안 자산 가치가 상승하는 속도를 과연 퇴직금 운용 수익률이 따라갈 수 있을까? 우리가 두려워해야 할 것은 퇴직금을 미리 사용한다는 것이 아니라, 그 많은 돈을 저금리로 묵혀두고 돈의 가치를 갉아먹고 있다는 사실이다.

한 회사에 10년간 근무했고, 급여가 현재 400만 원이라면 대략 4,000만 원의 퇴직금을 받을 수 있다고 보면 된다. 종잣돈으로 손색없는 금액이다. 그럼 이 퇴직금을 어떻게 꺼내 쓸 수 있을까? 중간정산 또는 사내의 퇴직금담보대출이라는 제도를 이용하면 된다. 퇴직금 운용 방식에 따라 중간정산이 안 되는 경우 또는 일정 조건을 충족해야 하기 때문에 중간정산이 안 되는 경우엔 사내에서 운용 중인 퇴직금담보대출상품을 이용하자. 퇴직금담보대출은 무이자 또는 저금리인 경우가 많기 때문에 효율적이다. 또 퇴직금담보대출 외에도 사내 복지 차원에서 직원들에게 무이자 또는 저리로 추가대출이 가능한 경우도 있다.

만약 '건드릴 게 없어서 퇴직금까지 건드려?'라거나 '절대 퇴직금엔 손댈 수 없어!'라는 생각이라면 안 쓰면 된다. 전세보증금과 마찬가지로 레버리지를 사용할 마인드와 지식이 준비되지 않았다면 차라리 쓰지 않는 것이 나을 수 있다. 준비되지 않은 상황에서 퇴직금을 함부로 운용하다가 원금 손실마저 보게 된다면 오히려 노후 대비 자금을 까먹는 결과를 초래할 수도 있기 때문이다. 레버리지는 투자에 대한 준비가 된 상태에서 신중하게 사용하자.

중고물품 판매

당신이 가지고 있는 물품들을 살펴보자. 지금 당장 필요한 물건은 사실 몇 개 없다. 이 중에서 가격이 비싼 순서대로 생각해보자. 자동차, 전자제품, 악기, 고가의 취미 용품 등이 있을 것이다. 지금 당장 차를 써야 하는 상황이 아니라면 몇 년 불편함을 감수하고 차를 팔아 자금을 마련할 수 있다. 또 지금 당장 취미생활을 즐겨야 하는 것이 아니라면 고가의 전자제품, 악기 등을 팔아 자금을 마련할 수도 있다. 이렇게 생활 규모를 줄여가고 미니멀 라이프를 지향하는 삶은 투자 의사결정과 판단, 정서에도 도움이 된다.

지금 당장의 즐거움을 포기하고 불편함을 감내함으로써 생긴 자금으로 대출을 갚거나 투자에 사용하는 것은 미래를 위해 매우 좋은 선택이자 성취감도 함께 느끼는 방법이다.

보험 해지

보험은 심플할수록 좋다. 꼭 필요한 보험만 남기고 정리하자. 온갖 보험을 다 들고 보험으로 재테크를 하는 사람은 보험만 잘 정리해도 매달 많은 현금흐름을 만들어낼 수 있을 것이다.

　　보험은 위험을 보장해주는 자산이지만 비중이 지나치게 높아질 경우 투자 효율성 측면에서 매우 불리해진다. 한 번은 꼭 보험을 정리하자.

개인연금 해지

노후 대비 목적으로 국민연금 외에도 개인적으로 여러 종류의 연금을 과다하게 준비하는 경우가 많다. 연금도 나중에 받을 돈을 미리 예금하는 개념의 투자이기 때문에 수익률 측면에서 비효율적이고, 화폐 가치의 하락(인플레이션)까지 고려한다면 그 가치는 더욱 떨어진다. 중복되는 연금상품이 많다면, 꼭 필요한 1~2개로 정리하자. 그 돈으로 차라리 종잣돈을 만들어 투자하는 것이 좋은 선택일 수 있다.

○ 꿀팁 5 ○

대출 사용 시 피해야 하는 일 네 가지

- **신용대출로 주식에 투자하는 것**

  이것은 나쁜 대출이며, 주식과 같이 단기 변동성이 큰 투자처는 절대 빚내서 투자하면 안 된다. 주식 자체로도 고위험 상품인데 대출까지 끼고 하는 주식투자는 리스크가 너무 커진다. 게다가 신용대출의 이자비용도 크기 때문에 이미 시작과 동시에 지고 들어가는 싸움을 하게 된다.

- **신용대출이 있는 상태에서 예금과 적금을 붓는 것**

  대출과 예금·적금 중 어떤 금리가 높은가? 당연히 신용대출부터 갚아야 함에도, 대출을 갚지 않고 예금·적금을 하는 사람이 의외로 많다.

- **자동차나 카드 할부금을 내며 주식투자를 하는 것**

  이런 할부금은 나쁜 대출 중에서도 정말 나쁜 대출이다. 이런 나쁜 대출을 안고 주식투자의 리스크를 부담하는 것은 가장 나쁜 재테크다.

- **신용대출을 받아 투자하며 종잣돈을 모으는 것**

  이 경우는 투자가 잘돼도, 안돼도 모두 좋지 않다. 잘될 경우 안 좋은 습관이 들게 돼 언젠가 크게 실패할 것이고, 잘 안될 경우 돈도 날리고 종잣돈은 물 건너가며 대출만 남는 최악의 상황이 벌어진다.

💎 자본주의 사회에서 대출 활용법

자본주의 사회에서 부자가 되는 방법은 부의 핵심인 레버리지, 즉 대출을 얼마나 잘 이해하고 잘 사용하느냐에 달렸다. 대출을 잘 받는 법, 대출과 투자의 우선순위, 대출 상환 순서를 정하고 잘 상환하는 법, 대출을 갚지 않는 법을 익히는 것이 자본주의하에서 성공하는 지름길이다. 또 대출을 알아야 하는 중요한 이유는 대출을 잘못 쓰거나 대출에 대한 이해 부족으로 인생이 잘못된 방향으로 가게 될 수 있기 때문이다. 다음의 내용을 잘 숙지하고 투자에 임한다면 반드시 좋은 결과가 있으리라 믿는다.

대출 현명하게 받는 열 가지 방법

대출을 잘 받는 것, 잘 관리하는 것은 레버리지 사용의 첫 번째 단계다. 은행에서 좋은 조건으로 대출받는 방법을 알아보자.

신용도를 목숨처럼

신용도는 내 대출 한도와 금리를 결정하는 핵심적인 요소다. 뒤에서 소개하는 '신용점수 올리는 세 가지 방법'을 꼭 실천하고, 이 습관을 평생 유지하기 바란다. 당신이 앞으로 레버리지를 계속해서 사용하고 레버리지의 크기가 커질수록, 좋은 신용도 덕에 아낄 수 있는 금융비용이 수백, 수천만 원에 달할 것이다.

대출은 필요한 만큼만

대출을 받을 때 중요한 것은 내가 지금 받는 대출의 용도가 확실히 정해져야 한다는 것이다. '은행에서 한도 더 준다는데 좀더 받아볼까?' 같은 마인드는 절대 안 된다. 대출은 필요한 곳에 필요한 만큼만 쓰고, 특히 대출이 부동산투자 목적이 아닌 소비성이라면 꼭 필요한 만큼만 받자. 대출을 많이 받으면 수수료 측면에서도 불리할뿐더러 필요도 없는데 받은 대출은 주식투자, 쇼핑 등으로 쉽게 빠져나가게 된다.

은행에서 대출 한도를 최대한 높여주려는 데는 다 이유가 있다. 필요한 돈이 2,000만 원이라도, 대출 한도를 5,000만 원으로 높여놓으면 머지않아 그 한도를 다 채워 쓰리라는 걸 알기 때문이다. 이렇게 한도를 꽉 채워 대출을 사용하다가는 대출이자에 또다시 이자가 붙는, 마이너스의 복리 효과를 몸소 체험하게 될 것이다. 특히 마이너스 통장을 조심해야 한다. 계획 이상의 대출은 반드시 소비성·투기성 자금으로 쓰이게 됨을 기억하자.

대출 조건은 발품이 결정한다

사람들은 보통 1~2만 원짜리 온라인 쇼핑을 할 때는 리뷰뿐 아니라 여러 곳을 비교하며 꼼꼼히 발품을 팔지만, 오히려 금융상품을 찾을 때는 게을러진다. 하지만 찾아보면 내 직업, 업종, 소득, 신용도 등에 맞는 상품이 분명히 있다. 디딤돌, 보금자리론, 사잇돌, 햇살론, 금융인·의료인·법조인·공무원 전용 상품 등 상품은 수두룩하다. 이 외에 시기별 캠페인도 있고 은행의 우량 거래처 직원들에게 제공하는 우대 상품도 있다.

자신에게 맞는 상품을 찾아내면 금융비용을 상당히 아낄 수 있다. 같은 은행이라도 지점마다 특화 상품이 다를 수 있고 온라인 전용 상품, 앱 전용 상품 또는 한도·금리 프로모션 등 발품을 얼마나 팔고 알아보느냐에 따라 더 좋은 조건의 상품을 찾을 가능성은 커진다.

금리는 내가 낮춘다

보통 은행에 가면 대출금리를 창구 직원이 통보해준 대로 수용하는 경우가 많다. 하지만 대출 조건은 상황에 따라 크게 달라질 수 있다. 해당 은행 지점의 마진을 좀 줄이고 더 싸게 해주느냐, 대출 결재를 지점 내부에서 끝내느냐 아니면 본점까지 올리느냐 등에 따라 달라진다는 말이다. 금리를 낮춰달라고 최대한 요청하고, 다른 은행 금리와도 비교하여 협상을 할 수도 있다.

먼저 금융감독원 또는 은행연합회 홈페이지나 대출상품을 비교해주는 사이트, 앱 등에서 대략적인 조건을 확인하고, 그중에서 조건이 좋은 곳 몇 군데를 골라 유선상담이나 내방상담을 진행하면 된다. 또 인터넷은행이나 앱 전용 상품의 금리가 오히려 저렴한 경우가 있다. 발품을 많이 팔다 보면, 분명 가장 좋은 조건의 은행 한두 군데는 나타나기 마련이다. 명심하자! 발품을 팔수록 조건은 좋아진다.

주거래은행에 목매지 말자

보통 오래전부터 습관적으로 써왔던 은행(스스로 주거래은행이라 믿는)을 맹신하는 사람들이 많다. 대출을 받을 때도 주거래은행 한 군데서만 견적을 받고 대출을 진행한다. 하지만 발품을 팔다 보면 주거래은행 대출 조건이 생각보다 안 좋은 경우가 많다. 대출받을 때만큼은 더 많이, 더 좋은 조건으로 대출해주는 곳이 진정한 주거래은행이다. 급여이체, 관리비이체 등 은행 측에서 원하는 것 몇 가지만 해주면 그간 이용하던 은행 이상으로 좋은 조건을 받을 수 있는 곳이 반드시 있다. 발품을 팔아 조건 좋은 은행을 찾자.

동시에 여러 은행에서 진행하지 말자

대출을 진행할 때 대여섯 군데가 넘는 은행에 자료를 넣고 대출을 진행하는 사람을 볼 수 있다. 신용조회는 아무리 많이 해도 신용점수가 내려가진 않는다. 하지만 문제는 은행의 심사 과정이다. 이렇게 단기간에 너무 많은 금융기관에서 신용조회가 일어나는 상황을 은행에서는 선호하지 않는다. '이 사람은 분명 급전이 필요하거나 급한 사정이 있다'라고 판단하거나 특히 신용대출의 경우 같은 날 같은 시간, 다른 은행에서 동시에 대출을 받으려 하는 경우로 의심하여 대출 실행이 안 될 수도 있다.

일단 대략적인 조건을 인터넷, 유선으로 알아봤다면 실제 진행은 한두 군데, 많더라도 두세 군데를 넘기지 않는 것이 좋다. 그리고 최종적으로 조건이 정해졌다면, 그 후엔 한 군데에서만 진행하자.

금리 인하 요구권을 이용해라

이미 대출을 받은 이후에도 자신의 신용 상태가 개선됐다면, 또는 기업의 매출과 재무제표가 개선됐다면, 은행에 요구해서 대출금리를 낮출 수 있는 제도다. 소득이 늘었을 때, 부채가 줄었을 때, 신용도가 상승했을 때, 해당 금융사 거래실적이 늘어났을 때 등과 같이 해당사항이 있다면 지체 없이 은행에 전화로 문의하거나 인터넷뱅킹 등을 통해 신청하면 된다. 그 후 필요 서류를 제출하면 영업점에서 심사 후 결과를 통보해준다.

비대면으로 서류만 제출할 수 있어 간편하다. 금리 인하 요구권은 보통 개인 신용대출에 해당하고, 정책자금대출 등 금리가 정해진 대출에는 적용되지 않는다. 하지만 일단 대출이 있다면 은행에 문의해보자. 밑져야 본전이다.

연 2회 가능하고 같은 사유로 6개월 이내에는 재신청할 수 없다. 그리고 최근 신규대출, 연장 등의 약정을 한 경우엔 3개월 이후에 신청이 가능하다.

신용 상태가 많이 개선됐다면 금리가 2% 정도 내려가는 경우도 있는데 대출 금액이 1억이라면 연 200만 원의 이자비용을 아낄 수 있다. 대출을 사용하고 있다면 '금리 인하 요구권'을 반드시 기억했다가 해당 사항이 생겼을 때 꼭 신청해서 혜택을 받기 바란다.

연체는 독이다

금융거래에서 가장 안 좋은 것 한 가지를 꼽으라면 바로 연체다. 그만큼 연체의 악영향은 어마어마하다. 연체는 신용도를 하락시키고, 대출금리를 상승시킨다. 단 하루의 연체라도, 그리고 적은 금액이라도 연체는 절대 하지 말자. 대출이자가 나가는 자동이체 통장 잔고도 미리미리 확인하고 혹시 금액이 부족하진 않았는지 이자 납입일 이후에도 확인하는 습관을 들이자.

원리금균등상환보다 원금균등상환

대출 상환 방법에는 여러 가지가 있는데 대표적인 방법이 만기일시, 원금균등, 원리금균등, 마이너스 통장이다.

대출은 크게 한도대출과 건별대출로 나뉜다. 한도대출은 내가 마음대로 원금을 넣었다 뺐다 할 수 있는 대출로, 은행 입장에서는 비효율

표 7-3 **대출 상환 방법**

구분		상환 방법	비고
건별 대출	만기일시	만기에 원금 일시상환	
	원금균등	매월 같은 금액의 원금 상환	초반에 원금 상환 ↑ 총 납입이자 ↓
	원리금균등	매월 같은 금액의 원금+이자 상환	초반 원금 상환 ↓ 총 납입이자 ↑
한도 대출	마이너스 통장	원금을 수시로 입출금, 만기 한도 해지 시 원금 일시상환	

적인 대출이므로 금리가 더 비싸다. 반면 건별대출은 한도대출과 같이 대출 한도를 설정하는 것이 아니라 목돈을 한꺼번에 지급하는 방식이다.

만기일시상환은 원금에 대한 이자만 내다가 만기 때 원금을 한꺼번에 상환하는 방식, 원금균등분할상환은 대출 기간에 매달 같은 금액의 원금을 상환하는 방식, 원리금균등분할상환은 대출 기간 전체의 원금과 이자를 계산해 그 금액을 대출 기간으로 나눠 매월 같은 금액을 납입하는 방식이다.

원리금균등이 매달 같은 돈을 내기 때문에 관리하기는 편하지만, 실제 고객 입장에서 유리한 것은 원금균등 방식이다. 원금균등은 원리금균등에 비해 시간이 갈수록 부담하는 이자가 줄어들게 되므로 대출 전체 기간으로 놓고 보면 고객이 부담하는 이자 금액이 더 적다는 장점이 있다.

물론 원금을 최대한 나중에 갚아야 하는 상황이라면 만기일시 또는 일정 기간 거치 후 상환하는 방법도 필요할 수 있다. 자신의 상황에 맞게 선택하되, 일반적인 경우라면 원금균등 방식으로 받는 것이 좋다.

대출이 필요 없어졌다면, 대출청약 철회권!

대출을 받았는데 갑자기 대출이 필요 없어졌다면? 예전 같으면 중도상환 수수료를 물고 상환해야 했다. 하지만 지금은 대출청약 철회권이라는 제도가 생겼다. 은행에서 대출을 받고 14일 이내에 철회를 요청하면 중도상환 수수료 없이 대출 계약을 없던 것으로 해준다(물론 대출 기록도 삭제된다).

단, 대출원금과 대출을 받고 나서 발생한 이자, 발생한 수수료 등 비용을 모두 내야 한다. 개인대출에 한해 가능하며(법인대출은 불가) 신용대출 4,000만 원, 담보대출 2억 원 이하만 철회 대상이다. 또 동일 금융회사에서 1년에 두 번 가능하고, 전체 금융회사에서 한 달에 한 번만 가능하다.

좋은 대출과 나쁜 대출

대출에는 두 종류가 있다. 바로 좋은 대출과 나쁜 대출이다. 간단히 구분하자면 좋은 대출은 자산이나 현금흐름이 발생하는 대출, 즉 투자에 사용한 대출이고(단, 적절한 규모로 쓰인 부동산담보대출에 한한다), 나쁜 대출은 좋은 대출 외의 대출과 현금흐름이 감소하는 대출, 즉 소비성 대출이다. 〈표 7-4〉를 보자.

표에서 볼 수 있듯이 부동산투자 목적의 적절한 규모의 대출은 좋은 대출이며, 그 외의 대출은 나쁜 대출로 보면 된다. 일단 부동산담보대

표 7-4 **좋은 대출 vs. 나쁜 대출**

구분	사용처	예시	특성	비고
좋은 대출	투자 목적	부동산담보대출	저금리	부동산담보대출 외 대출은 나쁜 대출
나쁜 대출	소비 목적 또는 고위험 투자	생활비 용도의 신용대출, 학자금대출, 차 할부금 등	고금리	

출은 대출상품 중 이자가 가장 낮은 편에 속하기 때문에 부동산 레버리지 투자는 금융비용 측면에서 안정적이다. 하지만 주식을 담보로 대출을 받거나 신용대출로 주식투자를 한다면 이자 부담이 너무 커진다. 대출이 들어간 투자는 일단 금리가 낮아야 장기간 안정적 투자가 가능하고 투자 심리도 흔들리지 않는데, 고금리 대출을 받아 주식에 투자하면 투자 자체가 조급해지고 이성적 판단을 하기 어려워진다. 그러니 되도록 대출은 좋은 대출(부동산투자 목적의 부동산담보대출)만 사용하기를 권한다.

학자금대출의 경우 보통 금리가 낮은데 왜 나쁜 대출일까? 직장에 취직한다는 것, 사회생활을 시작한다는 것은 학창 시절과의 단절을 의미한다. 부모님의 보호 아래 지원받고 부모님의 생각대로 살아왔던 삶에서, 자신이 능동적으로 선택하고 판단하는 자기 주도적 삶으로 바뀌는 것이다. 학자금대출을 갚는다는 것 또한 그런 의미를 갖는다. 학자금대출을 갚고 마이너스(-)가 아닌 0에서부터 새롭게 시작해야 온전히 새로운 마음으로 종잣돈을 모을 수 있다. 학자금대출이 있는 상태에서는 새로운 삶으로 전환하지 못한다. 재테크에서는 이런 마인드가 매우 중요하다.

앞으로 당신이 투자 활동을 할 때 좋은 대출과 나쁜 대출을 구분할 수 있어야만 대출이라는 레버리지를 현명하게 사용할 수 있다. 무엇이 좋은 대출인지도 모르고 무분별하게 쓰다가는 큰 낭패를 볼 수 있으니 반드시 숙지하자.

투자 이전에 나쁜 대출부터 갚아야 하는 이유

대출 상환이 먼저일까? 아니면 대출은 그냥 두고 종잣돈을 모아 투자하는 것이 먼저일까? 누구나 한 번쯤은 해봤을 고민이다. 주위를 보면 4%짜리 신용대출을 갖고 있으면서 2%짜리 적금으로 종잣돈을 모으는 사람이나, 카드 할부금 내면서 적금 드는 사람, 차 할부금 내면서 주식투자를 하는 사람들이 있다. 대출부터 갚고 종잣돈 모아 투자하자니 시간이 너무 걸릴 것 같고, '차라리 대출 갚을 돈으로 투자해서 돈을 불려 대출을 갚는 게 빠르지 않을까?'라고 생각하는 사람도 분명 있을 것이다. 도대체 어떻게 해야 할까?

결론부터 말하면, 나쁜 대출을 먼저 갚는 것이 원칙이다. 이 원칙을 바탕으로, 다음 네 가지는 반드시 피하자.

현재 고금리 신용대출, 학자금대출, 차량 할부금, 카드 할부금, 카드론·현금서비스 등의 나쁜 대출을 가지고 있다면 종잣돈을 모으거나 투자하지 말고 대출부터 갚아야 한다(좋은 대출, 즉 적정한 규모의 부동산담보대출은 제외).

다음 다섯 가지를 통해 나쁜 대출부터 갚아야 하는 이유를 알아보자.

비효율적이다

일단 나쁜 대출은 금리가 높은 경우가 많다. 이런 중·고금리의 대출을 두고 저금리인 적금으로 종잣돈을 모으는 것 자체가 시작부터 마이너스인 셈이다. 4%짜리 신용대출이자를 내면서 2%짜리 적금을 들고 있다면 단순 계산으로 2%의 손해를 보는 것이다.

투자를 하는 경우도 마찬가지다. 4%짜리 신용대출이 있는 상태에서 투자를 한다면 최소 4% 이상 수익을 내야만 손해를 보지 않는다. 시작부터 문턱이 높은, 엄청나게 비효율적인 투자다.

조급해진다

대출이 있는 상태에서의 투자는 앞서 말했듯이 일단 시작부터 비효율적이다. 이자비용을 초과하는 수익을 내야 하기 때문에 큰 압박 속에서 시작하게 된다. 행여 잘못된 판단으로 손실이라도 난다면 더 큰 대출을 받아 재투자하게 되는 실수로 이어질 수도 있다.

계속해서 많은 이자가 나가는 상태는 투자자를 굉장히 불안정하게 만든다(부동산에서 이자 이상의 월세가 나온다든가, 부동산 시세가 오르고 있다든가, 낮은 금리의 대출을 이용하는 경우는 제외). 일단 고금리 대출 탓에 투자에서 가장 중요한 시간이라는 요소에서 밑지고 들어가게 된다. 이 불안한 심리는 투자를 조급하게 한다.

최근 신용대출을 받아 주식에 투자하는 사람들의 비중이 굉장히 높아졌다. 한 번이라도 이런 투자를 해봤다면 알 것이다. 이런 투자는 절대 안정적인 장기 투자로 가기 어렵다. 또 갚아야 할 대출원금과 매달 빠지는 많은 이자가 투자자를 절박한 상태로 만들고 이 절박함이 투자자를 투기적인 상황으로 몰아간다. 게다가 손실까지 난다면 상황은 걷잡을 수 없이 나락으로 빠지게 된다. 불안정하고 조급한 상황은 투자를 투기로 변질시킨다.

판단력이 흐려진다

대출이 있는 상태에서는 정상적인 판단이 이루어지기 힘들다. 가령 신용대출이 있는 상태에서 종잣돈을 모은다고 생각해보자. 소비통제를 하고, 적금을 통해 안정적으로 일정 기간을 모아야 한다. 그런데 이 와중에 대출이자를 내야 한다면? 내가 숨만 쉬고 아무것도 하지 않더라도 대출이자는 매달 내야 한다. 몇십만 원의 이자를 내면서 1,000원, 2,000원 아끼며 종잣돈을 모으기란 심리적으로 매우 어렵다.

또 신용대출을 가지고 주식투자를 한다면? 주식 시세가 투자 금액에 따라 하루에 몇십만 원, 크게는 몇백만 원도 왔다 갔다 한다. 이런 상황에서 차근차근 소비를 통제하며 정상적으로 종잣돈을 모을 수 있을까?

대출은 사람을 조급하게 만들고 판단력을 흐리게 한다. 정상적인 상황에서도 자칫 한순간의 실수로 일을 그르칠 수 있는 것이 투자인데, 판단력마저 흐려진다면 결과는 뻔하다.

대출만 집중해서 갚는 것이 가장 빠르고 효율적이다

대출을 갚을 때는 다른 것은 멈추고 대출만 갚는 것이 가장 빠르고 효율적인 방법이다. 해본 사람은 안다. 종잣돈 모으기나 투자는 배제하고, 오직 대출 상환에만 집중하면 정말 빠르게 갚을 수 있다는 것을.

무엇보다 대출 상환과 투자를 병행하는 상황처럼, 실수로 인해 잘못

될 위험도 없다. 또 대출 상환에는 관성이 있다. 일단 속도가 붙기 시작하면 점점 더 빨라진다. 조금씩이나마 대출 계좌와 대출금이 줄어드는 경험을 한 사람은 강한 동기부여를 받게 되고, 이것은 더욱 절실하고 빠르게 대출을 갚게 하는 원동력이 된다.

또 오직 대출 상환에만 집중하면 대출 상환이라는 목표 아래 생활통제, 소비통제, 미니멀 라이프, 긴축재정, 건전한 생활로의 변화 등 생활 속 긍정적 시너지가 생겨 효율성도 올라간다. 나쁜 대출이 있다면 대출 상환 한 가지에 집중하자! 두 마리 토끼를 좇으면 두 마리 모두 놓치게 된다.

심리적 영향이 크다

나쁜 대출을 먼저 갚는다는 것은 심리적으로도 굉장히 중요한 의미가 있다. 나쁜 대출을 모두 갚는다는 것은 악순환의 고리를 끊고 선순환의 고리를 만든다는 의미다. 앞서 말했듯이, 나쁜 대출이 있는 상태에서는 종잣돈을 모으든 투자를 하든 모든 것이 비효율적이고 위험도 높아진다. 반면 나쁜 대출을 모두 갚아버리면 투자 마인드가 안정되고, 새로운 시작에 대한 각오도 생긴다. 〈표 7-5〉를 보자.

나쁜 대출 5,000만 원이 있고, 내가 따로 모은 5,000만 원이 있다고

표 7-5 **나쁜 대출 보유 여부에 따른 상황 차이**

나쁜 대출 보유 여부	자금 상황	결과
나쁜 대출 보유 시	−5,000만 원 +5,000만 원	악순환의 연속, 비효율
나쁜 대출 미보유 시	0	새로운 시작, 선순환의 시작

하자. 그럼 자산의 합계는 0이다. 이때 모은 돈 5,000만 원으로 투자를 한다면 결과가 좋지 않은 방향으로 흘러갈 가능성이 크고, 혹시라도 잘 못됐을 때 상황이 악화될 가능성도 매우 크다. 그런데 이 5,000만 원으로 대출을 갚고 자산이 0이 됐다면? 물론 지금 당장 투자할 자금은 없다. 하지만 마이너스 인생에서 플러스 인생으로 전환된다는 큰 의미가 있다.

나쁜 대출은 잘못된 생활 습관, 소비 패턴과 연관이 깊다. 나쁜 대출을 갚는다는 것은 그것이 주식담보대출이라면 공격적인 투자 습관의 고리를 끊는 것이고, 차 할부금이라면 소득 대비 높은 소비 습관의 고리를 끊는 것이며, 학자금대출이라면 사회에 나오기 전 준비되지 않았던 학생 시절과의 연결고리를 끊는 것이다.

나쁜 대출을 모두 갚음으로써 지난날의 안 좋았던 습관이나 안 좋았던 상황과 단절하고, 새로운 마음으로 종잣돈을 모아 다시 시작할 수 있다. 나쁜 대출과 자산을 동시에 갖지 마라. 즉, '-5,000만 원'과 '+5,000만 원'을 모두 갖지 말고 '0'을 만들어라. 마인드가 달라질 것이며, 0 이후의 시간은 플러스로 향해 가는 생산적인 시간이 될 것이다.

만약 나쁜 대출을 가지고 있다면 절대 조급해하지 말고 대출부터 갚자. 오히려 그동안 시간을 벌 수 있다. 바로 공부하고 재테크를 준비할 수 있는 시간이다. 우리는 종잣돈을 모으는 3년간 재테크를 공부하고 경험을 쌓아야 한다. 종잣돈이 늦어지는 만큼, 대출을 갚는 동안 더 절실히 공부하고 노력하자. 그 결실은 반드시 나타난다. 또 나쁜 대출을 모두 갚은 성취감과 긍정적인 마인드는 당신이 더 나은 성과를 내도록 만들어줄 것이다.

대출 빨리 갚는 열두 가지 방법

어떻게 하면 대출을 빠르고 효율적으로 갚을 수 있을까? 지금부터 소개하는 열두 가지 방법만 지킨다면 가장 빠르게 대출을 상환할 수 있고, 나쁜 대출이 없어지는 순간부터 자산은 급격히 불어날 것이다.

대출 현황을 파악해라

지피지기면 백전백승이라고 했다. 즉, 상대를 알고 나를 알아야 이길 수 있다. 그런데 사람들과 이야기를 하다 보면 굉장히 놀라운 사실이 발견된다. 자신이 대출을 언제·어디서·얼마를 받았고 남은 잔액이 얼마인지, 매달 납부하는 원금과 이자가 정확히 얼마인지, 대출금리는 몇 퍼센트인지, 만기는 언제인지 정확히 아는 사람이 거의 없다는 사실이다.

부채가 얼마이고, 언제까지 매달 얼마를 갚아야 하는지도 모르면서 대출 상환 계획, 투자 계획을 짤 수 있을까? 이런 상태라면 재무 상황은 절대 좋아질 수 없다.

대출 상환은 자신의 대출 현황을 파악하는 것에서 시작된다. 자신의 상황도 모르면서 계획을 세우고 실행한다는 것은 어불성설이다. 지금 당장 자신의 대출 현황부터 파악하자. 각 은행 인터넷뱅킹에서 모두 확인할 수 있다. 〈표 7-6〉은 대출 현황표 샘플이다. 이 표와 같이 자신의 대출 현황을 기록하고 관리하기 바란다.

표 7-6 대출 현황표 예시

(단위: 천 원)

상환 순서	금융 기관	종류	최초 대출금	현재 잔액	금리	월 상환액			대출 일자	만기 일자	담보	좋은대출/ 나쁜대출	비고
						원금	이자	합계					
1	하나 카드	현금 서비스	1,000	800	18.0%	–	12	12	2020. 01.06		신용	나쁜 대출	
2	하나 카드	카드론	5,000	5,000	12.0%	–	50	50	2019. 12.05		신용	나쁜 대출	
3	현대 캐피탈	차 할부금	24,000	15,000	10.0%	1,000	125	1,125	2019. 01.10	2021. 01.10	신용	나쁜 대출	24개월 할부
4	새마을 금고	주식투자용 대출	20,000	20,000	6.0%	–	100	100	2019. 10.15	2022. 10.15	신용	나쁜 대출	3개월 뒤 변동금리
5	시티 은행	생활자금	30,000	30,000	4.0%	–	100	100	2019. 08.01	2020. 08.01	신용	나쁜 대출	건별대출
합계			80,000	70,000		1,000	387	1,387					

* 2021.01.21 기준

상환 순서가 따로 있다

대출 상환에도 순서가 있다. 순서를 지켜야 이자를 가장 적게 내고, 가장 빠르게 상환할 수 있으며, 신용도 또한 가장 빠르게 올라간다. 다음 상환 순서를 기억하자.

대출 상환 순서

1. 고금리 대출 → 저금리 대출
   상환할 때 중도상환 수수료 등도 고려해 비용이 적은 순서로 상환한다.
2. 신용대출 → 담보대출
3. 3금융권 → 2금융권 → 1금융권 순서로 상환
   3금융권은 대부 업체, 2금융권은 저축은행·캐피탈·새마을금고 같은 단위 금융기관과 보험사 등, 1금융권은 신한·국민·우리은행 등 시중은행을 말한다.

이 순서대로 대출을 상환하면 비용, 신용도 개선 측면에서 가장 유리하다. 신용대출이 적을수록, 대출 계좌 수가 적을수록, 1금융권 대출 위주일수록 신용도 상승에 도움이 된다. 그런데 한 가지 예외가 있다. 대출 금액이 현저히 적은 계좌가 있는 경우다. 이런 경우 1금융권 대출이고 담보대출이더라도, 또 금리가 낮더라도 먼저 상환함으로써 계좌 수를 줄이는 것이 좋다. 예를 들어 다음과 같은 경우다.

- 2금융권 신용대출: 1,000만 원(6%)
- 1금융권 신용대출: 800만 원(4%)
- 1금융권 담보대출: 200만 원(3%)

앞서 얘기한 대로라면 금리가 높은 1,000만 원, 800만 원 200만 원 순서로 상환해야 한다. 하지만 대출 금액이 가장 적은 200만 원 계좌를 가장 먼저 상환하는 것이 좋다. 즉, 200만 원 → 1,000만 원 → 800만 원 순서로 상환한다. 1,000만 원과 800만 원은 어차피 대출 금액 차이가 크지 않기 때문에 금리 순서로 상환하면 되고, 대출 잔액이 가장 적은 200만 원을 먼저 상환하여 계좌 수를 줄이는 것이다.

이렇게 하는 이유는 200만 원 계좌가 1금융권 담보대출에 금리도 낮긴 하지만, 가장 빨리 갚을 수 있는 계좌를 먼저 상환해 계좌 수를 줄이는 것이 심리적으로 도움이 되기 때문이다. 실제로 대출 상환에서 동기를 가장 크게 부여하는 것은 남아 있는 대출 금액이 아니라 남아 있는 대출 계좌의 수라는 연구 결과가 있다.

새로운 수입원을 찾아라

대출을 빠르게 상환하기 위해 필요한 것은 소득을 늘리는 것이다. 주 수입을 늘린다면 가장 좋겠지만, 그것이 어렵다면 부업을 할 수 있다. 최근 재능판매, 무자본 창업, 유튜브·블로그, 인터넷 부업, 택배·운전 관련 부업 등 많은 부수입 창출 방법이 생겨났다. 잘 찾아보면 자신에게 맞는, 적은 노력으로 좋은 효율을 내는 부업 한 가지쯤은 발견할 수 있을 것이다.

단, 되도록 본업이나 자신이 하고 있는 일을 확장하는 방식으로 부수입을 늘리는 것이 좋다. 단순히 노력과 시간을 맞바꾸는 아르바이트 형식의 부업보다, 자신의 가치를 높이고 무자본 창업과 연결될 수 있는 방향으로, 또 자신을 브랜딩할 수 있는 방향으로 진행하라는 얘기다.

'난 차라리 그 시간에 재테크 공부를 하고 경험을 쌓는 등 나를 위해 투자하겠어'라고 생각한다면 그것도 좋다. 어쨌든 현재의 소득을 늘리거나 미래의 소득을 늘리는 방향으로 자신의 시간과 노력을 갈아 넣어야 한다.

어쨌든 기본은 소비통제다

재테크나 사업이 본격적인 궤도에 오르기 전에 가장 빨리 돈을 마련하는 방법은 다름 아닌 소비통제다. 우리는 본격적으로 굴리기 전 대출 상환 단계에 있기 때문에 소비통제를 통해 대출 상환금을 최대한 확보해야 한다. 5만 원 외식 한 번 줄이면 대출금 5만 원이 줄어든다! 종잣돈 모으는 시기와 마찬가지로 생활을 최대한 통제하고 대출 상환에 집중함으로써 최대한 빨리 대출을 상환하고, 대출 상환이 끝나는 대로 종잣돈 모으는 단계로 넘어가야 한다. 중요한 것은 종잣돈을 모으기에 앞서 나쁜 대출부터 갚아야 한다는 것이다.

내게 맞는 대출상품으로 갈아타라

나쁜 대출을 계획적으로, 전략적으로 받는 경우는 드물다. A은행에서 신용대출 2,000만 원을 받고, B은행에서 1,000만 원 증액하고, C은행에서 500만 원 더, 대출영업 스팸 문자로 연락해 어딘지도 모를 곳에서 300만 원 받고…. 보통 이런 식이다.

당연히 계좌 수는 많고, 금리도 제각각이고 비효율적인 경우가 대부분이다. 그런데 이 중구난방 대출 계좌들을 하나의 계좌로 통합할 수 있다면? 1금융권 대출로 2금융권 대출을 대환하거나, 여러 개의 계좌를 좀 더 낮은 금리의 한 계좌로 대환하는 등 효율적인 대출로 갈아탈 수 있다면, 금융비용과 신용도 측면에서 매우 유리해진다. 발품을 통해 내게 맞는 대출상품을 찾자!

저금리로 고금리를 상환해라

앞서 언급한 전세자금대출은 대표적인 저금리 상품이다. 여유 자금이 있다고 전세대출을 안 받는 것이 아니라 가능한 한 최대 한도로 전세대출을 받아 전세금에 충당하고, 남는 금액으로 고금리 신용대출을 상환하자. 그리고 같은 신용대출이라도 더 낮은 금리로 받을 수 있는 정책자금대출, 자신의 직종에 특화된 대출상품 등이 있다면 이런 저금리 상품으로 고금리 대출을 대환하자. 이 역시 알아보고 발품 팔기 나름이다.

대출 상환에만 집중해라

대출을 가장 빨리 갚는 방법은 다른 것을 포기하고 오직 대출 상환에만 집중하는 것이다. 대출을 상환하면서 종잣돈을 모은다든지 투자를 하는 것은 대출 상환 속도만 늦출 뿐이다. 돈은 모일수록 강해지고 흩어지면 약해진다. 즉 한 번에 하나의 목적에 집중하는 것이 최고의 효율을 낼 수 있다는 말이다. 게다가 빠르게 감소하는 대출금을 보면 동기가 더욱 충만해질 것이다.

대출 상환에 집중하면서 재테크 공부를 병행한다면 보다 효율적으로 시간을 보낼 수 있다. 가진 자금의 50%로 대출을 상환하고 50%는 투자를 하겠다는 사람도 있지만, 둘 다 실패할 가능성이 크다. 대출 상환에만 집중해서 최대한 빨리 대출을 갚고 새롭게 시작하길 바란다. 절대 늦은 시기란 없다. 단계를 밟아 차근차근 해나가면 된다. 대출을 갚고 종잣돈을 모아 10년 뒤 부자가 된다면 그것이 과연 늦은 것일까? 정도로 가는 것이 가장 빠른 길이란 사실을 명심하자.

대출 상환은 원금균등분할 방식으로

앞서 설명했듯이, 원금균등을 선택하는 것이 금융비용을 줄일 수 있어 효율적이다. 특히 기간이 길어질수록 납부하게 되는 이자 금액의 차이가 더 커지게 되니 되도록 원금균등 방식을 선택하자. 대출금이 클수록 이 차이는 더 크게 벌어진다.

보험은 필요한 것만

대출이자에 허덕이고 있으면서 종신보험, 변액보험, 실비보험, 암보험,

연금보험 등 온갖 보험을 유지하는 사람이 있다. 필요 없는 보험은 해지하고, 꼭 필요하다면 납입유예, 납입중지 제도를 이용하여 보험료 납입을 잠시 보류하자. 꼭 필요한 보험이 아니라면 대출을 다 갚고 나서 다시 시작해도 늦지 않다. 꼭 필요한 곳에 먼저 돈을 쓸 줄 아는 사람이 자본주의 게임에서 승리한다.

금리를 낮춰라

앞서 설명한 금리 인하 요구권은 주기적으로, 적극적으로 이용하자. 신용도 또한 금리 조건에 상당한 영향을 주기 때문에 평소 신용 관리 습관을 들이는 것이 좋다. 또 담보대출인 경우 대출 연장 시점에 보유한 부동산의 시세가 많이 올라갔다면 금리 인하 요구권과 별개로 금리를 좀더 내려달라고 요청할 수도 있을 것이다. 금융거래는 적극적인 사람에게 기회를 준다.

예비비는 필수다

대출을 갚을 때 소득 대부분을 쏟아붓는 사람이 있다. 대출 상환에 집중한다는 측면에서 매우 좋은 방법이지만, 이런 상황에서는 혹시 급한 상황이 생겼을 때 필요한 급전을 조달할 수가 없다. 가족 병원비, 사고 처리 비용, 경조사비 등 예상할 수 없이 나가는 비용이 생길 수 있으므로 대출 상환을 할 때도 예비비를 마련해놓아야 한다. 예비비가 없다면 기껏 대출을 갚고 있는 와중에 급전이 필요해 또 다른 대출을 받아야 하는 상황이 발생할 수 있다.

마이너스 통장과 같이 입출금이 가능한 한도대출을 가지고 있다면 가장 좋다. 가령 마이너스 통장의 원금을 다 갚았더라도, 내게 필요한 예비비 금액만큼은 한도를 해지하지 말고 남겨두는 것이다. 언제든지 빼서 쓸 수 있는 한도대출이 있다면 따로 예비비를 빼놓을 필요가 없으니 효율적이다.

그런데 이런 한도대출이 없다면 어쩔 수 없이 따로 예비비를 빼놓을 수밖에 없다. 앞에서 예비비 산정하는 방법을 소개했으니, 참고해서 자신에게 맞는 예비비를 정하고 준비해두기 바란다. 단, 예비비 금액이 너무 커지는 것은 비효율적이니 적절한 수준을 정하는 것이 중요하다.

자산을 재조정해라

자산을 재조정하는 것은 매우 중요하다. 자산 재조정이란 잘못된 선택을 바로잡는 것을 말한다. 예를 들어 자신의 소득 수준에 맞지 않는 고급 외제차를 샀다면, 사자마자 반 토막이 난 차량의 감가상각을 인정하고 파는 것이다. 이것이 그 외제차를 계속 끌게 됨으로써 나가는 세금, 유지비 등을 부담하는 것보다 훨씬 현명한 판단이다.

만약 지방에 저렴한 상가를 샀는데 임차인도 맞춰지지 않고 지역 상권은 죽어가고 도저히 개선의 여지가 보이지 않는다면, 그때까지의 손실을 인정하고 파는 것도 같은 개념의 선택이다. 또 만약 자취한다는 핑계로 수준에 맞지 않게 높은 월세가 나가는 고급원룸에 살고 있다면 이 또한 저렴한 원룸으로 옮기자. 술·담배와 유흥으로 지나친 소비를 하는 등의 잘못된 생활 습관을 바꾸는 것도 중요하다.

부자가 된다는 것은 지금까지 자신이 잘못 판단한 것들을 손절매하고 올바른 판단으로 계속 바꿔나가는 과정의 연속이다. 잘못된 판단으로 인한 손실이 크더라도 어쩔 수 없다. 지난 실수와 손해가 중요한 것이 아니라, 지금부터라도 올바른 재정 상태를 만들어나가는 것이 중요하다.

이렇게 자산을 재조정하고 생활의 틀을 깨기 위해서는 두 가지가 필요하다. 먼저 내 판단이 잘못됐다는 것을 인정하는 것이 첫 번째, 지난 실수의 결과를 과감히 손절매하고 새로운 방향으로 나아가는 실행력이 두 번째다. 이렇게 잘못된 자산을 버리고 얻은 현금흐름으로 종잣돈을 만들거나, 대출 상환을 하는 등 긍정적인 방향으로 사용하기 바란다.

깔고 앉은 돈을 이용해라

앞서 '고정관념을 깨면 새로운 레버리지가 보인다'에서 소개한 방법으로 대출을 상환할 수도 있다. 전세보증금, 퇴직금, 저리의 퇴직금담보대출, 예금·적금, 연금, 보험 해지금 등 깔고 앉은 돈으로 대출금을 정리한다면 보다 빠르게 플러스(+) 재정으로 돌아설 수 있다. 다만, 이 또한 레버리지를 쓰는 것인 만큼 신중하게 사용하자.

내 가치를 높여라

결국 중장기적으로 내 가치를 높여 소득을 올리는 것이 대출금을 빠르게 상환하는 방법이다. 내가 가질 미래의 부 또한 나의 성장 속도에 비례해 증가한다. 눈앞의 작은 것에 목매지 말고 장기적으로 자신의 가치를 올려나가자.

자산을 보유해라

인플레이션과 자산은 대출을 녹인다. 보유 자산이 많을수록, 그리고 시간이 지날수록 대출금이 감소한다는 얘기다. 자산의 가치는 시간이 갈수록 증가하고 상대적으로 대출의 가치는 감소한다. 5억짜리 부동산에 2억의 대출이 있는 경우, 부동산 시세가 7억으로 상승한다면? 자산의 증가분 2억으로 대출 2억이 녹는다. 이렇게 자산을 보유한 사람의 대출은 그렇지 않은 사람보다 급격히 감소한다. 자산과 레버리지, 시간의 개념을 반드시 기억하자!

대출도 복리로 증가한다

이자에 이자가 붙는 복리 효과는 대출에도 해당한다. 특히 마이너스 통장은 이자가 원금에 가산되기 때문에 보통 이자를 내지 않는 경우가 많다. 되도록 이자를 납부하는 것이 마이너스 복리 효과를 없애는 길이고, 또 마이너스 통장 잔액을 모두 갚았다면 반드시 한도를 해지하거나 줄이자. 남아 있는 한도를 보면 분명 유혹의 손이 대출금을 인출하게 만들 것이다(단 예비비로 사용하는 경우는 예외).

대출, 절대로 갚지 마라

'아니, 지금까지 기껏 대출 갚는 방법을 늘어놓고 절대로 갚지 말라니?'라는 생각에 의아할 것이다. 핵심은 이것이다. 갚아야 할 대출은 나쁜 대출이며, 갚지 않아도 되는 좋은 대출도 있다는 것. 지금부터는 갚지 않아도 되는 좋은 대출, 즉 자본주의 사회에서 레버리지를 사용하는 방법에 대해 이야기해보려고 한다.

현재 은행 정기예금금리는 1% 남짓이다. 물론 원리금 5,000만 원까지 예금자보호가 되고, 떼일 염려가 거의 없으며, 금리도 확정되기 때문에 손실에 대한 위험도 없고 안전하다. 그런데 대출을 끼고 상가를 샀다면? 공실에 대한 위험, 부동산경기 침체에 따른 가격 하락 가능성 등 위험성이 높다. 하지만 임대 수익률은 은행 예금의 몇 배에 이르며, 시세차익 또한 몇천에서 몇억까지도 낼 수 있다.

투자수익은 내가 떠안은 위험, 즉 리스크에 대한 대가로 받는 것이다. 은행에 예금을 하면 위험 없이 안전한 수익을 낼 수 있지만 그만큼 수익은 적다. 상가에 투자하면 위험은 커지지만 그만큼 수익은 올라간다. 실제 한 연예인의 투자 사례를 보자.

연예인 A씨는 자기 돈 8억에 대출금 26억, 임대보증금 3억을 끼고 37억짜리 꼬마빌딩을 샀다. 그 건물은 4년 뒤 23억이 올랐고, A씨는 60억에 건물을 팔면서 4년 만에 본인 투자금 8억 대비 288%(23억)라는 엄청난 수익을 올렸다. 37억 중 29억이라는 레버리지(무려 78%)를 사용했

그림 7-2 연예인 A씨의 사례

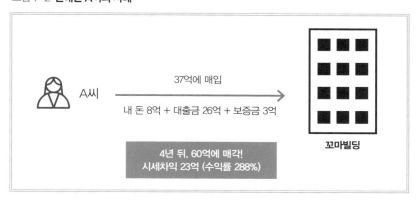

기 때문에 가능한 수익이었다.

자, 생각해보자. A씨가 위험을 회피하기 위해 8억을 은행 예금에 넣어놓았다면? 대출이라는 레버리지가 부담스러워 자기 돈 8억만 투자했다면? 23억이라는 수익은 절대 불가능하다. 이것이 바로 우리가 레버리지를 써야 하는 이유다. 남의 돈 29억(대출금 26억+보증금 3억)이 4년간 열심히 돈을 벌어준 덕에 23억이라는 큰 수익을 올릴 수 있었던 것이다. 말 그대로 돈이 돈을 벌게 된 경우다.

자, 그럼 연예인 A씨는 대출 26억을 받고 열심히 갚았을까? '대출금이 많으니 빨리 돈 벌어서 갚아야겠다!'라고 생각했을까? 아니다. 이 대출금은 A씨가 갚은 것이 아니라, 그 건물을 사는 사람, 즉 매수인이 갚아주었다.

그럼 대출이자는 어떻게 냈을까? 보통 공실이 적은 정상적인 건물이라면 건물에서 나오는 임대료가 대출이자보다 많다. 매월 월세로 이자를 내고도 남는 돈이 수익으로 들어오는 것이다. 그리고 건물의 가치가 올라갔을 때, 대출이 있는 상태에서 건물을 판다. 최종적으로 A씨는 대출을 갚지도 않았고, 대출로 인해 손해 본 것도 없다. 아니 오히려 대출금이 A씨에게 엄청난 돈을 벌어주었다.

5억짜리 상가를 내 돈 2억과 3억의 대출을 끼고 샀다고 가정해보자. 그 후 3억의 대출을 열심히 갚는다면 몇 년이 걸릴까? 일반적인 직장인이라면 10년이 넘게 걸릴 수도 있다. 이런 레버리지는 내가 갚는 것이 아니라, 매수자와 세입자가 갚아주는 것이라는 점을 기억하자. 이렇게 레버리지를 사용해 수익이 났다면, 그 물건을 매각하고 더 좋은 입지에 더 큰 규모의 물건을 살 수 있다.

좋은 대출, 레버리지 대출일 경우엔 대출을 꼭 갚아야 한다는 고정관념은 버려도 좋다. 이 대출금을 갚는 대신 그 건물에서 나온 월세와 자신의 소득을 더해 또 다른 곳에 투자하고, 그 건물의 가격이 충분히 올랐다면 매각하여 시세차익을 내며 굴려야 한다. 이런 원칙을 머릿속에 넣어두고, 자신의 소득 상황과 경기 변화에 따라 대출의 양을 조절해나가면 된다.

여기서 주의할 점은 레버리지의 부정적 효과, 즉 자산 가격이 내려갈 때 손실도 확대된다는 부분인데 다음 사례를 보자.

B씨는 7억짜리 상가를 4.5억의 대출을 끼고 매입했다. 한동안 월세가 잘 나와 대출이자도 잘 내고 이상이 없었지만, 경기가 안 좋아지면서 임차인이 장사가 되지 않아 사업을 접고 나갔다. 전반적으로 경기가 좋지 않아 다음 임차인이 들어오질 않고 공실이 6개월 이상 지속됐다. 200만 원 가까운 대출이자를 내려면 월세가 들어와야 하는데 새 임차인이 들어오지 않았다. B씨는 자신의 소득만으로 생활비며 대출이자를 내기가 점점 버거워졌고, 결국 이자를 몇 번 내지 못해 연체를 했다.

그런데 은행에서 청천벽력 같은 소식이 들려왔다. 다다음 달이 대출만기인데 상가 시세가 떨어져서 원금을 일부 갚아야만 연장을 해줄 수 있다는 것이다. 연체도 있어 금리까지 오른단다. 결국 B씨는 상가를 팔려고 내놨지만 경기 침체기에 월세도 나오지 않는 상가는 반값에 내놔도 아무도 사려 하지 않는다.

B씨는 어떤 실수를 한 것일까? 경기 상황을 고려하지 않았고, 공실 발생 가능성이 높은 고위험 물건에 투자했으며 영끌 매수로 버틸 여력이 없었다. 자, 어떤가? 레버리지를 잘못 사용했을 때 나타날 수 있는

부작용이다.

이런 상황을 막기 위해서는 좋은 물건을 싸게 살 수 있는 눈을 키워야 한다. 또 경기가 상승기인지 하락기인지도 스스로 판단할 수 있어야 한다. 상가 같은 고위험 수익형 부동산의 경우 지나친 레버리지는 피하고, 6~12개월 정도로 공실이 장기간 발생했을 때 금융비용을 충당할 수 있는 정도의 예비비도 마련해놓는 것이 안전하다.

또 경기가 좋아지지 않을 것으로 예상된다면 투자 확장을 멈추고 대출 규모를 줄여나가는 대응도 필요하다. 무작정 레버리지를 쓴다고 부자가 되는 것은 아니라는 얘기다. 지금까지의 두 사례와 같이, 레버리지라는 강력한 칼을 내게 맞게 사용하기 위해서는 그 칼을 다루는 능력부터 키워야 한다.

○ 꿀팁 6 ○
신용점수 올리는 세 가지 방법

신용점수는 단순히 높고 낮음이 문제가 아니다. 금융거래에서 내 평판이자, 나를 대표하는 점수다. 신용점수가 높은 사람은 소득의 많고 적음을 떠나 금융거래가 굉장히 건전하고 소비생활에도 큰 문제가 없는 경우가 많다. 반면 신용점수가 낮은 사람은 실생활에서 돈을 사용하는 습관이나 금융 생활에 문제가 있는 경우가 많다. 사업의 실패나 불가피한 상황으로 신용도가 낮아진 경우라면 어쩔 수 없지만, 그런 상황이 아닌데도 신용점수가 낮다면 분명 문제가 있는 것이다.

신용점수는 대출 한도와 금리를 결정하고, 신용카드를 만들 때나 카드 한도를 정할 때도 쓰인다. 이 신용도는 부를 이뤄가는 과정에 굉장히 큰 영향을 준다. 부를 이루는 데 반드시 필요한 레버리지, 즉 대출을 사용하는 데 막대한 영향을 주기 때문이다.

예를 들어 아파트 분양을 받거나 부동산 매매 계약을 체결하고 대출을 받아야 하는데, 낮은 신용도 때문에 필요한 대출이 다 나오지 않거나 높은 금리로 대출을 받아야 하는 경우가 생길 수 있다. 금리 1~2% 차이가 크지 않아 보일 수 있지만, 투자 규모가 커지고 대출금이 커질수록 그 차이는 어마어마하게 벌어진다. 10억의 대출을 받았을 때 금리 3%와 4%의 차이는 얼마일까? 1%의 차이는 연 1,000만 원, 2% 차이라면 연 2,000만 원에 달하는 큰돈이 된다.

그리고 신용점수가 높아 더 많은 대출을 받을 수 있다면, 투자자산의 시세가 올랐을 때 더 큰 효과를 볼 수 있다. 즉, 자신의 투자금을 그만큼 줄일 수 있어 투자 효율성이 높아진다. 재테크뿐 아니라 거주를 위한 전세자금대출이나 신용카드 발급, 할부거래 등에서도 불이익을 받을 수 있기 때문에 반드시 신용점수를 관리해야 한다.

실생활에서 할 수 있는 몇 가지 작은 관심이 자신의 신용점수를 좌지우지할 수 있다는 사실을 기억하고, 다음 방법을 꼭 실천하자.

신용점수 산정 원리

2020년까지 등급제와 점수제가 혼용되다가 2021년 1월 1일부터 점수제로 변경됐다. 개인 신용을 1점부터 1,000점 사이에서 점수화해서

〈신용등급 분류〉

신용등급		NICE	KCB
1	초우량	900 ~ 1,000	942 ~ 1,000
2		870 ~ 899	891 ~ 941
3	우량	840 ~ 869	832 ~ 890
4		805 ~ 839	768 ~ 831
5	보통	750 ~ 804	698 ~ 767
6		665 ~ 749	630 ~ 697
7	주의	600 ~ 664	530 ~ 629
8		515 ~ 599	454 ~ 529
9	위험	445 ~514	335 ~ 453
10		0 ~ 444	0 ~ 334

사용하며, 기존의 등급제는 1~1,000점을 다음과 같이 10개의 등급으로 나누어 사용했다.

금융거래 이력이 없는 사회 초년생 등은 보통 5등급에서 시작하게 된다. 1~2등급 정도 되면 좋은 조건으로 대출이 가능하고, 9등급 이하는 제도권 금융기관에서 대출받는 게 거의 어렵다고 보면 된다.

신용등급의 산정 기준은 '돈을 빌려줬을 때 잘 갚을 수 있는 사람인가?' 하는 것이다. 이 판단을 위해 얼마나 오랫동안 신용거래가 있었는지, 기존에 대출을 받고 연체 없이 잘 갚았는지, 평소 현금서비스 등 급전을 쓰지는 않는지, 현재 보유한 대출이 과다하진 않은지, 평소 돈을 넉넉하게 사용하는지 등을 보는 것이다.

신용카드 안 쓰고 대출 안 쓰는 것이 좋다고 알고 있는 사람이 많은데, 이런 경우엔 오히려 신용점수를 올려줄 근거가 없다. 적당한 금융거래를 장기간 해온 사람이 신용도 측면에서 유리하다고 보면 된다. 다음 표는 신용도를 판단하는 요소별 가중치인데, 연체·대출 규모가

〈신용도 판단 요소별 가중치〉

평가요소	평가요소의 상세 내용	활용 비중
상환 이력 정보	현재 연체 보유 여부 및 과거 채무 상환 이력	40.3%
현재 부채 수준	채무 부담 정도(대출 및 보증채무 등)	23.0%
신용거래 기간	신용거래 기간(최초/최근 개설로부터 기간)	10.9%
신용형태 정보	신용거래 종류, 신용거래 형태(상품별 건수, 활용 비중)	25.8%
신용조회정보	신규 신용거래를 위한 신용 활동 정보(조회 건수 등)	0.0%
계		100.0%

63%를 차지한다. 즉, 연체와 과다한 대출이 신용도에 가장 좋지 않다는 뜻이다.

신용점수 올리는 방법

① 신용카드 사용법, 따로 있다

신용카드는 1~2장의 카드를 연체 없이 꾸준히 사용하는 것이 좋다. 단, 신용카드 사용 한도 대비 35% 아래로 쓰는 것이 신용도에 도움이 된다. 카드 한도가 300만 원이라면 100만 원 내외로 쓰는 것이 좋다는 얘기다. 신용카드 한도를 일부러 적게 잡아놓는 사람들이 많은데 한도를 최대한 늘려놓고 적게 사용하는 것이 좋다. 쓸 수 있는 한도는 많은데 항상 여유롭게 생활하는 사람이 대출을 연체할 가능성도 적다는 개념이다.

또 신용카드는 할부보다 되도록 일시불로 사용하고, 만약 카드를 해지한다면 최근 만든 카드부터 해지하는 것이 좋다.

체크카드 역시 월 30만 원 이상을 6개월 이상 사용하거나 6~12개월 이상 꾸준히 쓰면 신용도에 도움이 된다.

② 대출, 이렇게 써라

- **신용대출보다 담보대출, 계좌 수는 적게** 대출은 적정하게 사용하고 연체 없이 잘 갚는다면 신용도에 가점이 있다. 단, 담보대출이 아닌 신용대출일수록, 대출 계좌 수가 많을수록 신용도엔 좋지 않다. 되도록 신용대출은 적게 받고 계좌 수는 줄이자.

- **대출은 1금융권에서** 또 1금융권(일반 시중은행)에서 2금융권(저축은행, 캐피탈, 보험사, 새마을금고 등), 3금융권(대부 업체)으로 갈수록 신용점수가 크게 하락한다. 되도록 1금융권에서 대출받는 것이 좋고 대부 업체는 피하는 것이 좋다. 실제 대부 업체에서 대출을 받았다가 고금리의 덫에 빠져 헤어나오지 못하는 경우가 적지 않다.

  대부 업체 등 고금리 기관의 신용조회가 늘어나는 경우, 신용조회 자체의 페널티는 없지만 이런 조회 이력이 단기에 집중되면 참고 자료가 될 수 있다.

- **연체는 독이다** 또 중요한 것은 바로 연체다. 연체한 기록은 쉽게 없어지지도 않을뿐더러 신용점수를 깎아 먹는 최악의 요인이다. 연체가 10만 원 이상 5영업일이 넘어가면 연체 등록이 된다. 큰 금액을 연체하는 것보다 적은 금액이라도 자주 연체하는 것이 신용도에 더 좋지 않다. 또 연체가 여러 건이 있다면, 오래된 연체부터 상환하자. 오래된 연체는 복구가 어렵다.

  5영업일 미만으로 연체하더라도 은행 자체에는 기록이 남기 때문에 단 하루라도 연체하지 않는다는 철저한 기준을 세워야 한다. 잦은 연체는 신용도와 별도로 은행 자체에서 금리 등에 불이익이 갈 수 있다.

- **카드론, 현금서비스는 무조건 피하자** 카드론, 현금서비스 사용으로 인한 신용점수 하락도 무시할 수 없다. 급전이 필요한 사람이라는 판단 기준에 가장 적합한 상품들이기 때문이다. 되도록 사용하지 않는 것이 좋고, 사용했다면 되도록 빨리 갚자.

- **마이너스 통장 사용법** 마이너스 통장 같은 한도대출도 신용카드와 비슷한 개념으로 사용하면 된다. 마이너스 통장 한도의 50% 이상 사용이 3개월 지속되면 좋지 않다. 마이너스 통장 한도가 3,000만 원인데 잔액이 1,500만 원을 넘었다면 3개월째에는 금액을 1,500만 원 아래로 줄여주는 것이 좋다.

- **정책자금을 사용하자** 미소금융, 새희망홀씨, 햇살론 같은 정책자금대출은 1년 이상 성실히 상환하거나 원금의 50% 이상 상환 시 신용점수에 긍정적이다.

- **보증도 대출이다** 다른 사람 대출에 보증을 서주는 것도 내가 대출을 받는 것과 마찬가지다. 보증은 잘돼야 본전이고, 신용도에도 영향이 있으니 되도록 피하자.

③ 기타 신용도를 올리는 방법

- **성실납부** 통신비, 공공요금, 건강보험료 등을 장기간 연체 없이 납부한 내역을 신용평가사에 제출하면 점수를 올려준다. 토스와 같은 앱에서 무료로 가능하니 꼭 활용하자.

- **신용도를 관리하는 습관** 최근 신용 관리 사이트와 앱이 많이 생겼다. 2011년 10월부터는 신용조회를 아무리 많이 해도 신용점수 하락이 없기 때문에, 평소 자신의 신용점수를 자주 확인하며 관리하는 습관을 기르는 것이 좋다. 다시 한번 강조하지만 신용은 곧 돈이자, 내 얼굴이다!
- **자동이체 이용** 신용카드 대금과 대출이자는 반드시 자동이체하고, 부족한 금액 없이 납부가 완료됐는지 반드시 확인하는 습관을 들이자.

💎 부와 성공으로 이끄는 일곱 가지 레버리지

대출 외에 우리 삶과 커리어에서 사용해야 하는 일곱 가지 레버리지가 있다. 이 레버리지를 적극적으로 사용한다면 적은 노력과 시간, 평범함을 극복하고 성공적인 삶, 부자의 삶으로 나아갈 수 있을 것이다.

소득이 적고 평범할수록 레버리지를 이용해야 한다. 레버리지라는 개념 자체가 남의 힘을 이용해 나의 적은 인풋을 극대화하는 것이기 때문이다. 레버리지를 얼마나 잘 활용할 수 있느냐가 성공과 부의 크기를 좌우한다. 평범한 사람이 성공하는 비밀, 일곱 가지 레버리지를 반드시 삶에 적용하기 바란다.

위임

내가 모든 일을 할 수도 없고 모든 일을 잘할 수도 없다. 단순 업무나 중요하지 않은 일은 다른 사람에게 위임하고 나는 더 가치 있고 더 잘할 수 있는 일에 집중하자. 돈과 시간이 남아 위임하는 것이 아니라, 위임해야 돈과 시간이 남는다는 것을 기억하자!

고용

어떤 일을 하든, 다른 사람으로 레버리지해라. 나에게 부족한 부분에서 더 뛰어난 사람을 이용하는 것이다. 세무사, 변호사, 전문가 컨설팅 등 내가 그들이 되려 하지 말고, 그들의 전문성을 이용하자. 그것이 제한된 나의 능력과 시간을 레버리지하는 방법이다. 적정한 대가를 지불하고 그 사람의 능력을 지렛대 삼아 도약하면 된다.

학습

부와 성공을 위해 가장 효율적이고 중요한 레버리지 중 하나를 꼽으라면 바로 학습이다. 날 위해 투자하는 것이 가장 생산적인 레버리지다. 특히 책과 강의를 통해 능력을 키우고 노하우를 쌓아라. 남들과의 차별성은 학습에서 나온다.

선택과 집중

중요도가 높은 한 가지에 집중하는 것이다. 파레토의 법칙(80:20 법칙)을 잘 알 것이다. 결과의 80%는 20%의 원인에서 발생한다는 법칙이다. 즉, 20%의 시간과 노력으로 80%의 결과를 낼 수 있다는 말이다. 자신이 가장 잘할 수 있고 중요한 순서로 한 번에 한 가지를 선택해 집중하자. 이 선택과 집중이 생산성을 높여 아웃풋을 극대화한다.

복리 효과

재테크의 핵심은 시간과 복리를 나의 편으로 만드는 것이다. 일찍 종잣돈을 모으고 일찍 시작하는 것이 복리 효과를 극대화하듯이, 모든 일을 할 때도 시간과 복리를 이용해야 한다. 최대한 일찍 시작하고, 성과를 누적시켜 꾸준히 성장하는 것이다. 만약 당신의 시작이 늦고 미약하다면 남들보다 더 절실해야 한다. 이 절실함으로 시간이 복리로 쌓였을 때 당신의 인생은 반드시 달라질 것이다.

사람(인맥)

소수의 깊은 연결보다 다수의 얕은 연결, 즉 얕고 다양한 인맥에 기회가 있다는 연구 결과가 있다. 서로 도움을 주고받을 수 있는 다양한 인맥에 집중하는 것이 좋다는 의미다. 성과는 나 혼자서 이룰 수 없다. 다른 사람의 아이디어, 다른 사람의 경험과 노하우, 다른 사람을 통해 얻는 기회 등 다양한 인맥이 나에게 퀀텀 점프의 기회를 제공한다.

특히 내가 가고자 하는 방향에서 앞서가고 있는 사람이 있다면 그 사람에게 조언을 구하고 그 사람이 지나온 길을 따라가는 것도 좋은 방법이다. 내 분야에서 성공한 다양한 사람들과 교류해라. 내가 머리인 인맥보다 내가 꼬리인 인맥에서 더 많은 도움을 얻게 될 것이다. 나보다 더나은 사람들과 교류하라는 말이다. 사람을 통한 레버리지는 언제 어디서든 가장 강력한 효과를 낸다는 사실을 기억하자.

온라인(인터넷)

온라인·인터넷은 이 시대에 부를 축적할 수 있는, 가장 쉽고 강력하며 효율적인 수단이다. 어떤 일을 하든지 지금 시대에 온라인의 확산성을 이용하지 못한다면 큰 부를 쌓기 어렵다.

온라인은 무료 마케팅의 수단이자 영업·판매, 인맥 형성의 도구다. 온라인의 가장 중요한 속성은 1:1 또는 1:다수에서 1:무한대로 확산할 수 있다는 점이다. 특히 유튜브, 블로그, 인스타그램 등은 가장 효율적인 콘텐츠 확산 플랫폼이다. 본업이나 부업, 취미 등을 온라인으로 확산시켜라. 그 과정에서 반드시 좋은 기회가 생길 것이다.

대출뿐만 아니라 이상의 일곱 가지 레버리지 도구는 부의 시스템을 만들고 경제적 자유를 이루는 데 필수적인 도구다. 반드시 삶에 적용하고 실천하기 바란다. 인생의 변화는 읽는 것에서 그치는 사람이 아니라 실행하고 삶에 적용하는 사람에게서 나타난다.

8장

심각한 양극화의
시대가 온다

💎 모든 측면에서 심화되는 양극화

미래 자산시장의 가장 큰 특징이 될 키워드는 바로 '양극화'다. 제로금리에 가까운 저금리와 늘어나는 화폐 발행, 은행의 존재로 인한 화폐의 끝없는 확장은 자산의 인플레이션을 가속화할 것이다.

이 말은 곧 앞으로 자산의 가격이 계속해서 상승하리라는 의미다. '그래? 음, 그런가 보다' 또는 '그래서? 그게 뭐가 문젠데?'라며 별 감흥 없이 받아들이는 독자도 있을 것이다. 하지만 간단히 넘길 일이 아니다.

《21세기 자본》의 저자인 프랑스의 유명 경제학자이자 파리경제대학교 교수인 토마 피케티(Thomas Piketty)는 상위 1%가 세계 전체의 부 중 33%를 차지한다고 말한다. 그리고 자본 수익률이 경제 성장률보다 더 높기 때문에 시간이 갈수록 부의 불평등이 커질 것으로 예상한다.

실제 예를 들어보겠다. 새우깡은 1971년 출시 후 28배가 올랐고, 은마아파트는 1978년 분양가 대비 96배가 올랐다. 심지어 삼성전자는 1980년 대비 803배가 올랐다. 실제 우리나라의 부동산·주식 같은 자산의 가격은 새우깡처럼 우리가 실생활에서 접하는 물건들의 가격과는 비교할 수 없을 정도로 크게 상승해왔다.

앞으로는 어떨까? 자산 가격 상승률이 높아질 것이고 양극화는 더욱 심해질 것이다. 이는 자산을 보유한 사람과 그렇지 못한 사람의 격차가 점점 더 벌어진다는 의미다. 특히 늘어나는 화폐는 우량자산이 거래되는 시장 위주로 흘러갈 것이고, 결국 우량자산과 비우량자산 간의 양극화를 가져올 것이다.

자산을 가졌느냐, 가지지 못했느냐

우리에게 가장 친숙한 부동산인 아파트는 이미 본격적인 양극화 시대에 접어들었다. 서울 강남의 아파트를 20~30대가 월급을 모아서 살 수 있을까? 서울 평균의 작은 아파트를 하나 사는 데에도 13년이 넘게 걸린다. 숨만 쉬면서 월급을 몽땅 모으더라도 말이다. 집값이 1년, 아니 몇 달에 1억도 오르는 상황에서 월급을 모아 아파트를 산다는 건 이미 꿈같은 일이 되어버렸다.

반대로 이미 자산을 가진 사람은 자산 가치 상승 덕에 불로소득(자본소득)을 누리게 된다. 누가 얼마를 더 버느냐가 중요한 것이 아니라 누가 얼마만큼의 자산을 가졌느냐의 문제가 된 것이다.

이미 올라버린 아파트 가격 탓에 서민들이 살 수 있는 아파트의 선택폭은 시간이 갈수록 줄어들고 있다. 만약 5년 전 서울 변두리의 20평대 아파트를 살 수 있었다면, 같은 돈으로 지금은 서울 외곽 수도권으로 나가야만 가능하다. 앞으로 5년 후엔 또 어떨까? 수도권 중에서도 외곽, 아니면 지방으로 가야 할 것이다.

이렇게 지속적인 화폐 가치의 하락과 자산 가격의 상승에 의해 서민들은 가치가 점점 내려가는 현금만 보유하게 될 것이고, 반대로 자산을 보유한 사람들은 자산 가치 상승으로 인한 부의 극대화를 누리게 될 것이다. 물려받은 자산 없이 월급과 사업소득만으로 생활하고 재테크까지 해야 하는 서민들일수록 이 양극화 시대의 충격을 더 크게 받을 수밖에 없다.

지역별 양극화

지금 현재도 부동산시장의 양극화가 진행되고 있다. 그중에서도 특히 서울과 그 외 지역, 수도권 및 지방의 핵심 지역과 그 외 지역의 차이는 더욱 심각하다. 앞으로도 서울·수도권 핵심 지역과 같은 선호 지역에 교통, 개발, 인프라 등이 집중되어 지역별 양극화가 더욱 심화될 것이다.

서울 아파트가 최근 몇 달 사이 몇억이 오르는 동안, 지방(중심 지역이 아닌) 아파트는 오히려 떨어진 곳들도 많다. 이미 지역 간의 격차가 확대되고 있는 것이다. 자산을 가졌느냐 가지지 않았느냐, 서울이냐 아니냐, 수도권이냐 지방이냐, 지방이라도 핵심지냐 아니냐에 따라 양극화는 점점 더 심해질 것이다.

그래서 반드시 전략이 필요하다. 모든 사람이 처음부터 강남의 40평대 아파트를 살 순 없지만 다음과 같은 과정으로 자산을 핵심지, 우량자산으로 점차 이동시켜야 한다.

집 갈아타는 과정

지방 ◐ 지방 핵심지 ◐ 수도권 ◐ 수도권 요지(서울 인접) ◐ 서울 ◐ 서울 핵심지

자신의 생활권과 직장이 부동산 가격의 상승을 기대할 수 없는 지역이더라도 대부분 사람은 자신의 생활권을 떠나기 어려워한다. 실제 30년 전 각각 서울 강남과 지방 외곽 지역에서 같은 돈으로 시작한 두 신혼부부가 있었다. 소득도 비슷했고 재산도 비슷했다. 30년이 지난 지금, 두 부부의 재산 가치는 어떻게 됐을까? 현재는 10배가 넘는 차이가 난다. 다른 변수는 없다. 이들은 그냥 처음 자리 잡은 동네에서 계속해서 살아왔을 뿐이다.

"집값은 안 오르는 곳이지만, 내 생활권이 여기니까 난 어쩔 수 없이 평생 여기서 살아야 해"라고 말하는 사람이라면 자산 가치 상승에 따른 양극화의 충격을 온몸으로 받게 될 것이다. 좋은 지역과의 자산 가격 차이가 점점 커질 테니 말이다.

생활권을 옮기지 않더라도 방법은 있다. 생활권을 유지하면서 좋은 지역의 아파트를 사놓을 수도 있고(물론 양도세와 같이 세금 상황에 맞는 거주 기간 충족 등 전략적인 계획은 필요하다), 꼭 아파트가 아니더라도 좋은 입지의 상업용 건물과 같은 다른 부동산을 살 수도 있다.

이 외에도 지금 자신의 상황에서 택할 수 있는 많은 방법이 있을 것

이다. 스스로 공부하고 발품을 팔아 자신에게 맞는 가장 효율적인 방법을 찾아야 한다.

물론 주식으로도 재테크를 할 수 있다. 하지만 부동산이라는 포트폴리오 없이 주식 하나만으로 승부를 본다는 것이 쉬운 일은 아니다. 주식과 부동산 두 가지만 놓고 본다면 부동산이 안전자산, 주식이 위험자산에 속한다. 비교적 안정적인 부동산을 받쳐놓고 주식을 운용하는 것이 안정적이고 효율적이란 얘기다.

"집 샀는데 집값 떨어지면 어떡해? 난 돈 안 벌어도 되니까 집값 상관없이 맘 편히 평생 전세로 살래"라는 사람도 분명 있을 것이다. 하지만 문제는 집값만 오르는 것이 아니라 전세가도 오른다는 것이다. 월급 모아 집 사기가 어려워지는 만큼 전세도 오른다. 그러면 내가 살고 싶은 곳에서 평생 전세로 사는 것조차 어려워질 수도 있다.

현재도 전세가 상승으로 서울 전세에서 서울 외곽 경기도의 전·월세로 밀려나는 사람들이 늘어나고 있다. 이 양극화는 피한다고 피해지는 것이 아니다. 부냐 가난이냐에 대한 명제에 정면으로 부딪쳐 결단해야 한다.

교육과 소득의 양극화

자산의 양극화로 인한 재산의 불균형은 결국 교육과 소득의 양극화를 낳는다. 더욱이 그 양극화는 대대손손 이어진다. 얼마나 무서운 일인가. 모두가 그런 것은 아니지만, 초등학교만 가도 친구가 민간아파트에 사는지, 공공아파트에 사는지, 부모님 직업은 뭔지, 무슨 차를 타는지 등으로 네 편 내 편을 가르고 따돌리는 현상이 일부에서 벌어지고 있다.

자산의 양극화로 인한 교육과 소득의 양극화는 생활 수준의 차이를 키우고, 계층 간의 이질감이 인간관계에까지 영향을 미친다니 참 서글픈 일이다. 어찌 됐든 이런 극단적인 계층 간의 분리는 시간이 갈수록 더욱 심각해지고 계층 간의 위화감이 일상화되는 시대가 도래할 것이다.

이런 교육과 소득의 양극화 시대에서 살아남기 위한 단 하나의 방법은 금융 지식과 재테크 지식을 익히고 대대손손 물려주는 것이다. 금융 지식은 수능시험과 같이 사교육을 통해 얻어지는 것이 아니다. 개개인의 관심과 노력으로 누구나 충분히 얻을 수 있다. 당신 역시 이 책을 통해 양극화의 시대에서 살아남을 수 있는 방향과 방법을 배우고 있는 것이고, 이제 그 방향으로 나아가며 내공을 쌓아가기만 하면 된다.

이제는 시대가 바뀌었다. 토익점수와 자격증이 아니라 금융 지식을 쌓기 위해 노력해야 하는 시대가 왔다. 이 필요성과 시대의 변화를 애써 외면하거나 거부하지 말고 순순히 받아들여야 한다. 그것이 당신과 당신의 자손들이 양극화의 시대에 대대로 부자로 살 수 있는 하나의 해답이다.

양극화 시대에 살아남으려면

사람은 관성을 가진다. 자산을 가졌던 경험이 없는 사람, 재테크를 하지 않았던 사람이 자산을 갖고 재테크를 시작한다는 것, 내 돈을 은행이 아닌 다른 어딘가에 투자한다는 것은 매우 어려운 일이다.

재테크와 투자에 매우 보수적인 친구가 있다. 그 친구에게는 주식과 부동산투자의 필요성을 아무리 설명하고 공부하기를 권해도 도무지 먹히지 않는다. 그동안의 관성을 깨지 못하는 것이다.

물론 자산에 투자한다는 것에는 리스크가 따르고 불안감도 생긴다. 하지만 양극화 시대에는 자산을 가지지 않는 것이 더 큰 리스크와 불안함을 안겨줄 것이다. 고민하고, 틀을 깨고, 실행해라. 실행하지 않고 현실을 회피하고만 있다가는 양극화의 희생양이 될 것이다.

아직 기회는 있다. 좋은 자산을 싸게 살 수 있도록 끊임없이 공부하고 발품을 팔아라. 그리고 자신의 상황에서 할 수 있는 최선의 투자를 하면 된다.

힘든 직장생활 중에 시간을 쪼개고 하고 싶은 일을 통제하며 재테크를 공부하고 실행하는 것은 물론 매우 어렵다. 내 집 갈아타기에서 언급했듯 자신의 생활권을 벗어나 전략적으로 좋은 입지의 집을 산다는 것도 매우 어려운 결심이다. 불편하기 때문이다. 전세가 아닌 월세로 옮겨 종잣돈을 만들고 그 돈으로 상급지의 자산을 사는 것도 마찬가지다. 하지만 그렇게 관성의 틀을 깨고 전략적으로 움직여온 사람들이 결국엔 부자가 됐다.

또 좋은 기업, 미래의 패러다임을 바꿀 수 있고 미래의 1등이 될 수 있는 기업을 찾는 데 시간과 노력을 쏟아라. 복리의 힘을 믿고 그 주식과 시간을 함께해라. 절대 혼자 일하려 하지 말고 주식과 부동산, 당신의 돈에게 일을 시켜라.

자산을 가진다는 것의 의미는 매우 크다. 자산을 소유한다는 것은 생산자가 된다는 의미다. 자산을 사고팔고 시세차익을 경험하고, 배당금·월세와 같은 현금흐름을 경험해본 사람은 다음번의 시도 또한 쉽게 할 수 있다. 이런 경험을 해본 사람이 또 다른 아파트도 살 수 있고, 급매도 찾을 수 있으며, 상가도 사고, 상급지로 자산을 갈아타는 전략적인 선택도 할 수 있다. 또 좋은 기업을 찾아 수익을 맛본 사람이 시대를 바꿀 기업을 찾는 데 더욱 적극적이며 더 많은 기회를 잡을 수 있다. 한번 생산자의 길에 들어선 사람은 계속 생산자의 길을 걷게 되고, 남의 시스템 안에서 소비자로 사는 사람은 계속 소비자로 살게 된다. 틀을 깨는 결단과 마인드의 변화가 필요한 이유다.

틀을 깨는 변화를 결심했다면, 자산을 최대한 효율적으로 굴려라. 지금과 같은 현금 가치 하락의 시대에 기회비용을 떠안지 않으려면 내가 가진 현금이 잠자게 두어서는 안 된다. 다른 자산들이 다 올라갈 때 내가 틀을 깨지 못해 계속 유지하고 있는 전세보증금과 퇴직금, 예금이 자산 가격 상승에서 날 소외킬 것이다. 그런 잠자는 자산을 과감히 깨워 살아 있는 자산으로 바꾸기 바란다. 물론 이 현금을 굴리기 위한 지식을 갖춰야 하고 사전 준비를 철저히 해야 한다. 이것이 양극화의 시대에 살아남을 수 있는 유일한 방법이다.

자산을 가진 생산자가 되지 않는다면, 제자리를 지키는 것이 아니라 점점 더 가난해질 것이다. 당신이 50이 되고 70이 됐을 때, 그리고 당신의 자녀가 성인이 되고 그 자녀의 자녀가 태어날 때…. 지금 당신의 선택이 당신의 미래는 물론 후손들의 운명까지도 결정하게 될 것이다.

양극화가 심화되는 현실과 다른 사람들만 비판할 것이 아니라, 이것이 현실임을 인정해라. 그리고 이 순간 결단하기 바란다. 양극화 사회에서는 필연적으로 누군가는 부자로 살고 누군가는 가난하게 살아야 한다. 양극화가 피할 수 없는 시대의 흐름이라면, 우리는 선택을 해야 한다. 부자로 살 것인가, 아니면 가난하게 살 것인가? 전적으로 당신의 선택에 달렸다.

지금 소득이 적고 미래가 보이지 않는가? 누구나 각자의 상황에서 할 수 있는 최선의 재테크는 있다. 자산시장에 관심을 가지고 공부하고 발품을 팔아라. 아는 게 없으면 기회가 와도 기회인지 모르고, 준비하지 않으면 기회라는 걸 알더라도 잡을 수 없다.

지금 바로 성공 재테크 4단계를 시작해라. 그리고 자산을 가진 생산자가 되어라. 이것이 양극화 시대에 살아남기 위한 결론이다.

♦ 양극화 시대를 대비하는 재테크 전략

세 가지 결론부터 이야기하겠다. 유동성에 올라타라. 금리 인상과 거품 붕괴에 대비해라. 안전자산을 보유해라.

유동성에 올라타라

화폐량 증가에 의한 자산 가격 상승은 이미 언급했다. 반드시 자산을 소유해야 한다. 하지만 자산을 그냥 사서는 안 된다. 가진 돈이 적고 소득이 한정된 사람일수록 더 좋은 자산을 더 싸게 사야 한다.

예컨대 부동산이라면 좋은 입지의 좋은 물건을 더 싼 가격에 살 수 있도록 공부하고 발품을 팔아야 한다. 특히 자신의 상황이 좋지 않고 늦었다고 생각될수록 청약, 급매 등과 같이 시작하자마자 안전마진을 가지고 들어가는 투자를 해야 한다. 자산 가격이 내려가더라도 손해를 덜 보고, 자산 가격이 상승할 때 수익을 극대화하는 것이다. 그러려면 자신이 공부하고 발품을 팔아야 한다.

주식에 투자한다면 더 저평가된 우량 기업을 찾아내는 데 다른 사람보다 더 많은 시간을 들이고, 산업과 기업을 공부하는 데 노력을 쏟아야 한다. 또 자신만의 매매 원칙과 매매 기법을 만들기 위해 끊임없이 시도하고 노하우를 쌓아가야 한다.

금수저가 아닌 이상 자신보다 일찍, 좋은 조건에서 시작하는 사람과의 갭을 노력으로 메꿔야 한다. 아무런 노력 없이 신세 한탄만 하고 있는 사람에게 기회는 절대 오지 않는다.

또 투자 효율성을 극대화할 수 있는 레버리지를 이용하자. 앞서 언급한 대로 좋은 대출을 쓰라는 얘기다. 적절한 시점의 적절한 레버리지는, 늘어나는 유동성의 파도 속에서 자산을 빠르게 불려주는 훌륭한 도구가 될 것이다. 레버리지는 돈이 적은 사람이 돈이 많은 사람을 따라갈 수 있는 가장 좋은 방법이다. 하지만 시기에 맞지 않는 레버리지나 나쁜 대출을 이용한 레버리지, 능력을 벗어난 무리한 레버리지는 오히려 당신을 무너뜨릴 수도 있으니 주의해서 사용해야 한다.

잠자고 있는 돈을 깨워 자산을 사라. 점점 좋은 자산으로 갈아타는 과정을 반복하고 장기 보유해라. 복리의 힘을 믿어야 한다. 1~2개월, 1~2년이 아니라 5년, 10년 긴 호흡으로 자산시장을 바라볼 줄 알아야 한다.

어떤 시기든 돈이 되는 기회는 반드시 온다. 이 기회를 알아채기 위해서 항상 경제 상황과 돈의 흐름에 관심을 갖자. 그리고 기회가 왔을 때 바로 잡기 위해서 전세보증금, 보험료, 퇴직금 등 잠자는 돈을 언제 든 사용할 수 있는 상태로 바꿔두기 바란다.

급매, 좋은 입지 아파트의 청약, 공모주 청약, 기업 가치 훼손 없이 단 순 환경적 문제로 가격이 크게 내려간 우량주 등 큰 시세차익을 쉽게 확보할 좋은 기회는 갑자기 찾아온다. 좋은 물건의 급매는 하루, 아니 몇 시간만 지나도 다른 사람이 낚아채 가고 아파트 청약도 당첨된 후 계약금을 내야 하는 시점까지 시간이 길지 않다. 주식도 마찬가지여서 가치의 훼손 없는 주가 하락의 기회는 오래가지 않는다. 지식과 자금이 준비되어 있어야만 기회를 잡을 수 있다. 다른 것이 아닌 돈의 흐름에 포커스를 맞춰야 하며 금융 지식을 쌓는 데 집중해야 한다.

남의 집에 살지 말고 내 집을 소유하며, 기업이 만든 제품만 소비하 지 말고 그 기업에 투자해라. 남들보다 더 많은 수익을 올리지는 못할 망정 유동성의 파도에서 소외되지는 말자.

금리 인상과 거품 붕괴에 대비해라

현재의 유동성 파티는 언제쯤 끝날까? 기본적인 자산 가격의 인플레이 션은 계속될 것이다. 하지만 기본적으로 자본주의 경제는 주기적으로 거품을 만들고 거품이 꺼지는 과정을 반복하며 발전해나간다. 경제는 주기적으로 상승과 하락을 반복하며 우상향한다. 1997년 우리나라의 IMF 외환위기와 2008년 글로벌 금융위기, 각각의 원인은 달랐지만 모 두 자산의 거품이 꺼지면서 발생한 경제위기였다.

그럼 언제 거품이 꺼지고 자산 가격 하락의 시기가 올까? 위기의 순간을 정확히 예측할 수 있는 사람은 세상 어디에도 없다. 자본주의 경제는 모든 현상이 유기적으로 연결되어 작용하는 하나의 생명체와 같아서 모든 변수를 적용해 '1+1=2'와 같이 정형화된 답을 내놓을 수 없기 때문이다. 하지만 이 유동성으로 시작된 거품을 걷어내는 데 큰 영향을 줄 수 있는 이슈를 크게 두 가지 정도로 생각해볼 수는 있다.

첫 번째, 코로나19 변종의 대규모 확산이나 미·중 무역전쟁, 가계부채 문제 등의 국제적 이슈가 뇌관이 되는 경우다. 현재는 침체된 경기를 부양하기 위해 세계적으로 시중의 자금을 늘리는 정책을 쓰고 있다. 2008년 글로벌 금융위기 이후 화폐량을 늘려 경기를 부양하는 양적완화는 하나의 관례가 되어버렸다. 앞으로도 위기가 왔을 때, 화폐량 증가를 통한 문제 해결 시도가 있으리라는 뜻이다. 이 사실을 안다면 또 그런 상황이 왔을 때 기회를 잡을 수 있을 것이다.

어쨌든 화폐량 증가, 양적완화 조치로 주식·부동산 같은 자산시장은 급격히 회복했고 코로나19 사태 이전보다 오히려 상승했다. 하지만 실

그림 8-1 **실물경기와 자산시장**

실물경기   자산시장

* 자산시장은 결국 실물경기와 함께 가야 한다.

물경기는 어떨까? 회복 속도가 자산시장의 상승 속도를 따라잡지 못하고 있다.

자산시장과 실물경기는 엎치락뒤치락하면서 결국 속도를 맞춰 가야 한다. 따라서 자산시장 혼자만의 상승은 언젠가 자산시장의 가격 조정을 발생시킬 수 있는 요인이 된다. 게다가 이렇게 자산시장만 홀로 상승하는 과정에서 코로나19 변종 등 대외적인 큰 이슈가 발생한다면, 결국 거품이 꺼질 가능성도 있다.

두 번째는 금리 인상이다. 코로나19로 인한 경기 침체가 어느 정도 해결되고 경기가 회복되는 시점이 온다면 그때는 풀린 돈을 조금씩 회수해야 한다. 물가와 인플레이션을 잡아야 하기 때문이다.

경기 회복에 따른 금리 상승 과정

위기 발생 ▷ 양적완화(화폐 증가) ▷ 경기 회복 ▷ 상품 수요 증가(물가 상승) ▷ 투자 증가 ▷ 자금 수요 증가(부채 증가) ▷ 돈의 가격인 금리 상승

물론 지금은 심각한 실물경기 침체로 미국이 상당 기간 저금리 유지를 공언한 상태이기 때문에 단기간 내에 금리를 올리지는 않을 것이다. 하지만 경기가 회복되면서 물가가 상승하면 금리는 올라갈 수밖에 없다.

경기 회복에 따라 금리가 상승하고 양적완화(돈 풀기)가 중단된다면 시중에 풀린 돈이 회수될 것이다. 그러면 가계와 기업은 돈 빌리기가 힘들어지며, 늘어난 금융비용을 견디지 못해 자산을 팔고 투자를 줄이게 된다. 이것이 자산 가격의 하락을 가져오고, 결국 부채로 쌓아 올린

자산 가격의 거품을 꺼뜨리게 될 수도 있다.

　물론 금리가 올라간다고 무조건, 그리고 한순간에 거품 붕괴가 오는 것은 아니다. 금리 상승과 경기 회복이 적절한 속도로 함께 간다면 오히려 주식·부동산과 같은 자산시장에 좋은 영향을 줄 수도 있다. 그래서 경기 회복의 속도가 중요한 것이다.

　문제는 과다한 부채다. 2021년 현재 우리나라 가계부채 규모는 전년 대비 2배 가까이 늘어난 1,700조 규모로, 사상 최대치를 기록하고 있다. 이 부채의 상당 부분이 주식·부동산 등의 자산을 사는 데 쓰였다. 급격한 물가 상승에 의해 금리가 급격히 올라간다면, 이렇게 엄청난 규모의 부채에서 발생하는 이자비용이 급증할 것이다. 이자는 늘어나는데 경기는 회복되지 않아 이자를 낼 수 없는 상황에 처한 사람이 늘어나면, 2008년 글로벌 금융위기와 같이 자산시장이 도미노처럼 붕괴할 가능성도 배제할 수 없다.

　자본주의 경제는 우리의 몸과 비슷하다. 실물경기 침체, 인플레이션, 무역전쟁, 전염병, 비대면 사회로의 진입 등 여러 가지 문제가 복합적으로 조금씩 누적되다가 어떤 하나의 도화선에 의해 한순간에 거품이 터질 수 있다. 사람의 몸이 감기, 운동 부족, 과로, 스트레스, 잘못된 식습관 등으로 조금씩 안 좋아지다가 한순간에 암에 걸리거나 쓰러지는 것과 마찬가지다.

　우리는 유동성의 흐름에 올라타되, 언제 올지 모를 자산 가격 조정의 시기에 대비해야 한다. 언급했듯이, 그 시기를 정확히 예측할 수 있는 사람은 없기 때문에 예측이 아니라 리스크를 줄이는 방향으로 대응해야 한다. 그럼 어떻게 해야 할까?

안전자산을 보유해라

현재 우리나라의 국가부채, 가계부채는 사상 최대 규모다. 저금리 덕에 대출이 쉬워지고 자산의 가격이 오르면서 너도나도 대출을 받아 자산에 투자하고 있다. 1600년대의 튤립 버블, 1997년 IMF 외환위기, 2000년 닷컴 버블, 2008년 글로벌 금융위기, 2017년 비트코인 광풍 등 대부분의 위기는 시대와 국가를 막론하고 비이성적인 투자 광풍과 과다한 부채에서 발생했다.

과다한 부채는 적절한 경기 회복 없이 금리가 일정 수준 이상 올라가는 순간부터 뇌관이 되어 거품을 꺼뜨릴 수 있다. 만약 자산의 거품이 꺼진다면, 대출을 끼고 무리한 투자를 했던 사람들이 큰 피해를 볼 수밖에 없다. 실제로 2020년 3월 코로나19로 인해 코스피가 코로나19 발생 직전의 고점 대비 37% 정도 하락한 것만으로도 수십억, 수백억대의 자산가 중 상당수가 큰 타격을 받고 파산했다.

아니 고작 37% 하락으로 파산했다고? 그 정도 하락으로 파산하거나 수십억 이상의 손실을 본 사람들은 과도한 레버리지를 사용해 주식에 투자한 사람들이다. 수십억, 수백억의 자산을 가지고 있었지만 과도한 신용대출과 주식담보대출을 끼고 공격적으로 주식에 투자했기 때문에 주가가 급락하자 레버리지의 역효과로 반대매매를 당해 자산을 탕진한 것이다. 레버리지를 써서 담보비율이 일정 수준 이하로 떨어지면 증권사는 반대매매를 한다. 지나친 레버리지를 쓰지 않아 반대매매를 당하지 않았다면 다시 자산을 회복했음은 물론, 시장이 코로나19 사태 이전보다 더 크게 상승했으니 오히려 수익을 봤을 것이다. 이렇게 지나친 레버리지는 예측할 수 없는 위기에서 나를 죽이는 양날의 검이 된다. 그러니 항상 적절한 규모로 적절한 타이밍에 사용해야 한다.

거품이 가까워져 오면, 자산 가격은 계속해서 오르고 너도나도 투자에 뛰어든다. "거품이다. 위험하다. 조심해라"라고 경고하던 사람들마저 사라지고 모두가 환상을 꿈꾸는 순간, 거품은 꺼진다. 아이러니한 것은, 이 순간이 '빚투(빚을 내서 하는 투자)'가 가장 많이 늘어나고 '영끌'이 최고조에 달하는 시점이라는 것이다.

2017년 초 100만 원에 불과하던 비트코인이 불과 1년도 되지 않아 28배가 오른 2,800만 원을 넘어서는 순간, 사람들은 환상에 사로잡히기 시작했다. 비트코인이 1억 간다는 말이 여기저기서 들려왔다. 회사원들은 물론 주부, 중·고등학생까지 관심사는 모두 비트코인이었다. 집과 차, 전세보증금, 신용대출을 끌어모아 비트코인에 투자하는 사람들이 늘어나기 시작했다. 하지만 거기까지였다. 비트코인 가격은 곤두박질쳤고 불과 1년 만에 300만 원으로 주저앉고 말았다. 그리고 2020년 유동성 파티가 시작됨과 동시에 또다시 비트코인의 2차 광풍이 불어닥쳤다. 지금도 마찬가지다. 빚내서 도박적으로 투자하는 투기가 만연하고 있다.

주위에 장밋빛 전망이 팽배할 때, 너도나도 빚내서 시장에 뛰어들때, 나 자신도 자산 가격이 계속해서 오를 거라는 환상에 젖어들 때, 그리고 내 욕심이 극대화될 때를 조심해라. 위기는 그 순간 찾아온다. 내 욕심과 탐욕이 가장 커지는 순간이 호황의 끝이 될 가능성이 크다.

언젠가는 찾아올 위기에 대비하려면? 먼저 주식투자는 대출, 레버리지를 쓰지 않는 것을 원칙으로 해야 한다. 그리고 호황이 지속되고 정점을 향해 갈수록 현금 비중을 늘리고 레버리지를 줄여가야 한다. 오히려 자산 가격이 적정 가치 이하로 지나치게 하락하는 순간이 레버리지를 늘려야 하는 때다.

이렇게 유보해놓은 현금과 레버리지는 조정이 왔을 때, 그리고 거품이 꺼졌을 때 싼 가격에 우량자산을 확보할 수 있는 총알이 되어줄 것이다. 자산 가격이 적정 가치 아래로 많이 내려갔을 때 유보해둔 레버리지와 현금을 사용하여 수익을 극대화하는 과정이 반복되면, 어느새 당신의 자산은 퀀텀 점프되어 있을 것이다.

거품은 언젠가 붕괴할 수 있다는 전제를 가지고 투자에 임해라. 레버리지를 써야 할 때와 줄여야 할 때를 알고 지나친 욕심을 버려라. 이런 투자 마인드가 오히려 조정이나 공황이 왔을 때 당신의 자산을 불려줄 것이다.

투자는 평생에 걸쳐 하는 것이고, 원금을 잃지만 않는다면 좋은 투자 기회는 앞으로도 수십 번, 수백 번 찾아온다. 절대 조급할 필요가 없다. 하지만 아무리 좋은 기회가 많이 오더라도 돈을 잃어 투자할 자산이 없다면, 아무 의미가 없을 것이다.

절대 포기하지 마라, 기회는 있다!

이미 시작된 이 양극화 시대에 좌절하고 실망한 독자들도 많이 있을 것이다. 양극화의 특성상 가진 자와 못 가진 자의 격차는 시간이 갈수록 더욱 벌어진다. 하지만 지금 가진 돈이 적다고, 소득이 적다고 절대 포기해선 안 된다. 유동성이 이끄는 양극화의 시대에는 시장의 부가 재분배될 것이기 때문이다. 자산 가격은 큰 상승과 작은 조정을 반복하며 우상향하는데, 이 과정에서 자신이 가진 자산을 어떻게 굴리고 회전시키느냐에 따라 시장에 떠도는 부를 충분히 가져올 수 있다.

자산을 가졌지만 일찍 팔고 현금화해 유동성의 파도를 놓친 사람들, 유동성의 파도는 탔지만 지나친 욕심으로 과도한 레버리지를 사용해 가격 조정 구간에서 크게 손해 본 사람들, 지나친 단타로 효율성을 놓친 사람들, 저점에 팔고 고점에 산 사람들. 이런 사람들이 놓친 돈은 시장에서 누군가가 가져가기 마련이다. 돈의 흐름을 잘 타고 효율적으로 자산을 굴리는 사람이 시장의 떠도는 돈들을 가져가는 그 누군가가 될 것이다.

자신이 흙수저라고 실망할 필요가 없다. 최대한 일찍 종잣돈을 만들고, 적절한 레버리지 사용법을 익히고, 우량자산을 보는 눈을 기르고, 자산을 싸게 사는 방법을 익혀라. 이런 유동성의 장세는 당신의 능력에 따라, 당신이 속하는 부의 계층을 달라지게 만들어줄 것이다. 준비가 되어 있는 사람은, 유동성의 파도 안에서 부의 재분배가 일어날 때 급격한 부의 팽창을 경험하게 될 것이다. 결국 얼마나 알고 준비되어 있느냐가 재분배되는 부를 내 것으로 만들 수 있느냐 없느냐를 결정한다. 공부하고 준비해라. 시장에 떠도는 돈은 준비된 사람의 몫이다.

💎 유동성의 시대, 어떤 자산에 투자해야 할까?

유동성 장세에서는 대부분의 자산 가격이 모두 오른다. 그중에서도 특히 어떤 자산의 가격 상승폭이 높을까? 대표적 위험자산인 주식과 부동산을 보자.

실제 마이너스 금리를 시행했던 유럽과 일본 등의 과거 사례를 봤을 때 대규모의 유동성이 풀린 이후 자산 가격은 '주식 〉 부동산'의 순서로 상승폭이 높았다. 경험상 저금리 이후 상승폭은 주식이라는 자산이 높았다는 얘기다. 앞서 언급했듯이, 항상 그런 것은 아니지만 보통 주식은 경기에 선행하는 경향이 있고 부동산은 주식에 비해 경기 반영 속도가 느리다는 특성이 있다. 이런 측면을 고려하여 주식과 부동산의 투자 방법을 정하는 것이 좋다.

지금부터 각 자산의 미래를 생각해보자.

주식, 유동성의 파도 꼭대기에 서다

〈그림 8-2〉는 코스피의 차트다. 원 2개를 표기해놓았는데, 그중 왼쪽 빨간색 원 부분이 2008년 글로벌 금융위기 이후 양적완화로 전 세계에 돈이 풀린 유동성의 시기다. 그리고 파란색 오른쪽 원 부분은 2020년 초반 코로나19 이후 돈이 풀리기 시작한 시점이다. 너무나 비슷하지 않은가? 돈의 힘으로 주가가 부양된 것이다. 유동성, 즉 돈의 힘이 주식시장에 미치는 영향은 이처럼 어마어마하다.

현재 주가는 많이 올랐다. 하지만 '너무 많이 올랐으니 주식은 끝났다'라는 얘기가 아니다. 주식의 고점에 대한 논란은 항상 있었다. 5년 전에도 주식은 비쌌고 1년 전에도 주식은 비쌌다. 계속해서 하락하는 화폐 가치로 인해 기업 가치와 상관없이 주가는 올라간다. 물가 상승에

그림 8-2 **유동성과 주가 상승**

의한 주가 상승과 더불어 기술과 과학의 발전으로 기업들의 혁신 속도
또한 빨라진다. 주가는 계속 우상향할 수밖에 없는 시스템인 것이다(물
론 경기 사이클에 의한 하락과 조정은 존재한다).

　게다가 주식은 유동성이 늘어날 때 그 유동성을 일차적으로 가장 많
이 흡수하는 자산이다. 즉, 유동성의 파도 맨 꼭대기에 있는 자산이다.
그러니 유동성이 풀렸을 때 주식을 보유하지 않는 것은 유동성의 파도
를 타지 못하는 것과 같다. 이런 유동성 장세일수록 가격만 보고 '비싸
다'라고 판단할 것이 아니라, 그 기업의 실질가치와 미래 성장성을 스
스로 판단할 만큼의 능력을 키우고 적극적으로 주식을 보유해야 한다.

　그리고 이 어마어마한 유동성 장세의 특성은 기업의 주가를 적정 가
치보다 한참 위까지 오버슈팅시킨다는 것이다. 기업의 실적과 미래가
치의 힘이 아니라 돈의 힘이 주가를 밀어 올린다. 돈은 남아돌고, 투자

할 곳은 없고, 결국 오르는 주식에 대중의 돈이 몰려 주가가 뻥튀기된다. 유동성 장세의 이런 특성을 제대로 이해해야 한다.

결론적으로 주가가 올랐다고 부정할 필요도 없지만, 주가가 오버슈팅된다는 유동성 장세의 특성도 항상 기억하면서 자신의 투기성을 잠재우고 이성적으로 시장을 대할 필요가 있다. 주가가 오른다고 모든 돈을 투기적으로 쏟아붓고, 레버리지를 '풀로 땡겨' 도박적으로 투자하지 말라는 얘기다.

주식은 기업의 미래가치를 반영한다. 아직도 저평가된 기업은 존재하고, 트렌드와 시대 가치를 바꿀 혁신 기업은 계속해서 생겨나고 있다. 욕심을 버리고 미래를 선도할 기업을 찾아내는 노력과 기업의 적정 가치를 찾아내는 노력을 기울인다면 유동성 파도를 즐기며 안전하게 서핑을 할 수 있을 것이다. 다만, 유동성의 파도가 높을수록 하락의 골도 깊다는 사실을 기억하기 바란다.

부동산, 돌이킬 수 없는 양극화로 들어서다

부동산은 어떨까? 아파트를 기준으로 이야기해보면, 이미 부동산은 양극화 시대에 진입했다. 특히 최근 급격한 아파트 가격 상승으로 20~30대가 수도권에 내 집 한 채 마련하는 것이 현실적으로 어려운 일이 되어버렸다. 그럼 부동산과 유동성은 어떤 관계가 있을까?

〈그림 8-3〉은 서울 아파트 매매가격지수와 광의통화량(M2)의 상관관계를 나타낸 그래프다.

2000년부터 약 20년간의 추이를 보면, 서울 아파트는 통화량 증가에

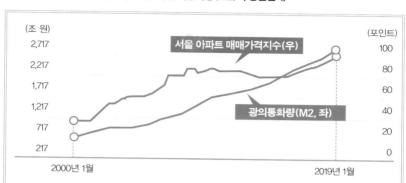

그림 8-3 **서울 아파트 매매가격지수와 광의통화량(M2)의 상관관계**

* 자료: 한국은행, KB국민은행

수렴하며 상승해왔다는 것을 알 수 있다. 주식과 마찬가지로 부동산 역시 화폐량의 증가에 따라 가격이 당연히 상승한다. 하지만 무조건 오르기만 할까? 부동산시장도 경기 사이클과 같이 상승과 하락을 반복하며 움직인다.

〈그림 8-4〉는 아파트 매매가격지수로 경기 사이클을 나타낸 것이다. 2003년부터 현재까지 아파트 가격 움직임을 보면, 시장은 '회복 → 확장 → 후퇴 → 수축'의 단계를 반복하며 우상향해왔다. 지금은 상승의 마지막 단계인 '확장' 단계에 와 있다. 이 확장기가 끝나면 분명 부동산시장도 조정기를 겪을 수 있다는 뜻이다.

그렇다면 지금의 부동산 가격 확장기가 언제까지 이어질 것이냐, 조정이 온다면 얼마나 깊을 것이냐가 문제일 것이다. 정확한 시점을 맞힐 수 있는 사람은 없다. 하지만 지난 경험에 비춰 예측은 할 수 있다. 조정이 오더라도 그 폭은 상승폭에 비해 크지 않으며, 결국 다시 우상향할 것임을 말이다.

그림 8-4 **아파트 매매가격지수로 본 경기 사이클**

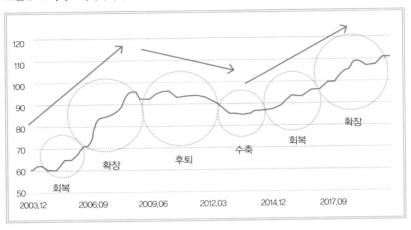

그리고 유동성이 주식시장을 오버슈팅시키듯이, 유동성이 부동산시장도 현재의 확장기에 이어질 후퇴기를 더 늦출 수도 있고 조정을 더얕게 만들 가능성도 있다. 여기서 깨달아야 할 것은, 계속해서 조정만기다리는 사람은 아파트를 영영 살 수 없을지도 모른다는 사실이다. 분명 조정장은 온다. 하지만 투자적 마인드가 아닌 방어적 마인드를 가진사람은 정작 조정이 오더라도 기회를 잡지 못한다.

앞서 언급했듯이 내 집 마련은 주거공간이란 측면에서, 즉 안정성이라는 측면에서도 꼭 필요한 선택이다. 이미 많이 올라버린 집값이 부담된다면 더 싸게 사는 방법으로, 또는 레버리지를 최소화해서 작은 집부터 시작하는 것도 방법이다.

청약·급매·경매와 같이 처음부터 안전마진을 가지고 시작하는 방법으로 내 집을 마련하고 레버리지를 최소화한다면, 집값 하락에 대한 리스크를 완화할 수 있다. 결국 내 집을 산다는 행위는 마인드의 변화가 필요한, 매우 큰 결단력을 필요로 하는 행위다. 만약 이미 이루어진 집 값의 큰 상승이 부담된다면 다른 방법으로라도 유동성의 파도를 타야 한다.

조정과 하락기가 걱정된다면 과거를 돌이켜보자. 그동안 부동산시장은 두 차례의 금융위기 외에도 수많은 악재와 하락기를 겪었다. 몇 번이나 말했듯이, 그럼에도 서울의 은마아파트는 1978년 이후 96배가 올랐다. 단기적인 그림을 보지 말고 거시적으로 큰 그림을 그린다면 답은 정해져 있다. 주식과 부동산 모두를 보유하되, 아파트는 좋은 입지의 좋은 물건을 싼 가격에 살 수 있도록 고민하고 전략적으로 움직여야 한다. 아파트 투자에 선택지는 많다. 분양가 상한제로 더 싼 가격에 내 집을 마련할 기회도 생겼고, 발품과 지식에 따라 좋은 물건을 싸게 살 기회도 수없이 많다. 현장에 나가지 않고 경험하지 않았기 때문에 모르는 것뿐이다. 사람은 아는 만큼 좋은 선택을 할 수 있다. 거시적인 관점으로 유동성의 시대, 양극화의 시대에 대비하자.

양극화 시대의 필수 자산, 달러

대표적 안전자산인 달러는 주식, 부동산과 같은 자산이 하락할 때 내 자산의 가치를 지켜주는 자산이라고 설명했다. 즉, 주식과 부동산 가격이 하락할 때 상승하는 경향을 가진 자산이다.

포트폴리오에 이런 안전자산이 들어 있다면, 위기가 와서 내가 가진 주식과 부동산 가격이 하락하더라도 안전자산의 가격이 상승함으로써 자산 손실을 최소화해준다. 다시 한번 강조하지만 달러는 환차익을 얻기 위해 단기 투자 목적으로 사는 자산이 아니다. 공격은 주식과 부동산과 같은 위험자산이 한다. 상대 팀의 공격수가 무서운 속도로 공을 몰아 우리 골대로 달려올 때를 대비해 골대를 지킬 안전자산이 필요한 것이다. 골키퍼의 임무는 골을 넣는 것이 아니라 골문을 지키는 것이다. 달러의 가격이 오르든 내리든 상관없이, 철저히 안전자산 자체의 목적에 맞게 일부 비중을 보유하는 것이 좋다. 단 종잣돈을 모을 때, 주식이나 부동산 없이 현금성 자산만 가지고 있을 때는 굳이 달러를 살 필요가 없다.

달러는 주식, 부동산 같은 위험자산에 반대되는 특성의 자산이기 때문에 주식과 부동산이 포트폴리오에서 비중이 늘어갈수록 함께 비중을 늘려가면 된다. 보유한 자산의 가격이 상승해 전체 자산이 늘어났다면 그 늘어난 비중만큼 안전자산 비중도 늘려야 한다. 그리고 거품의 징조가 보인다고 판단되는 시점에는 안전자산의 비중을 더 늘리면 된다. 사는 타이밍은 언제라도 좋다. 어차피 환율을 정확히 예측할 수 있는 사람은 존재하지 않기 때문이다. 일정 기간을 정해두고 같은 금액으로 조금씩 분할매수하는 방법이 가장 안정적이다.

저금리 기조가 계속되고 양적완화로 달러가 많이 풀릴수록 달러 가치는 하향 안정화될 것이다. 이 말은 우리나라에서 달러를 보유했을 때 환율이 떨어진다는 것이고, 환손실을 보게 된다는 것이다. '달러가 떨어지고 있는데 어차피 환손실 볼 거 괜히 가지고 있다가 손해만 보는 거 아냐?'라고 생각한다면 하나만 보고 둘은 보지 못하는 것이다. 달러의 보유 목적은 환차익이 아닌 위기를 대비하는 것이다. 유동성 파티가 끝나고 거품이 꺼질 때, 우리 자산을 지켜줄 자산이 바로 달러다.

또 많이 질문하는 것 중 하나가 달러로 미국 주식을 산 것도 안전자산에 해당하느냐인데, 안전자산으로서의 달러를 말할 때는 달러로 미국 주식을 산 것은 해당하지 않는다. 달러로 미국 주식을 사는 순간 위험자산이 되기 때문이다. 따라서 안전자산 비중을 따질 때는 미국 주식 매입 용도로 구입한 달러는 제외하고 현물 달러나 달러예금, 달러RP 등만 포함시킨다(단, 달러로 미국 주식을 사기 때문에 위기 발생 시 주가 하락분을 달러가 어느 정도 만회해줄 수는 있다. 즉 미국 주식으로 본 손실이 줄어드는 효과는 있다).

한창 가격이 오르고 있는 주식, 부동산과 반대로 계속 떨어지는 달러를 보며 '내가 이걸 왜 갖고 있어야 하나' 생각할 수도 있다. 이런 상황에서 달러를 일부라도 보유한다는 것이 쉬운 선택은 아니다. 하지만 IMF 외환위기, 글로벌 금융위기 때 달러를 통해 위기를 벗어나고 오히려 그 위기를 기회로 만들었던 과거의 역사가 달러와 같은 안전자산의 힘을 증명해준다. 언제가 될지는 모르지만, 언젠가 다가올 위기를 대비하는 사람과 그렇지 않은 사람의 미래는 크게 달라질 것이다.

금, 유동성을 대변하다

달러가 늘어나 달러 가치가 하락한다면? 이 책을 열심히 읽어온 독자라면 눈치챘을 것이다. 그렇다, 금 가치의 상승이다! 달러는 계속해서 늘어나는 반면, 금의 매장량은 한정돼 있다. 따라서 달러표시 자산, 달러 반대성을 지닌 금의 가격은 올라갈 것이다. 〈그림 8-5〉에서 볼 수 있듯이, 현재까지 화폐의 인플레이션 측면에서 금 가격은 지속적으로 상승해왔다.

자본주의의 기본적인 특성이 있다. 화폐는 점점 늘어나고 그에 따라

화폐 가치는 점점 떨어진다는 것이다. 이것은 대표적 실물자산인 금이 결국 우상향할 수밖에 없다는 근거가 된다. 〈그림 8-5〉를 보면 중간중간 변동은 있었지만 금 가격은 결국 큰 폭으로 우상향해왔다. 앞으로도 계속해서 달러가 풀리고 인플레이션이 일어난다면, 자산 가격이 상승함과 더불어 금 가격 역시 지속적으로 우상향할 가능성이 크다.

지금 상황은 어떨까? 사상 초유의 저금리와 코로나19로 인한 경기침체를 극복하기 위한 양적완화로 달러의 가치가 지속적으로 하락하고 있다. 이 기조가 급격히 훼손되지 않는다면, 달러 반대성을 가진 금의 가격은 어떻게 될까? 우상향할 가능성이 크다.

물론 2008년 글로벌 금융위기 후 경기가 회복되자 양적완화 중단과 금리 인상을 통해 돈을 회수했던 것처럼, 앞으로 경기가 회복된다면 또다시 달러가 회수(달러 가치 상승)되면서 금 가격이 하락할 수 있다. 하지

그림 8-5 **금의 가격 움직임**

만 지금까지 그래왔던 것처럼, 굴곡은 있겠지만 화폐 가치는 앞으로도 지속적으로 하락할 것이다. 또 미국이 상당 기간 저금리 유지를 공언한 만큼, 특별한 달러 강세 요인이 나타나지 않는다면 유동성을 대변하는 자산인 금은 앞으로도 우상향할 가능성이 크다.

다만 앞에서도 설명했듯이, 금에 전 재산을 투자하거나 비중을 지나치게 키우면 기회비용을 잃을 수 있다. 적정한 비중으로 인플레이션을 헤지한다는 개념, 내 자산을 방어하는 최후의 수단이라는 개념으로 가져가자.

결론적으로, 저금리와 풍부한 유동성에 기반한 자산이 주식과 부동산 시장으로 쏠리고 있다. 한 가지 안타까운 것은 이 돈이 실물경제가 아니라 주식과 부동산 같은 자산시장 위주로 흘러가고 있다는 사실이다. 이렇게 실물경기와 자산시장이 따로 움직일 수도 있는 만큼 실물경기의 회복 상황을 지속적으로 지켜봐야 할 것이며, 유동성에 의한 자산 가격 상승에 취해 자신의 투자 원칙과 평정심을 깨는 투기적·도박적인 투자는 피해야 한다.

과거의 역사가 말해주듯이 호황과 불황, 상승과 조정은 반드시 반복된다. 그리고 언젠가 유동성 파티는 끝난다. 유동성 파티를 적극적으로 즐기고 자산을 보유하되, 호황이 지속되고 깊어질수록 욕심을 버리고 위험에 대비하며 시장을 떠나야 할 때 떠날 수 있는 결단력을 갖자. 그것이 양극화 시대를 현명하게 대비하고 자산을 불리는 지혜로운 방법이다.

경제위기에 부자가 된 사람들의 비밀

1997년 IMF 외환위기, 2008년 글로벌 금융위기, 그리고 2020년 코로나19 사태. 우리는 그동안 약 10년을 주기로 경제위기에 준하는 큰 위기를 겪어왔다. 이런 경제위기는 지속적으로 거품이 끼고, 그 거품이 꺼지기를 반복하는 자본주의의 한 과정이라고도 볼 수 있다.

경제위기는 모든 사람에게 고통을 준다. 경제는 망가지고, 소득은 줄고, 고용은 불안해지고, 기업은 도산한다. 그런데 누군가는 이런 위기 속에서도 기회를 잡고 큰 부를 일군다. 지금 수백억, 수천억의 부를 일군 사람들 중에는 경제위기 때 자산을 몇 배, 몇십 배로 불린 사람들이 많다. 어떻게 이런 일이 벌어질 수 있을까?

경제위기가 발생하는 과정

어떤 이슈로 인해 실물경기가 악화되는 경우 경제위기가 발생하는 과정은 다음과 같다.

경제위기 발생 과정
실물경기 악화 → 소비 위축 → 생산 감소 → 기업소득 감소 → 고용 감소, 임금 체불 → 가계소득 감소 → 금융비용 부담 증가 → 자산 매각 → 자산 가치 하락 → 경매 물건 증가 → 개인 파산·기업 부도 → 금융사 연체율 상승 → 금융사 파산 → 경제위기 실물경기와 별도로 2008년 글로벌 금융위기와 같이 부채가 과다한 상황에서 금리가 인상되어 금융비용 부담으로 자산 버블이 꺼지는 경우는 '금융비용 부담 증가'에서부터 과정이 시작된다.

이렇게 경제위기가 발생하면 도대체 어떤 일이 벌어질까?

경제위기 때는 이런 일이 벌어진다!

자산 가격 하락

경제위기가 오면 주식과 부동산 등 자산의 가치가 급락한다. 소득이 줄고 투자 심리가 꺾이고, 당장 먹고사는 문제 때문에 모두 자산을 팔고 현금화에 나선다. 자산 가치 하락은 대출을 끼고 자산을 산 사람들에게는 특히 큰 위기가 된다.

3억이 전 재산인 사람이 7억의 대출을 끼고 10억짜리 상가를 샀는데, 이 상가가 7억까지 하락한다면, 자기 돈 3억은 날아가고 7억의 대출만 남는다. 은행은 담보 가치 하락을 이유로 원금의 일부를 상환하라고 압박한다. 울며 겨자 먹기로 상가를 팔아보려 하지만 부동산 가격이 계속 하락하는 상황이기에 6억에 내놔도 팔리지 않는다. 결국 이 상가는 경매로 넘어가고 건물주는 신용불량자로 전락하고 만다.

영화나 드라마 속의 일일까? 실제 경제위기 때 비일비재하게 일어났던 일들이다. 많은 사람이 경제위기 때 돈과 자산, 일터를 잃고 길거리로 쫓겨났다.

환율 상승

경제위기 시엔 원/달러 환율이 상승한다(앞서 설명한 환율 관련 내용을 참고하기 바란다). 경제위기가 발생하면 안전자산인 달러로 수요가 몰리기 때문이다. 원/달러 환율은 미국 돈 달러와 우리 돈 원화의 상대적 가치이기 때문에, 같은 위기를 맞더라도 강대국인 미국의 달러에 비해 우리나라 원화의 가치가 더 많이 떨어진다. 또 이런 상황에서는 전 세계적으로 불안한 자국 화폐 대신 달러로 수요가 몰린다. 그래서 자연히 달러가 강세를 보이게 된다. 다음 차트를 보면 IMF와 글로벌 금융위기 당시 원/달러의 추이를 볼 수 있다.

IMF 때는 120% 이상, 글로벌 금융위기 때는 68% 이상 환율이 상승했다. 각각 2,000원, 1,600원 수준이다. 이제는 경제위기가 발생하면 금리를 내리고 달러를 푸는 양적완화를 통해 경기를 부양한다. 그래서 환율이 급격히 뛰어 올랐다가 달러가 풀리면서 안정화되는 모

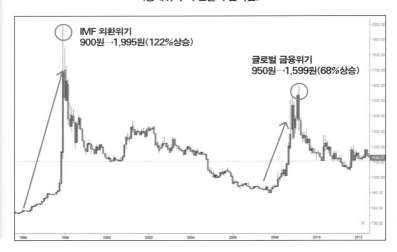

〈경제위기 시 환율의 움직임〉

IMF 외환위기
900원→1,995원(122%상승)

글로벌 금융위기
950원→1,599원(68%상승)

습을 보인다. 하지만 국내 이슈로 인한 위기일 경우 원화 가치가 상대적으로 더 많이 하락하기 때문에 환율 상승의 영향은 더 크게 나타난다.

경제위기에 부자가 된 사람들의 비밀

경제위기가 온다면 자산 가치 하락, 환율 상승이라는 특성을 이용해 자산을 늘려야 한다. 과정을 간단히 요약하면 다음과 같다.

경제위기에 자산을 늘리는 과정
달러 보유 → 경제위기 → 달러 상승 → 달러 환차익 발생 → 달러 고점에서 달러 매도(이때는 주식, 부동산 등 자산 가격의 저점) → 헐값에 자산 매수 → 경제위기가 해결되며 자산 가격 상승

이런 과정을 거친다면 환차익과 자산 가격 상승 모두를 누릴 수 있다. 다음은 가상의 시나리오다.

'경제위기가 발생하면서 내가 보유한 달러가 1,100원에서 1,600원으로 급등해 50%에 가까운 환차익을 본다. 환율이 최고점일 때는 경제위기의 정점이며, 자산 가격이 최저점일 때다. 환차익을 보고 확보한 현금으로 국내 주식, 부동산 등을 헐값에 사들인다. 경제위기가 해결되면서 반 토막 났던 자산 가격이 다시 회복된다. 환차익 50%에 자산 가격 상승 50%, 총 100%에 가까운 수익을 올린다.'

물론 이 상황과 수익률은 가상의 시나리오이며, 경제위기의 특성마다 환율의 움직임, 자산 가격의 움직임은 다를 수 있다. 그리고 환율의 고점에서 달러를 파는 것도 어렵다. 하지만 여기서 중요한 것은 경기 변동에 따라 환율과 자산이 움직이는 원리를 이해하는 것이다. 이 원리를 이해하고 달러를 보유함으로써, 위기가 오더라도 보유한 자산의 가치 하락을 방어하고 그 달러를 통해 기회를 잡을 수 있어야 한다. 즉 다음 차트와 같이 경제위기의 정점에서 비싸진 달러를 팔아 자산을 헐값에 사라는 뜻이다.

이것이 가능하려면 호황기일지라도 포트폴리오 차원에서 현금과 달러를 보유해야 한다. 호황의 정점에서 조금씩 레버리지를 줄이고 달러를 늘려가는 사람이 위기를 기회로 바꿀 수 있다.

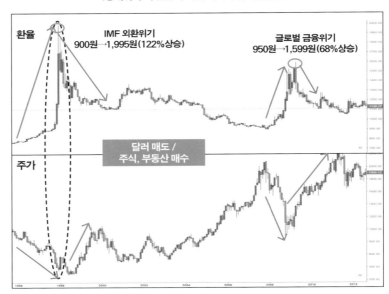

〈경제위기 시 환율과 자산 가격의 움직임 활용〉

어떻게 대비해야 할까?

여기서 중요한 사실은 현금성 자산이 있어야 한다는 것이다. 현금 없이 위험자산만 보유한다면 경제위기의 충격을 온몸으로 받아내야 한다. 경제위기를 기회로 만들기 위해서는 다음과 같이 사전에 대비해야 한다.

현금성 자산을 보유해라

경제위기는 극도의 호황과 자산 가격의 엄청난 상승에 취해 있을 때, 예측할 수 없는 상황에서 발생하는 경우가 많다. 이 시점에는 대부분 사람이 투기적으로 시장에 뛰어들고 빚을 내서 주식과 부동산을 앞다투어 사들이고 있을 가능성이 크다. 오히려 이런 상황에서 욕심을 버리고, 호황이 깊어질수록 현금과 안전자산을 늘려가며 적절한 포트폴리오를 유지하는 사람만이 위기를 기회로 바꿀 수 있다.

안전자산을 미리 확보해라

경제위기 상황이 닥치면 안전자산은 순간적으로 급등한다. 물론 하루아침에 환율이 1,000원에서 1,500원으로 급등하는 것은 아니지만 금·달러 같은 안전자산은 미리미리 조금씩 사놓는 것이 좋다. 단, 지나치게 높은 비중의 안전자산을 보유하면 투자 기회를 놓치거나 효율성이 떨어질 수 있기 때문에 적립식으로 적절한 비중을 모아나가는 것이 좋다.

나쁜 대출을 줄여라

경제위기 시에는 경기가 침체되어 소득이 줄고 대출원금과 이자를 충당하기 어려워진다. 게다가 자산 가치까지 하락해서 레버리지의 마이너스 효과까지 감당해야 한다.

담보대출이 아닌 소비성·일회성 신용대출은 투자 이전에 미리 줄이는 것이 좋고, 절대 주식담보대출 같은 레버리지로 투자해선 안 된다. 이것은 경제위기가 아니더라도 안정적이고 효율적인 재테크를 위해 반드시 지켜야 한다.

안정적인 자산을 늘려라

경제위기가 올지 안 올지는 신이 아닌 이상 누구도 미리 알 수 없다. 또 자본주의 시장에서는 불황보다 호황이 길다. 따라서 위기에 베팅하여 모든 자산을 현금화하고 경제위기만 기다리는 것도 현명하지 못하다. 적극적으로 투자하되, 호황이 깊어지고 자산 가격의 거품이 심해질 때는 포트폴리오를 리스크가 낮은 우량자산 또는 경기방어 성격의 자산으로 재편하거나 현금성 자산을 늘리는 등 안정적인 방향으로 투자를 진행하는 것이 좋다.

고위험 주식을 우량주나 경기방어주 등으로 교체한다든가, 전국에 흩어져 있는 상업용 부동산을 서울 요지의 주거용 부동산 등 변동성과 위험도가 낮은 물건으로 교체한다든가 하는 식으로 안정성을 높이는 것이다.

우리는 돈을 계속 굴려야 한다. 하지만 무작정 투자하는 것이 아니라 상황에 따라 규모를 조절하고, 상황에 맞는 포트폴리오를 만드는 능력을 갖춰야 한다. 이것이 바로 경제와 재테크 공부를 병행해야 하는 이유다.

재테크는 1~2년이 아니라 평생 하는 것이다. 자본주의 사회에 살고 있는 한 경제위기는 주기적으로 반복될 것이고, 이런 경제위기에 잘 대처한다면 남들보다 큰 부를 쌓을 수 있다. 부는 원금을 잃지 않고 긴 시간 동안 안정적 수익을 쌓아감으로써 커진다. 단기간의 큰 수익보다 장기간의 지속성과 안정성에 집중해야 하는 이유다.

부의 핵심은 레버리지에 있다. 특히 재테크에서 레버리지란 대출을 말한다. 레버리지는 내가 가진 것 이상의 자본을 활용해 더 큰 수익을 낼 수 있도록 도와주는 도구이지만, 이를 제대로 사용하는 사람은 많지 않다. 레버리지의 효과를 이해하고 그 위험을 컨트롤할 줄 아는 것, 적재적소에 쓸 줄 아는 실력을 갖추는 것이 중요하다. 깔고 앉아 있는 레버리지가 무엇인지를 찾아내 과감히 사용할 수도 있어야 한다. 그리고 대출을 얼마나 잘 받고 잘 갚느냐, 얼마나 잘 활용하느냐, 좋은 대출과 나쁜 대출을 구분하고 투자 및 종잣돈 모으기와 대출 상환 간에 우선순위를 정할 수 있느냐에 따라 재테크의 속도와 효율성이 달라진다. 그러면 당연하게도, 미래가 달라진다.

우리에게 닥칠 미래의 가장 큰 특징은 양극화가 될 것이다. 넘치는 유동성으로 자산 가격의 인플레이션이 지속될 것이고 이 과정에서 자산을 가진 사람과 그렇지 않은 사람 간 부의 격차는 더욱 커질 것이다. 특히 우량자산과 비우량자산 간의 격차가 더욱 심화될 것이다.

우리가 보유할 자산은 양보다 질을 기준으로 해야 하며, 같은 돈으로 더 좋은 입지의 더 우량한 자산을 살 수 있는 능력을 키워야 한다. 유동성의 파도에서 소외되지 않도록, 잠자는 돈을 깨워 최대한 효율적으로 굴려라.

하지만 반드시 기억해야 할 것이 있다. 자본주의의 특성상 그리고 과거의 경험상 이런 시기의 유동성 파티가 끝나면 넘치는 돈을 회수하는 시기가 반드시 온다는 것이다. 유동성과 호황에만 취해 있지 말고 언젠가 다가올 조정의 시기를 반드시 대비해야 한다.

우량한 자산을 보유하되 모두가 자산 가격 상승에 열광하고 투기적으로 시장에 참여할 때, 내 욕심이 극대화될 때를 조심해라. 이런 시기가 다가올수록 현금성 자산을 늘리고 레버리지를 줄여나가라. 일시적이든 장기적이든, 가격이 조정되는 시점에 우량자산을 싼 가격에 살 기회가 생길 것이다. 반대로 유동성의 힘만 믿고 전 재산과 가능한 모든 레버리지를 시장에 쏟아버린 사람은 작은 조정에도 크게 흔들릴 것이다.

유동성의 파도에서 소외되지 않도록 반드시 자산을 보유하되, 적절한 현금성 자산을 반드시 보유하고 레버리지를 적절한 수준으로 조절하는 것이 유동성의 시대에 살아남는 방법이다.

또 달러라는 안전자산은 준비되지 않은 시점에 갑자기 찾아올 가격 거품 붕괴나 가격 조정의 시기에 보유한 자산의 가격 하락을 방어해 줄 것이다. 환차익의 목적이 아닌, 위기를 대비한다는 개념으로 적절한 비중의 달러를 보유하자.

그리고 유동성의 힘으로 화폐의 가치가 하락할수록 금의 가치가 빛을 발할 것이다. 지금까지 화폐가 지속적으로 늘어남과 함께 매장량이 한정된 금 가격이 지속적으로 상승해왔다는 사실을 기억하자.

상황에 맞는 포트폴리오를 구성해 우량자산, 안전자산을 보유해라. 적절한 레버리지를 사용하고 조급함과 욕심을 버려라. 언젠가는 꺼질 거품에 대비해 호황이 지속될수록 레버리지를 조금씩 줄여나가고 현금성 자산과 안전자산의 비중을 늘려나가는 것, 이것이 미래의 양극화 시대를 대비하는 전략이다.

유동성의 시대가 만들어낼 양극화 시대에 어차피 누군가는 부자로 살아야 하고 누군가는 가난하게 살아야 한다면, 부자의 인생을 살겠다고 지금 이 순간 결단하기 바란다.

방향만 맞다면 반드시 도달한다!

끝까지 읽어주셔서 감사합니다. 책을 쓰기 위해 지난 1년 동안 수많은 고민과 시간을 갈아 넣었습니다. 《부의 알고리즘》은 그냥 한 권의 재테크 책으로서가 아니라, 이 책을 읽어주신 독자님의 인생을 바꿀 수도 있는 지도이자 나침반의 의미를 가진다 생각했기 때문에 쉽게 쓸 수 없었습니다. 제가 그동안 공부하고 경험한 돈에 대한 통찰과 과정이 여러분의 인생에 녹아들게 하기 위해서는 어려운 전문 용어나 미사여구가 아닌 직관적이고 가장 쉽게 풀어낸 책이어야 했습니다. 제가 그랬듯 이 책을 통해, 다른 분들의 인생도 바뀌길 간절히 바라는 마음으로 정성스레 집필했습니다. 물론 부족한 점도 있을 테고, 경제 상황과 유행이 바뀔 수도 있습니다. 하지만 부의 원칙과 돈이 불어나는 과정, 알고리즘은 시간이 지나도 변하지 않습니다. 돈의 속성 자체는 변하지 않는 원리이기 때문입니다. 많은 시간이 지난 뒤에도 이 책이 여러분과 여러분 자녀들의 인생을 바꾸고 죽은 지식을 살아 있는 실행으로 바꿀 수 있는 보석과 같은 책이 되길 바랍니다.

또 한 가지 당부드리는 말씀은, 누구나 처음에는 대단한 각오를 다 집니다. 하지만 그 각오는 머지않아 희석되고 맙니다. 이 책의 첫 장을 펴고 읽으며 가졌던 절실함과 각오를 이어나가시기 바랍니다. 또 작심삼일을 3일마다 계속하시기 바랍니다. 분명 오늘보다 내일, 1년 뒤, 10년 뒤 나아지고 발전된 삶을 살게 되실 거라 확신합니다. 성공하는 사람과 그렇지 않은 사람은 종이 한 장 차이입니다. 실행하느냐, 실행하지 않느냐에서 갈리게 되죠. 아무리 좋은 보석도 갈고닦지 않으면, 그리고 내 것으로 만들기 위한 실행과 노력이 없다면 절대 빛을 발하지 못합니다. 자기 자신이라는 원석을 계속 갈고닦고 틀을 깨며, 실행하는 과정을 통해 여러분의 인생은 더 나은 방향으로 발전해나갈 것입니다.

'방향만 맞다면 반드시 도달한다.' 제 인생의 모토입니다. 남들보다 느려도 상관없습니다. 시작이 미약해도 전혀 문제없습니다. 묵묵히 올바른 방향으로 한 걸음씩 뚜벅뚜벅 나아가다 보면 어느새 여러분은 원하는 바를 이루고 많은 사람을 앞질러 나갈 수 있습니다. 남들보다 좋은 조건에서 시작한 사람도 잘못된 방향으로 가고 있다면 절대 목표를 이룰 수 없습니다. 속도도 중요하지만 가장 중요한 것은 방향입니다. 올바른 방향을 설정하고 조급함을 버리는 것, 나 자신을 믿고 내가 가는 길에 대한 확신을 갖는 것, 그리고 남이 아닌 나 스스로가 내 인생을 컨트롤하는 것에 의미를 두시기 바랍니다. 제 미약한 한 자 한 자가 여러분의 인생에 도움이 될 수 있기를 바라며 제 이야기에 귀 기울여주시는

17만 명의 유튜브 구독자와 수강생분들께 감사의 말씀을 드립니다. 마지막으로 이 책이 나오기까지 힘이 되어준 우리 가족에게 진심 어린 감사의 말씀을 전합니다.

RICH
RICH
RICH
RICH

부록 1

독자 상담(Q&A)

그동안 유튜브와 강의 등을 통해 질문해주신 분들에게 조언해드린 내용을 바탕으로 몇 가지 상담 내용을 소개하겠다. 다른 사람의 생각과 상황을 통해 배우고, 그 답변을 자신의 상황에 맞게 응용한다면 분명 도움이 되리라 믿는다.

30대 초반이고 월급 170만 원이 안 되는 프리랜서입니다. 프리랜서다 보니 소득도 불규칙하고 늦은 나이라 걱정도 되고 자존감도 떨어집니다. 저도 경제적 자유를 이룰 수 있을까요?

- **중요한 것은 방향성입니다.**
  가야 할 방향이 확실히 서 있다면 느린 것은 관계가 없습니다. 방향만 맞는다면 반드시 목적지에 도달하게 되어 있으니까요. 소득이 아무리 많아도 흥청망청 쓰고 도박하듯 투자하고 목표가 없는 사람은 절대 멀리 갈 수 없습니다. 독자님께서 방향과 목표만 정확히 잡으신다면 잘못된 방향으로 가고 있는 사람보다 훨씬 더 빠르게 목적지에 도착할 수 있습니다.

- **먼저 종잣돈을 모으세요.**
  성공 재테크 4단계를 인생에 적용하는 겁니다. 종잣돈은 재테크의 씨앗도 되지만 삶의 방향을 선택할 때 인생의 마중물이 되기 때문입니다. 종잣돈이 있어야 재테크를 공부하고 시작하기 위해 자신에게 투자도 할 수 있고 시간도 벌 수 있습니다.

단, 독자님께서는 지금 다른 분들보다 여건이 좋지 않기 때문에 종잣돈을 더 절실히 모아야 합니다. 시간이 걸리더라도 자신을 쥐어짜고 갈아넣어야 한다는 겁니다. 종잣돈의 무서움이 뭔지 아시나요? 종잣돈을 모으기까지는 소득이 얼마냐가 굉장히 중요합니다. 하지만 일단 3,000만 원이든 5,000만 원이든 종잣돈을 한번 만들어만 놓으면 그때부터는 공평해집니다. 시기는 좀 늦어질 수 있겠지만, 일단 종잣돈만 모으면 같은 돈을 모은 사람들과 같은 출발선에 설 수 있다는 뜻입니다.

종잣돈 이후부터는 방향성과 노력의 문제입니다. 이 두 가지가 충족된다면, 이후엔 그냥 굴리면 됩니다. 점차 속도가 붙을 것이고 눈덩이는 커질 것입니다. 재테크가 쉽다는 것이 아니라, 재테크의 단계를 정확히 알고 그 단계를 차근차근 밟아나간다면 반드시 목표에 도달할 수 있다는 사실을 믿으라는 것입니다.

● 진로에 대해서는 이 점을 참고하세요

종잣돈 모으기를 진행하면서 자신에게 맞는 진로를 원점에서 고민하셔야 합니다. 지금 상황을 벗어날 수 없다고 판단된다면 과감히 진로를 바꾸는 도전도 필요합니다. 다음 네 가지 방향을 생각해보세요!

① **직업을 시스템으로 바꾸는 방법입니다.**

지금 내 일에 올인하고 내 일에서 시스템을 찾는 겁니다. 내 분야에서 성공한 사람들을 만나고 그 사람들이 어떻게 성공할 수 있었는지 그들에게서 힌트를 얻고 그들이 걸어온 길을 따라가 보세요. 즉, 내 일에서 성공하는 방향으로 나아가라는 얘기입니다.

② **지금 일을 유지하면서 재테크로 시스템을 만드는 방법입니다.**

이 방법으로 가겠다면 단단히 각오를 하셔야 합니다. 남들보다 늦고 상황이 좋지 않기 때문에 더 많이 아끼고 더 많이 공부하셔야 합니다. 최대한 일찍 종잣돈을 모으며 공부하세요. 소비통제는 기본이고 책, 스터디, 강의 등을 통해 효율적으로 재테크 공부를 해야 합니다. 하지만 소득이 적은 데다 일정치가 않아서 비효율적이라고 판단된다면 다른 방법도 생각해볼 수 있습니다.

③ **내 재능을 통한 부수입을 만들고, 궁극적으로 그 방향으로 진로를 바꾸는 것입니다.**

이것은 무자본 창업, 재능판매의 개념입니다. 내가 지금 하고 있는 일과 연관성이 있다면 가장 좋고, 내가 가진 다른 재능을 이용하는 것도 좋습니다. 일단 유튜브, 블로그, SNS 등으로 셀프 브랜딩을 하고 서서히 부수입을 늘려갑니다. 그리고 이 과정이 성공적이라면 궁극적으로 이 방향으로 일을 바꾸는 겁니다.

④ **지금의 일을 버리고 과감히 시스템이 있는 곳으로 뛰어드는 방법입니다.**

위험 부담이 있는 방법입니다. 하지만 내가 잘할 수 있고 유망하다고 확신하는 분야라면 과감히 진입하세요. 이 분야에서 필요한 자질, 능력, 장비와 같은 것들을 조금씩 준비하며 전향하는 것입니다. 일단 종잣돈을 모으며 자신의 상황에 맞는 방향을 찾아보세요. 핵심은 내 능력을 확산시키는 방향, 즉 생산자가 되는 방향으로 가야 한다는 것입니다(최악의 상황은 아르바이트와 같이 고용되어 시간당 최저임금을 받으며 효율성의 확장이 없는 소비자의 삶에 머무르는 일을 하는 것입니다). 이때 한정된 내 노력으로 최대한 많은 사람에게 전달될 수 있는 일을 하거나 확산시킬 수 있는 도구인 온라인을 활용하세요. 내가 하는 일을 이 확산성의 도구와 결합해서 시스템을 만들 방법을 고민하세요. 그 사람들에게 정보를 주거나 즐거움을 주거나 불편함을 해소해주는 일을 찾는 것이 첫 번째, 내가 같은 노력을 하더라도 더 많은 사람에게 전달되는 방법을 찾는 것이 두 번째입니다.

인생은 생각보다 깁니다. 늦었다고 생각하지 말고, 올바른 방향을 정하고 결단력만 발휘할 수 있다면 이미 성공한 것이나 다름이 없습니다. 조급해하지 말고 차근차근 단계를 밟아나가시기 바랍니다.

● 마음을 다잡으세요

그리고 가장 중요한 부분입니다. 자존감에 대한 이야기도 하셨는데, 자존감은 돈이 없어서 낮아지는 것이 아니라 '나에 대한 확신이 있느냐', '미래에 대한 계획과 자신이 있느냐', '자기애가 있느냐'에 달린 문제입니다.

책을 읽고 공부하세요. 돈은 없더라도 나에 대한 믿음과 확신이 있다면 자존감은 올라갑니다. 남들과 비교하지 말고, 내가 어제보다 발전하고 성장했느냐만 보시기 바랍니다. 하루하루 성장해나가며 성공 재테크의 4단계를 차근차근 밟아가다 보면, 분명 목적지에 도달할 수 있습니다. 힘내세요, 항상 응원하겠습니다!

30대 중반의 회사원입니다. 월급은 200만 원, 대출로 50만 원이 나가고 매달 50만 원은 지인에게 빌린 돈을 갚고 적금 50만 원 들고 있어요. 교통비, 카드, 휴대전화 요금으로 30만 원 정도 나갑니다. 지금은 회사를 다니면서 부모님과 함께 살고 있는데, 종잣돈이나 내 집 마련이 되지 않아 고민입니다.

목돈이 없다 보니 불안하고 언제 그만둘지 모르는 불안에 대출상환도 못하고 있습니다. 올해 적금으로 1,000만 원이 모이는데 독립을 해야 할지, 갖고만 있어야 할지, 투자를 해야 할지 모르겠습니다. 상승효과님께 조언을 얻고 싶습니다.

● 시급한 것은 틀을 깨는 것입니다

먼저 독자님께 시급한 것은 수입과 생활 패턴의 틀을 깨는 것입니다. 분명 누구에게나 그 사람만이 가진 재능이 있고, 지금보다 더 많은 돈을 벌 수 있는 분야와 방법이 있습니다. 아직 그것을 발견하지 못한 것뿐입니다.

그리고 독립에 대한 부분이 고민되시겠지만 지금은 부모님과 함께 살면서 생활비를 조금이라도 더 줄이는 것이 좋습니다. 지금도 수입과 지출이 빠듯한데, 독립을 해서 주거비용까지 이중으로 든다면 절대로 돈을 모을 수 없습니다. 절대 틀을 깰 수 없다는 것입니다. 지금은 최대한 지출을 줄이고 소비 통제를 통해 최대한 빨리 종잣돈을 모으셔야 합니다.

● 대출부터 갚으세요

소비성 대출(나쁜 대출)이 있는 상태에서 종잣돈을 모으는 것은 비효율적입니다. 일단 만기되는 적금 1,000만 원으로 대출부터 갚으세요. 불규칙적인 소득 때문에 불안하다면 몇백만 원이라도 예비비로 남기고 나머지는 전부 대출금을 갚으시기 바랍니다.

지금 당장 중요한 것은 준비되지 않은 상태에서 그 1,000만 원으로 투자를 하는 것이 아니라, 대출을 갚고 종잣돈을 모으며 그동안 공부를 하면서 진로에 대해 고민하고 본격적인 재테크를 준비하는 일입니다.

먼저 최대한 빠른 시간 안에 대출을 갚고 종잣돈을 모으세요. 내 자산을 마이너스가 아닌 0으로 만드는 겁니다. 대출을 갚고 자산이 0이 되는 순간부터 플러스가 시작되죠. 이때부터 긍정적인 방향으로 돌아서게 돼요. 이렇게 성공 재테크 1, 2단계까지만 마무리가 된다면 그다음부터는 독자님의 상황이 한결 수월하게, 그리고 빠르게 나아짐을 느끼실 겁니다.

틀을 깰 수 있다면, 늦은 시기란 없다. 중요한 것은 '방향성'입니다

지금 고민해야 할 것은 내 삶의 방향과 틀을 깨는 것입니다. 또 획기적으로 소비도 줄여야 하고 수입도 늘려야 합니다. 가능한 범위를 벗어나 틀을 깨서 소비를 더 많이 줄이고, 지금의 일을 유지하면서 부수입을 얻을 수 있는 방법도 찾아보시기 바랍니다. 재능판매 플랫폼을 통한 재능판매, 전자책, 유튜브, 블로그 등 부수입을 얻을 수 있는 일들이 많습니다.

진로도 마찬가지, 아직 내 미래와 진로에 대해 모르겠다면 더 많은 책을 읽고 고민하셔야 합니다. 절대 조급하게 결정하지 말고 천천히 단계를 밟아가시면 됩니다.

나이가 30이든 40이든 그것은 중요하지 않습니다. 중요한 것은 새로 시작한다는 것, 그리고 올바른 방향으로 나아간다는 것이죠. 절대 늦은 시기란 없습니다. 50살에 시작해도 절실히 노력한다면 10년이면 반드시 이룰 수 있습니다. 하물며 지금 독자님은 30대 중반이시니 너무나도 젊은 나이입니다.

처음부터, 1부터 시작한다고 생각하세요. 그 마인드가 가장 중요합니다. 이 글을 보시는 지금 이 순간부터 새 삶, 새 인생의 1초, 2초가 간다고 생각하세요. 인생을 길게 보고 계획을 짜고, 내가 살기 위해서 어떻게 해야 할지 목표를 세우고 종이에 적어보세요. 그럼 답이 보입니다. 그리고 그 방향으로 한 걸음씩 나아가면 됩니다. 분명 할 수 있고 늦지도 않았음을 기억하세요. 바닥을 찍어본 사람만의 절실함이 있습니다. 그 절실함을 아는 사람이 늦었더라도 더 빨리 회복하고 나아갈 수 있고요. 힘내시고 항상 응원하겠습니다!

안녕하세요. 저는 20대 후반입니다. 학자금대출이 있는 상태에서 집안 사정으로 신용대출을 받았습니다. 현재 자동차 담보대출과 현금서비스를 포함한 신용대출이 3,300만 원입니다. 2년 후 결혼 생각을 하고 있는데 결혼 자금에, 대출 빚에…. 어떻게 갚아야 하고 자금은 어떻게 만들어야 할지 막막합니다.

신용대출 2개를 먼저 갚고 학자금은 이후에 갚아도 될 것 같다는 생각이 들어 대환대출도 알아보고 있고, 최악의 경우 개인회생도 생각하고 있습니다. 대출을 갚으면서 결혼 자금은 50만 원씩 적금을 들어 2년 후 1,200만 원 정도 모으는 건 어떨지. 상승효과님이라면 어떻게 하실지 궁금합니다.

안녕하세요! 지금 상황이 좋지 않습니다. 결단을 내리셔야 합니다. 먼저 자동차를 팔고 그 돈으로 자동차 담보대출을 바로 갚으세요. 생활 습관을 싹 바꾸고, 있는 자산도 다 팔고, 자취를 한다면 고시원으로 옮기고, 소비를 줄여서 급여의 50% 이상을 모아서 대출부터 갚으세요. 그러지 않는다면 그 상황을 벗어날 수 없습니다.

가장 중요한 것은 앞으로 생활을 완전히 바꾸는 것입니다. 자동차 담보대출에 현금서비스도 있는 것으로 봐서 집안 사정 외에도 분명 생활 패턴에 문제가 있는 듯합니다.

제가 섣불리 판단할 순 없지만 혹시 빚내서 주식에 투자했다든가 평소 과한 쇼핑을 하는 등, 문제가 있다면 스스로 그 문제를 알고 있을 것입니다. 이 소비 방식과 생활 패턴을 당장 바꾸셔야 합니다. 그리고 이 정도의 금액으로 개인회생을 한다면 자신에 대한 책임을 회피하는 것으로, 앞으로도 생활이 고쳐지지 않을 가능성이 큽니다. 또 회생으로 인한 금융거래상 불이익도 있고요. 스스로 이 상황을 헤쳐나가시기 바랍니다. 어떻게든 상황을 벗어난다면 그 성취감과 경험을 토대로 반드시 일어날 수 있습니다.

꼭 실천하고 달라지세요! 너무나도 젊은 나이입니다. 절실히 대출 상환만 바라보고 집중하다 보면 생각보다 금방 갚을 수 있습니다. 그리고 대출 상환은 고금리 현금서비스부터 하시고, 마지막에 학자금대출을 상환하시면 됩니다.

또 결혼은 새 출발입니다. 대출부터 갚고 새로 시작하는 것이 순서입니다. 그리고 양가에서 이야기만 잘된다면 큰돈 없이도 실속 있게 결혼 생활을 시작할 수 있습니다. 아이가 없는 동안은 결혼하고 돈을 더 빨리 모을 수도 있고요. 결단하고 생활을 바꾸는 것만이 답입니다. 지금 상황에 좌절하지 마시고 힘내시기 바랍니다!

안녕하세요. 상승효과님! 원래 저는 경제나 돈에 대한 관념이 크게 잡혀 있지 않았고, 내가 가난한 이유를 나의 무지와 소비 습관이 아니라 소득이 늘지 않음을 탓하던 사람이었습니다. 유튜브의 여러 경제·재테크 관련 영상들을 보다가 '재능'을 콘텐츠화하고 그것을 수입화하는 것이 요즘 트렌드라는 걸 알게 됐습니다.

저는 공무원입니다. 임대업이나 일부 겸직을 허가하는 부분이 있긴 하나 위험 부담이 따를 수도 있어 쉽게 눈덩이를 굴리는 법을 선택하지 못하고 있습니다. 현재는 대출부터 갚고 있는 터라 눈덩이를 모아야 굴릴 수가 있겠지만, 막연한 두려움과 앞이 보이지 않는 재테크 방향성 때문에 목표의식이 희미해지고 있습니다.

재능이라고 할 건 아니지만 독서에 흥미를 붙이고 있고 직업이 의료계통이라 그에 관한 지식이 있고 글쓰기와 경제에 관한 책들을 읽어보려 노력 중입니다. 저의 방향성을 어디에 두어야 할지 조언 부탁드립니다.

A

공무원은 머지않은 미래에 인공지능에 대체될 수 있는 1순위 직업입니다. 지금 현재도 공무원 분야가 인공지능 도입과 관련하여 인원 감축 논의가 가장 활발하게 진행되는 분야라는 건 독자님께서도 잘 알고 계실 것입니다. 공무원 말고 또 다른 수입의 파이프라인을 하루빨리 만드시기 바랍니다!

그것이 무엇이 될지는 독자님 본인이 가장 잘 알고 있을 것이고, 또 스스로 찾으셔야 합니다. 재테크를 통해 답을 찾을지, 다른 방향을 찾을지에 대해 많이 고민하시기 바랍니다. 가장 위험한 것은 공무원이라는 직업의 안정감에 취해 현실에 안주하는 것입니다.

어떤 방향으로 가야 할지에 대한 답은 책과 경험에서 나옵니다. 독서에 흥미가 있다니 정말 잘된 일이네요. 책으로 방향성을 찾고 관련된 여러 가지 경험을 쌓으세요. 저녁에 초과근무수당 좀더 받고 정년까지 오래오래 공무원 생활을 하는 것이 중요한 게 아닙니다. 퇴근해서 그리고 업무 중에라도, 나만의 시간을 확보해 틈틈이 삶의 방향을 찾기 위해 공부하고 고민하셔야 합니다!

특히 공무원은 안정성이라는 특성이 있어서 많은 분이 현실에 안주합니다. 적당한 급여와 보장된 정년이 냄비 속의 개구리로 만드는 거죠. 발전 없이 안주하는 삶이 아닌, 생산자의 삶으로 나아가세요. 이미 진취적인 생각을 하고 계시기 때문에 반드시 변화할 수 있으리라 믿습니다.

사람은 아는 만큼 보입니다. 지금은 방향성이 안 보인다면 내 재능을 돈과 연결하는 방법을 찾지 못했기 때문입니다. 여러 분야의 많은 책을 읽어보세요. 저도 군대에서 책 100권을 읽고 제 인생의 방향을 결정했습니다.

나도 나를 모르는데, 다른 사람이 내 앞날을 결정해줄 수 있을까요? 뿌연 안개 속에서 길을 찾으려는 것과 같습니다. 독자님께서는 자신의 문제를 인지하고 미래를 걱정하고 계시니 분명 잘되시리라 믿습니다. 너무 조급하게는 생각하지 마시고, 책과 경험을 통해 방향성을 찾는 데 주력하시기 바랍니다!

40대 주부인데 남편 급여만으로 생활하는 외벌이입니다. 이 상황에서 어떻게 돈을 모을 수 있을까요? 돈을 모으기 위해 아이들 사교육도 끊어야 할까요? 종잣돈과 자녀교육, 어떻게 하는 것이 현명할까요?

이 결정을 위해서는 재정적인 부분뿐 아니라 아이와의 관계나 아이의 재능, 아이가 하고 싶어 하는 것 등 많은 것을 알아야 합니다. 왜냐하면 사교육의 경우는 아이의 여러 가지 상황과 부모님의 생각, 아이의 교우 관계 등도 고려해서 결정해야 하기 때문입니다. 사교육을 줄인다면 어느 선까지 줄일 것인지도 가족 간의 상의를 통해 판단할 수밖에 없고요.

일단 중요한 것은 선택을 해야 한다는 겁니다. 외벌이시라면 사교육과 종잣돈 모으기, 둘 다 하긴 어렵습니다. 이것도 틀을 깨야 하는 상황이죠. '그냥 지금 상태로 아이가 클 때까지 사교육을 진행하며 계속 갈 것인가, 아니면 결단을 내리고 변화를 줄 것인가?'를 잘 고민하고 판단하셔야 합니다.

사교육이 효과가 있는지, 그 사교육을 통해서 아이가 달라지고 있는지, 그것이 아니라면 더 깊이 고민해봐야 하겠죠. 사교육이 아니더라도 우리가 부모로서 아이들에게 해줄 수 있는 것은 많으니까요. 일단 두 마리 토끼를 좇는 것은 불가능하다는 사실은 인지하고 결단을 내리시기 바랍니다.

예를 들어 학원이 네 군데라면 한두 군데를 줄이는 것으로 절충을 한다든가, 추가로 소비를 줄일 수 있는 부분이 있는지도 고민해보시기 바랍니다.

아이와 진솔하게 대화하는 것도 좋습니다. 경제 사정에 대해 아이도 이해할 수 있도록 잘 이야기해주시고, 자녀와 의논해서 절충할 수 있다면 더욱 좋겠죠?

또 다른 방법을 통해 종잣돈을 마련할 수도 있습니다. 전세보증금, 퇴직금 또는 퇴직금담보대출 등 무이자 또는 저금리로 융통할 수 있는 안정적 레버리지가 있다면 그것을 통해 투자를 진행하는 방법도 있습니다(단, 이 레버리지를 사용하는 경우엔 자신이 투자를 위한 준비가 되어 있어야 한다는 전제가 필요합니다).

그리고 사교육이 아니라도 아이가 부자가 되는 방법은 너무나 많습니다. 특히 지금 시대는 학벌이나 자격증이 부를 가져다주는 시대가 아니니까요. 지금과 같은 다양성의 시대에는 사교육보다 자녀가 다양한 경험을 할 수 있도록 여건을 만들어주고 금융에 대한 지식을 물려주는 것이 더 좋을 수도 있습니다. 물론 부모님과 아이가 가진 성공에 대한 가치관에 따라 달라질 수 있으므로 제가 강요할 수 있는 부분은 아닙니다.

또는 부모님이 돈 공부를 열심히 해서 자녀에게 스스로 부자가 될 수 있는 지혜를 물려주시는 것도 좋습니다. 사교육 말고 아이에게 더 좋은 것을 물려줄 방법은 없는지 고민도 해보시고, 소비통제와 사교육 줄이기 등을 통해 아낀 돈으로 자녀와 함께 종잣돈을 모으고 재테크도 같이 해보면서 돈에 대한 감각을 키워준다면 그것도 자녀에게 굉장히 유익한 공부가 되리라 믿습니다.

깊이 고민하시고 남편, 자녀와 함께 진솔하게 상황을 이야기해보세요. 그 과정에서 분명 좋은 답이 나오리라 믿습니다!

지방에 살고 있는 40대 부부입니다. 지금 전세로 살고 있고 내 집 마련을 고민하고 있는데요. 최근에 집값이 너무 올라서 지금 집을 사는 게 맞는지도 모르겠고, 안 사자니 집값이 계속 올라갈까 무섭고 어찌해야 할지 모르겠네요.

지금 자산은 전셋집 한 채와 자동차 한 대뿐이고, 맞벌이를 하고는 있지만 두 아이를 키우느라 사실 빠듯한 상황입니다. 상승효과님 영상을 보니 수도권 요지의 집을 사라고 하시는데, 집도 직장도 지방이라 수도권이나 서울로 갈 일은 없습니다.

이런 경우엔 어떻게 하는 게 좋을까요? 남편도 저도 부동산에 대해 잘 알지도 못하고 관심도 없었습니다. 이제 와서 갑자기 결정하려니 어렵네요. 현명한 조언 부탁드립니다.

너무나 공감되는 상황입니다. 지금 아마도 많은 분이 독자님과 비슷한 상황이 아닐까 싶습니다. 우리나라 대부분 가정의 모습이 비슷합니다. 맞벌이를 하면서 재테크엔 큰 관심 없이 아이들을 키우다 보니 집 한 채나 전셋집 한 채 정도가 남고, 생활은 빠듯한 상황이죠.

- **가장 먼저 해야 할 일**

  지금 당장 해야 할 일은 경제와 재테크에 관심을 가지는 것입니다. 내 집 마련을 놓고 고민 중이라고 하셨는데, 지금 가진 예산으로 어떤 집을 살 수 있는지는 알고 계신가요? 어느 지역의 집을 살지 결정이 되셨나요? 그 판단의 근거는 무엇인가요? 중요한 것은 그것을 부부 두 사람이 스스로 명확한 근거를 가지고 판단해야 한다는 것입니다. 그러려면 지식이 있어야 하고요. 지금 당장 부부가 함께 재테크 공부를 시작하시기 바랍니다. 늦었다고 생각할 때가 가장 빠른 법입니다.

- **집값의 미래는?**

  현재는 집값 상승기의 마지막 확장기 단계입니다. 이 상승기가 언제까지 갈지, 조정이 온다면 얼마나 깊을지, 이런 부분들에 영향을 주는 요인들은 무엇이고 지금 그 요인들은 어떤 상황인지 등 자신이 어느 정도 지식을 갖추고 있어야 지금의 상황을 보고 나름대로 선택을 할 수 있습니다. 그렇지 않다면 폭락론자나 상승론자의 이야기에 휩쓸리게 되고, 결국 시간이 지나 그들을 원망하게 됩니다.

집값에 대한 결론을 말씀드리면, '미래의 집값을 정확히 예측할 수 있는 사람은 없다'입니다. 하지만 궁극적으로 집값은 우상향할 것입니다. 경기 사이클에 따라 하락과 상승을 반복하며 우상향하죠. 코로나19와 같은 예측하지 못한 변수나 금리 인상 등의 환경 변화로 급격한 경기 침체가 오고 집값이 하락할 가능성도 있고요. 하지만 하락이 오더라도 집값은 언젠가 다시 상승합니다. 세상의 모든 경제위기가 다 그렇게 지나갔습니다.

● 내 집 한 채는 꼭 필요합니다

집값을 예측할 순 없더라도 결국 우상향한다면, 실거주할 내 집 한 채는 언제 사도 틀리지 않는다는 것입니다. 물론 무서운 가격 상승세가 부담이 되는 것은 사실입니다. 하지만 조정만 기다리는 사람은 집을 사지 못합니다. 조정이 언제 올지, 오더라도 가격이 어디까지 내려갈지 맞힐 수 있는 사람은 없기 때문이죠. 주식 등의 투자처와 달리 집은 주거 안정성이라는 측면에서 반드시 필요한 자산입니다.

단, 집은 대출이나 전세라는 레버리지를 써야 하기 때문에 사고 나서 바로 가격 하락이 오더라도 버틸 수 있는 수준의 집을 사야 합니다. 대출을 끼고 집을 사더라도 집값 조정기를 견뎌낼 수 있을 정도로 과하지 않은 레버리지를 사용하시라는 얘기입니다.

지역 선정의 경우, 생활권이 지방이라 하더라도 가능하다면 서울이나 수도권 요지의 집을 사는 것이 좋습니다. 실거주는 당장 못 하더라도 말이죠. 이렇게 요지의 아파트를 사는 것이 집값 하락에 대한 리스크를 상쇄하는 좋은 방법입니다. 서울이나 수도권 핵심지는 집값 하락기에도 낙폭이 적으니까요.

또 청약·급매·경매 등을 통해 수익을 보면서 싸게 매입할 수 있다면, 그 안전마진이 집값 하락이 오더라도 충격을 줄여주는 안전판이 될 것입니다. 결국 내가 아는 만큼 더 좋은 집을 더 싸게 살 수 있고 이익을 극대화할 수 있다는 뜻입니다.

● 잠자는 돈과 지식을 깨우세요!

지금 전세로 살고 계신데, 그 보증금은 지금 당장 집을 못 사더라도 현금화해서 가지고 있는 것이 좋습니다. 전세로 돈을 깔고 앉아 있으면 필요할 때 현금화하기도 어려울뿐더러, 좋은 집을 싸게 급매로 살 기회도 얻지 못합니다. 좋은 기회는 금세 지나갑니다. 더구나 지금과 같은 유동성의 시대에 현금을 깔고 있다는 것은 매우 비효율적입니다. 또 수중에 돈이 준비되어 있어야 투자에 대한 동기부여가 되고, 좋은 물건을 알아보고 발품을 팔게 되어 있습니다. 수중에 당장 쓸 수 있는 현금이 없으면 사람은 재테크 마인드에서 멀어지게 됩니다.

잠자고 있는 돈을 깨우고, 상황에 맞는 그리고 내 그릇에 맞는 적절한 물건을 적절한 레버리지를 통해 사시기 바랍니다. 그리고 반드시 발품을 많이 팔아서 좋은 물건을 싸게 사야 합니다. 이렇게 내 집을 마련한다면, 우려할 만한 상황이나 고민은 생기지 않을 거라 믿습니다.

모든 투자 판단을 평생 다른 사람에게 맡길 수는 없습니다. 지금부터라도 남편분과 함께 공부하시고, 발품 파시고, 경제에도 관심을 갖고 시작하시기 바랍니다!

RICH
RICH
RICH
RICH

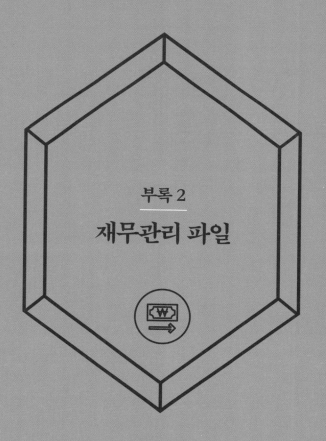

부록 2

재무관리 파일

수입 지출표

수입 내역

(단위: 천 원)

구분	근로소득	사업소득	부업소득	금융소득	합계
본인 소득	3,500	–	300	200	4,000
배우자 소득	–	3,000	–	–	3,000
1개월 합계	3,500	3,000	300	200	7,000
1년 합계	42,000	36,000	3,600	2,400	84,000

지출 내역

(단위: 천 원)

고정 지출		변동 지출		저축 / 투자	
항목	월 지출	항목	월 지출	항목	월 지출
담보대출 원리금	2,000	식 비	800	적금	200
신용대출 원리금	500	의복비	300	주식투자	200
암보험	200	주거비(관리비 등)	200	연금	–
실손보험	100	교통비	300	현금	100
자동차보험(÷12)	50	자녀 교육비	1,000	기 타	–
세금(÷12)	50	자녀 용돈	300		
		부부 용돈	700		
1개월 소계	2,900	1개월 소계	3,600	1개월 소계	500
1년 소계	34,800	1년 소계	43,200	1년 소계	6,000
1개월 합계					7,000
1년 합계					84,000

월 저축 / 투자 비중	500	7%
월 지출 비중	6,500	93%
합 계	7,000	100%

※ 현금흐름 관리법
- 위 표는 샘플 자료이며, 본인의 현황에 맞게 작성 후 관리하시면 됩니다.
- 월 현금흐름이 얼마이고 저축과 투자에 얼마나 넣을 수 있는지 알아야 재테크 목표를 세울 수 있습니다.
- 고정지출에서 필요 없는 항목이 무엇인지 찾아냅니다.
- 변동지출이 과다하진 않은지, 쓸데없는 항목은 없는지 찾아냅니다.
- 고정지출/변동지출 비중이 높다면 반드시 소비통제 노력이 뒤따라야 합니다.
- 소비통제 후, 최대 저축/투자 가능 금액을 정하고 남은 돈으로 생활합니다.
- 지출 비중을 줄이고, 저축/투자 비중을 지속적으로 늘려가는 것이 목표입니다.

자산 현황표

(단위: 천 원)

No.	자산 종류	구분	취득일	취득가 (A)	현재시세 (B)	관련대출 (C)	순자산 (B-C)	시세차익 (B-A)	발생 현금흐름 (월세, 배당금 등)	비 고
1	아파트	33평형	2019. 12	550,000	650,000	350,000	300,000	100,000	–	경기도 xx시 xx동 (실거주 중)
2	주식	삼성 전자		15,000	20,000	–	20,000	5,000	–	돈이 생길 때마다 사 모으는 중
3	예금	신한 은행	2019. 09	5,000	5,000	–	5,000	–	–	12개월 정기예금
4	자동차	SM5	2010. 05	25,000	7,000	–	7,000	-18,000	–	주행거리 15만 킬로미터
5							–			
6							–			
7							–	–		
8							–	–		
합 계				595,000	682,000	350,000	332,000	87,000		

※ **자산 관리법**
- 부동산, 주식, 차량 포함, 중고로 판매가 가능한 자산은 모두 작성합니다.
  (퇴직금, 전세보증금, 계, 고가의 취미 활동 장비 등 포함)
- 이 자산이 내 생활의 틀을 깰 때, 내 생활을 변화시킬 수 있는 힌트가 될 수 있습니다.
- 고가의 차량, 2대 이상의 차량 등은 상황에 따라 줄이거나 없애는 것이 가장 좋습니다.
- 자동차와 같이 감가상각이 심한 자산이 없을수록 재산을 불려나가기 유리합니다.

대출 현황표

2021년 1월

(단위: 천 원)

상환순서	금융기관	종류	최초 대출금	현재 잔액	금리	원금	이자	합계	대출일자	만기일자	담보	좋은 대출/나쁜 대출	비고
						월 상환액							
1	하나카드	현금서비스	1,000	800	18.0%	-	12	12	20.01.06		신용	나쁜 대출	
2	하나카드	카드론	5,000	5,000	12.0%	-	50	50	19.12.05		신용	나쁜 대출	
3	현대캐피탈	차 할부금	24,000	15,000	10.0%	1,000	125	1,125	19.01.10	21.01.10	신용	나쁜 대출	24개월 할부
4	새마을금고	주식투자용 대출	20,000	20,000	6.0%	-	100	100	19.10.15	22.10.15	신용	나쁜 대출	3개월 단위 변동금리
5	씨티은행	생활자금	30,000	30,000	4.0%	-	100	100	19.08.01	20.08.01	신용	나쁜 대출	건별 대출
합계			80,000	70,800		1,000	387	1,387					

※ **대출 관리법**
  - 위 표는 샘플 자료이며, 본인의 대출 현황에 맞게 매월 임력 후 매월 기준 일자를 정해 일자를 정해 하나씩 추가해 나가면서 관리하면 됩니다.
  - 대출의 상환 순서와 대출 전액, 각 대출별로 얼마씩의 원리금이 나가고 있는지 한눈에 도식화하여 관리하는 것은 매우 중요합니다.
  - 또 주기적으로 변동되는 변동금리의 경우 주기적으로 변동되는 금리를 변동되는 금리를 확인하셔기 바랍니다.
  - 반드시 나의 대출 현황을 관리하고 집중해서 단기간에 대출을 상환해야 합니다.
  - 대출 상환은 끝이 아닌, 시작입니다. 대출 상환이 완료되어야 본격적인 종잣돈 모으기와 굴리기가 가능합니다.

2021년 2월

(단위: 천 원)

상환 순서	금융기관	종류	최초 대출금	현재 잔액	금리	월 상환액 원금	월 상환액 이자	월 상환액 합계	대출일자	만기일자	담보	좋은 대출/나쁜 대출	비고
1	하나카드	현금서비스	1,000	500	18.0%	-	8	8	20.01.06		신용	나쁜 대출	
2	하나카드	카드론	5,000	5,000	12.0%	-	50	50	19.12.05		신용	나쁜 대출	
3	현대캐피탈	차 할부금	24,000	14,000	10.0%	1,000	117	1,117	19.01.10	21.01.10	신용	나쁜 대출	24개월 할부
4	새마을금고	주식투자용 대출	20,000	20,000	6.0%	555	100	655	19.10.15	22.10.15	신용	나쁜 대출	3개월 단위 변동금리
5	씨티은행	생활자금	30,000	30,000	4.0%	-	100	100	19.08.01	20.08.01	신용	나쁜 대출	건별 대출
합계			80,000	69,500		1,555	374	1,929					

※ 대출 상환 순서
- 3금융 → 2금융 → 1금융 순으로 상환
- 고금리 → 저금리 순으로 상환
- 금액이 현재하 적은 계좌부터 상환
- 신용대출 → 담보대출 순으로 상환
- 월별로 변동사항 최신화

보험 현황표

No.	보험사	상 품	피보험자	수익자	계약일	만기일	월 보험료	보장내용/특약
1		자동차보험						
2		암보험						
3		실손보험						
4		종신보험						
5		변액보험						
합 계								–

※ **보험 관리법**
  – 꼭 필요한 보험만 가입하세요.
  – 가입한 보험의 보장 내용을 숙지하고 필요시 꼭 보장받으세요.
  – 주기적으로 특약을 점검하여 지금 꼭 필요한 특약인지 확인한 후, 필요 없는 특약은 빼세요.
  – 보험마다 중복되는 보장이 있다면 특약을 조정하세요.
  – 위험이 이미 발생한 후에 보장받는 보험보다, 위험 발생을 줄이는 운동과 자기 관리를 하세요.

2021년 4월 가계부

날짜	사용처	항목	수입금액	지출금액	내용	반성	나의 소비점수	항목
2021.04.01	이마트	삼겹살		13,000	일주일에 한 번 먹는 삼겹살	너무 자주 먹지 않나? 2주일에 한 번은 어떨까?	7	식비
	이마트	조밥		11,000	입맛 없어서 저녁에 먹으려고		5	식비
	이마트	캔맥주(6개)		5,000	남편이 매일 저녁 캔맥주 1캔씩	이틀에 1캔으로 줄여야 한다!	3	간식
	이마트	우유 2개		5,200	일주일에 우유 2개	아이들 때문에 일주일에 2개 필요	9	간식
	이마트	생선		6,000	막내 자녀		9	식비
2021.04.02	주택담보대출	이자		400,000	주택담보대출 30년 분할 원금균등		10	금융비
2021.04.03	대출	원금		450,000			10	금융비
2021.04.04	홍길동	용돈		300,000	첫째 용돈	용돈을 줄일 순 없을까?	8	용돈
2021.04.05	이웃백	가족 외식		55,000	두 달 만의 이웃백	앞으로 세 달에 한 번으로 해야겠다.	7	식비
2021.04.06	동네마트	과자, 음료수		22,000	드라마 보면서 먹으려고	드라마 끝나면 과자 줄여야겠다.	5	간식
2021.04.07	스타벅스	커피, 케이크		18,000	친구 만나 커피 한 잔	최근 뱃살도 늘어 케이크는 안 먹어도 될 뻔했다.	4	간식
	쿠팡	봄, 티셔츠		23,000	봄에 입을 티셔츠 한 장	생각해보니 비슷한 티셔츠가 있다.	3	의복
2021.04.07	이마트	삼겹살		13,000	일주일에 한 번 먹는 삼겹살	생각해보니 2주일에 한 번은 너무 적다.	8	식비
2021.04.08	예스24	책 구입		21,000	부동산 관련 서적 2권 구입	부동산 공부를 시작해보려고 처럼 샀다.	10	자기계발
2021.04.09	월급	월급	3,000,000		월급	수입을 늘릴 수 있는 부업은 없을까?		
2021.04.09	저축	저금		500,000	종잣돈 1억 목표로 모으는 중!	다음 달부터 생활비를 줄여 10만 원씩 더 넣겠다.	10	저축
지출 합계		적금	3,000,000	1,342,200				

— 간단히 열어볼 수 있는 파일로 가계부를 작성하고 매달 소비점수를 높여간다면 소비 습관을 개선하는 데 도움이 될 겁니다.
— 반성: 지출 내역에 대한 생각. 앞으로 줄일 수 있는 물건인지, 꼭 필요한 소비였는지 등에 대한 코멘트.
— 소비점수: 자신이 생각하는 소비점수. 꼭 필요한 소비는 10점, 쓸데없는 소비는 0점.

평범한 사람이 부자 되는 4단계 투자공식
부의 알고리즘

제1판 1쇄 발행 | 2021년 6월 21일
제1판 9쇄 발행 | 2024년 2월 7일

지은이 | 이주영(상승효과)
펴낸이 | 김수언
펴낸곳 | 한국경제신문 한경BP
책임편집 | 마현숙
교정교열 | 공순례
저작권 | 백상아
홍보 | 서은실 · 이여진 · 박도현
마케팅 | 김규형 · 정우연
디자인 | 권석중
본문디자인 | 디자인 현

주소 | 서울특별시 중구 청파로 463
기획출판팀 | 02-3604-590, 584
영업마케팅팀 | 02-3604-595, 562   FAX | 02-3604-599
H | http://bp.hankyung.com   E | bp@hankyung.com
F | www.facebook.com/hankyungbp
등록 | 제 2-315(1967. 5. 15)

ISBN 978-89-475-4725-3   03320

책값은 뒤표지에 있습니다.
잘못 만들어진 책은 구입처에서 바꿔드립니다.